JN092929

グローカル研究の理論と実践

成城大学グローカル研究センター 編

東信堂

序

はじめに

現代社会は、人間の歴史のなかで一つの大きな転換点にある。地球規模の社会的分断と格差（不平等）の拡大や止めどない環境破壊の進行等によって先行きの見えない閉塞感が漂う一方で、インターネット上のサイバー空間という新たなフロンティアが急速に膨張して無限の価値を生み出すとの期待感が広がっている。こうした現状を目の当たりにして、私たちは今現在の（あるいはこれまでの）社会や文化のあり方や変動をいかに理解し、未来の社会や文化をいかに構想したらよいのだろうか。本書はそうした問いに応える試みの一つとして、グローバル（地球全体）とローカル（特定の場所・空間）を同時に見据える、ないし、グローバルとローカルの双方向から全体を見晴るかすことを強調する「グローカル研究」の理論と実践を提示するものである。

イギリスのEUからの離脱の選択（2016年6月）や単独行動主義・孤立主義を掲げるアメリカのトランプ政権の誕生（2017年1月）等の、あたかもグローバル化に反するような一連の事態の出来を目の当たりにして、近年、新自由主義的な考え方に基づいてグローバル化（地球全体の一体化）を推し進めようとするグローバリズムの「終焉」を唱える研究者もいる。しかしながら、20世紀半ば以降の世界の社会や文化を特徴付けるキーワードの一つがグローバル化（グローバゼーション）であったことは紛れもない事実であるし、グローバル化の範囲や程度に広狭や強弱の差異があるにせよ、今後もグローバル化がキーワードであり続けることには変わりはない。それゆえ、1990年代以降、グローバル化をキーワードとする社会や文化の研究、すなわちグローバル研究と、そうした研究・教育を行う大学学部や大学院研究科、研究所やセンター等の教育・研究機関が欧米や日本等の先進諸国を中心に爆発的に増えたのは周知の通りである。それから30年近く経った今、グローバル研究の蓄積は量・質ともに膨大かつ高度なものとなっている。

とはいえ、グローバル研究は、グローバル化をキーワードに据えているがゆえに理論的・方法論的な限界を持つと批判されてもいる[1]。例えば、グローバル研究には、往々にしてグローバル化の「方向」と「力（権力）」の関係について暗黙の前提があり、そのためグローバル化を含めた社会や文化のあり方や変動の全体像、特にグローバル化を引き起こし拡大・浸透させる社会的・文化的、あるいはより正確には政治的、経済的な力（権力）を的確に対象化し、記述・分析することができないという顕著な傾向を持つ。理論的に言うならば、グローバル化は地球上のどの地点からでも起こり、そこから地球全体に拡大、拡散する現象である。グローバル化は全方位的な拡大・拡散現象であり、必ずしも政治や経済的な権力とは関係がないと言える。しかしながら、実際には、私たちが知っているグローバル化の「起点」（中心）は往々にして欧米先進諸国であり、これに対し、グローバル化の「終点」ないし「到達点」（周縁）と見なされてきたのは概ね非欧米発展途上国であったし、今でもそうである。つまり、グローバル化は、現実的には、社会的・文化的な「力」（影響力）に対応して「中心」から「周縁」へと拡大、浸透するという方向性を持った現象なのである。マクドナルドによるハンバーガーのグローバル化（世界各地への拡大・普及）はアメリカを起点として日本やインドネシア、ブラジル、トルコなどに進行、浸透したのであって、決してその逆ではなかったということである。こうした事実から、グローバル化時代を象徴するアメリカ文化のグローバル化は、時として「マクドナルド化」（McDonaldization）ないし「コカコーラ化」（Coca-Colonization）、「アメリカ化」（Americanization）などと揶揄される。

グローバル研究は、また、しばしばグローバル化の方向性に沿ってグローバル化の「中心」から見たグローバル化の現象やその過程を記述し、分析する傾向にある（「中心からのグローバル研究」）。グローバル化を「終点」から見て記述、分析すること（「周縁からのグローバル研究」）は少ないのである。したがって、グローバル化の「到達点」（ローカルな場）におけるローカル（ローカルな人やモノなど）からグローバル（グローバルな人やモノなど）への働きかけ、そしてその結果として生起する雑種化や折衷、習合などのローカル化を取り上げ（対象化）、焦点を当て（焦点化）、正当に評価することは多くはない（ただし、この場合、「中心からのグローバル研究」の見方を取る者は、そもそもローカル（ローカルな人やモノ）がグローバル（グローバルな人やモノ）に影響を及ぼすことはほとんどないので無視できると考えている）。しかしながら、先にあげたハンバーガーの例で言うならば、よく知られているように、日本に到達したハンバーガーはテリヤキバーガーともなり、日本発のテリヤキバーガーは今や「侍バーガー」や「将軍バーガー」などとしてアメリカやシンガポール等でも人気を博している。こうした現象を、グローバル研究の文脈では単にグローバル化の一つの事例と見なしたり、あるいは特殊な事例として「逆グローバル化」（reverse globalization）と呼び、ローカル化な場におけるローカルな人やモノの働きかけや役割に重点を置くことは少ない。これに対して、逆グローバル化のような事例が決して例外や変則的なものではなく、社会や文化のあり方や変動の常態であると見なし、そこで生起していることを正当に評価しようというのがグローカル研究である。

1　グローカル研究

上で述べたようなグローバル研究の理論的、方法論的な限界を克服し、特にグローバル化（グローバルな人やモノ）とローカル化（ローカルな人やモノ）が相互に影響を及ぼしていることと、ローカルな場においてローカル（ローカルな人やモノ）がグローバル（グローバルな人やモノ）に対して働きかけていること（agency）を対象化し、その意味や意義を理論的、実証的に明らかにする試みとして、筆者らはグローカル化という言葉・概念をキーワードとした「グローカル研究」を構想し、推進している。

グローカル化（glocalization）という言葉・概念は、1980年代に海外市場に進出していったソニーのような日本企業が、自社製品や経営を現地にあわせて現地化したり局地化したりすることを和製英語でグローバル・ローカル化（global localization）と表現していたことに由来する。その後、このマーケティング用語はグローカル化と短縮され、1990年代初めに、イギリスの宗教社会学者ローランド・ロバートソン（Roland Robertson）によって人文社会学界に学術用語として導入された。その際、強調されたのは、グローバル化は必ずローカル化と連動ないし同時に進行する現象であり（したがってグローバル化は、両者を合成したグローカル化と呼ぶのがふさわしい）、そこではグローバルなモノのローカルな場での「土着化（現地化）」が起こり、様々なローカル（したがってグローカル）なモノが生み出されるという点であった。

学界に導入された当初は必ずしも明確ではなかったが、その後の賛否両論の議論を踏まえてみると、ロバートソンが導入したグローカル化という言葉ないし概念には、先に述べたグローバル研究の限界を克服すべきヒントがいくつか埋め込まれている。例えば、ローカルな場におけるローカルな人やモノからグローバルな人やモノへの働きかけに注目し、対象化するという点である。あるいは、ローカルな場における雑種化や融合等を通して新たなモノが生成する可能性の示唆である。こうした点をより明確にするために、筆者はグローカル化という言葉・概念を以下のように定義している。

> グローカル化（glocalization）とは、グローバル化（globalization）とローカル化（localization）が同時に、しかも相互に影響を及ぼしながら進行する現象ないし過程である。

なお、上の定義におけるグローバル（化）やローカル（化）、したがってグローカル（化）は、近年のグローカル化をめぐる議論や研究を踏まえ、具体的な国や都市、町、村などの地理的（物理的）、絶対的な場所や空間だけでなく、サイバー空間や宇宙空間をも含む社会的・文化的（象徴的）、相対的な場所や空間も意味することを付け加えておきたい。

さて、以上のグローカル化の定義で重要な点は、1）グローバル化とローカル化が同時に進行するという点と、2）グローバル化とローカル化が相互に影響を及ぼしながら進行するという 2 つの点である。特に後者の規定により、グローバル化（グローカル化）は、グローバルからローカルに向かって影響を与えると同時に、その逆に、ローカル（ローカルな人やモノ）からグローバル（グローバルな人やモノ）に向かっても影響を与えることが明示される。また、後者の規定はグローバル（グローバルな人やモノ）からローカル（ローカルな人やモノ）に向かって影響を与えることを明示（想定）しているがゆえに、その背景にあるグローバル側とローカル側の政治的、経済的、あるいは社会的・文化的な力（権力）の差を対象化し、記述・分析することが可能になる。同様に、ローカル（ローカルな人やモノ）からグローバル（グローバルな人やモノ）に向かっても影響を与えることを明示（想定）しているがゆえに、その背景にあるローカル側とグローバル側の政治的・経済的、あるいは社会的・文化的な力（権力）の逆転を対象化し、記述・分析することも可能となる。

再定義したグローカル化をキーワードとして、筆者らはグローカル研究を以下のようなものとして構想し、推進している。

> （グローバル化とローカル化が同時に、しかも相互に影響を及ぼしつつ進行する過程ないし現象をグローカル化と規定し、）グローカル化をめぐる現象や過程（glocalization）やグローカル化の結果としての状態や特性（glocality）、及びグローカル化に伴う価値観や信念（glocalism）などを理論的かつ実証的に明らかにする研究を「グローカル研究」と規定する。

グローカル研究の一環として実施されるグローカル化をめぐる現象や過程に関する研究としては、グローバル化の進行と共にますます顕著となりつつある脱領土化（deterritorialization）や脱中心化（decentralization）、習合・混交（syncretization）、雑種化（hybridization）、クレオール化（creolization）、あるいは、逆グローバル化（reverse-globalization）や再グローバル化（re-globalization）などが対象となるであろう。グローカル化の結果としての状態や特性に関する研究としては、越境（transnationality ないし transnationalism）や重国籍（dual/multiple nationality または dual/multiple citizenship）、多言語使用（multilingualism）などが含まれるであろう。グローカル化に伴う価値観や信念に関する研究としては、民族自決や固有言語の継承、環境保護、地方創生、地域再生等が対象となるであろう。あるいはまた、反グローバル化（anti-globalization）や「代替（もう一つの）グローバル化」（alter-globalization。スローフード／スローライフ、地産地消、マイクロ・クレジット運動なども含む）など、グローバル化に対応、対抗するローカルの側からの様々な運動も射程に入るであろう。

以上のように規定したグローカル研究を通して、今まで見過ごされてきた今日的な（あるいは歴史的な）問題や課題をローカル（地域や地方）に焦点を当てて「対象化」(objectify) すると共に、著しく均衡の崩れたグローバル化の「中心」（往々にして欧米社会）と「周縁」（往々にして非欧米社会 ）の間の力関係をローカルな立場からいくぶんなりとも是正、すなわち「対称化」(symmetrize) する実態や可能性に焦点を当てることになるであろう。

2　本書の構成

本書は以上に述べたグローカル研究の理論と実践について概説したものである。この目的を達成するため、本書は第 1 部「グローカル研究の理論」（第 1 章〜第 5 章まで）と第 2 部「グローカル研究の実践」（第 6 章〜第 10 章まで）の 2 部構成をとっている。

第 1 章の「グローカル研究の構想とその射程」では、グローバル（化）という言葉・概念の来歴や意味・意義の変遷と、再定義したグローカル（化）をキーワードとするグローカル研究の構想について述べられる。第 2 章の「グローカル研究の理論と理念」では、グローカル研究がいかなる理念の下で行われ、いかなる効果や機能を持ち得るのかが具体的な事例を交えて論じられる。第 3 章の「グローカリゼーションからコンビビアリティへ」では、グローカル化という言葉・概念そのものが批判的に検討され、それを単にグローバル（化）とローカル（化）の同時進行や相互作用と見なすだけでなく、より積極的に人々が自立して共に生きるようなコンビビアリティ（ここでは「共歓」と訳しておく）を生成する現象と見なすべきだと論じられる。第 4 章、「『繋ぎなおし』としての『越境』」では、空間や時間、言語の境界を越えて人々が多様に繋がる近年のサイバー空間の拡大や浸透という現実を見据え、それを正当かつ的確に捉えるためには場所性（ローカリティ）やグローバル／ローカルの二項対立に規定されない新たなグローカルな視点（グローカル研究）が構想・構築されるべきであると論じられる。そして、第 5 章の「グローバル情報社会の形成とグローカルの意味するもの」では、現代社会の捉え方（パラダイム）が国家や都市などの領域を持った「場所の空間」から情報等の流れ(フロー) として存在する「フローの空間」へとシフトしつつあることが確認されるが、「フローの空間」においてもグローバル（化）とローカル（化）、したがってまたグローカル(化）という見方や考え方を通した研究が可能であり、必要であると論じられる。また、グローカル研究の一環として、西洋中心の社会像や道徳的秩序のパラダイムを日本でグローカル化（土着化）し、例えば欧米流の社会変動論で長らく主流の座を占めている近代化論に代わって「内発的発展論」を提起する可能性が論じられる。

第２部の第６章「『生』と『災い』を取り巻く諸相とその構造」では、グローカル研究におけるグローバル（グローバルな人やモノ）とローカル（ローカルな人やモノ）がマクロな構造（社会構造・制度）とミクロな実践（生活実践）に読み替えられ、日常生活（日本のミドルクラスの生活、鹿児島県大里地区の民俗芸能）あるいは災害（福島第一原子力発電所事故）後の復興が両者の相互作用ないし交差の結果として記述、分析される。第７章「ローカルアイデンティティを生み出した米軍基地」では、アメリカのポピュラー音楽やそれをめぐるビジネスが進駐軍クラブを通していかに日本に衝撃を与え、受容・模倣されて庶民の間に拡大、普及していったのかが、そこに関与したローカルなアクターを交えて紹介される。第８章「グローバル化する時代における民族舞踊のあり方」では、インドネシア・バリ島の民族舞踊が取り上げられ、バレエやヒップホップダンスの受容や観光化に伴って民族舞踊の独自性が消失する一方で、新たな舞踊が誕生しつつある現状が報告される。そして、バリ島民がそれを民族舞踊の消失か継承かという二律背反的に捉えるのではなく、伝統性保持の強弱によって宗教的舞踊と儀礼的舞踊、世俗的舞踊の３種に分けて受容し、共存させようとしていると分析される。第９章「共有林の活用に見るグローカル状況」では、国家的要請による市町村合併の際に、合併前の市町村が財団法人を設立して共有林をそのまま継承し、そこから得られる利益をコミュニティ維持に活用するという事例が取り上げられる。ここでは、国家主導によって合併後のより大きな自治体（グローバルなモノに相当）の権限が合併前の市町村（ローカルなモノに相当）に拡大、浸透しつつも、合併前の市町村（ローカル）は財団法人として共有林を維持、継承することによってその権限やアイデンティティを保持していると分析される。グローバルな権限とローカルな権限という複数の権限の共存が共有林の存続に象徴されており、その意味でグローカルな状態（グローカリティ）に関する研究の可能性を示唆する報告と言えよう。一方、第 10 章の「金融研究でグローカル研究をどう進めるか」では、ローカルな人や制度等がグローバルなそれへ影響を及ぼす（働きかける）点を強調しがちなグローカル研究に対し、地域社会のローカルな論理を優先する地域金融機関（地方銀行など）の経営統合や経営方針、あるいは地域通貨の試みがことごとく失敗していることを指摘し、楽観的なグローカル研究へ警鐘を鳴らすものとなっている。

おわりに

本書を構成する 10 篇の論考の概略から明らかなように、専門分野や関心によって各執筆者のグローカル研究についての理解、そしてまたグローカル研究の一環として行われている研究実践は様々である。したがって、この「序」で筆者が提示したグローカル研究を構想した背景の説明やグローカル研究の定義は必ずしも本書の執筆者全員の合意に基づくものではなく、むしろ、あくまでもグローカル研究を始めるための作業仮説ないしたたき台と理解していただきたい。

とはいえ、各執筆者は、グローバル化時代の社会や文化の動態を的確かつ実態に即して捉え、未来社会を構想、構築するためにはグローバル研究のような既存の理論と方法だけでは必ずしも十分ではないと考え、ローカルの側からグローバルの側を逆照射し、ローカルからグローバルへの働きかけを対象化し評価できるような新たな理論と方法並びに実践が必要であるという思いを共有していると考える。本書で理論と実践を概説したグローカル研究という試みが、いささかなりとも読者諸賢が眼前の（あるいはこれまでの）社会や文化のあり方や変動を改めて理解し直し、より良い未来の社会や文化を構想する手がかりとなれば幸いである。

注

1　例えば、最近刊行されたグローバル研究の概説書（M. Juergensmeyer et al. (eds.), *The Oxford Handbook of Global Studies*, 2019, Oxford University Press, 834p）の第 1 章 “What is Global Studies ?”（M. B. Steger, pp.3-20）で、アメリカの社会学者 M.B. スティーガーは自戒を込めて、グローバル研究が西洋中心の見方

や考え方に偏っているという批判を紹介している。

2019年12月

成城大学グローカル研究センター長
上杉富之

目次／グローカル研究の理論と実践

第3章　グローカリゼーションからコンビビアリティへ　71

有元健

第4章　「繋ぎなおし」としての「越境」　95

標葉隆馬・青山征彦・山本敦久

第5章　グローバル情報社会の形成とグローカルの意味するもの　128

矢澤修次郎

第Ⅱ部　実践編

第6章　「生」と「災」を巡る構造とその諸相　161

標葉隆馬・新倉貴仁・俵木悟

グローカル研究の理論と実践

第Ⅰ部　理論編

第 1 章　グローカル研究の構想とその射程

上杉富之

第 2 章　グローカル研究の理論と理念

西原和久

第 3 章　グローカリゼーションからコンビビアリティへ

有元健

第 4 章　「繋ぎなおし」としての「越境」

標葉隆馬・青山征彦・山本敦久

第 5 章　グローバル情報社会の形成とグローカルの意味するもの

矢澤修次郎

第1章　グローカル研究の構想とその射程

上杉富之

はじめに

日本ではここ数年、地方再生や地域創造、大学等の人材育成の文脈でグローカルという言葉を頻繁に見聞きするようになった。有力新聞社から誌名にグローカルを冠したビジネス雑誌が刊行される一方で[1]、グローカル人材の育成を目的としたNPO法人が立ち上げられたり[2]、そのための新たなコースを開設する大学も現われたりしている[3]。

試しにウェブサイト検索エンジンGoogle（日本語版）で「グローカル」について検索してみると、即座に約170万件のサイトがヒットする[4]。今日の社会や文化現象を語る上でもっとも重要な言葉・概念の一つ「グローバル」が約3億4100万件であるのに対して、「グローカル」の約170万件はいかにも少ないように思われる。しかしながら、「グローカル人材」の検索で約123万件（グローバル人材では約3890万件）、「グローカル」と「大学」という2つの言葉・概念を掛け合わせた検索で約82万2000件（グローバル＋大学は約8820万件）もヒットすることを考えると、政財界や教育界を中心としてグローカルへの関心が高いことがうかがえる。

とはいえ、2018年刊行の『広辞苑第7版』（岩波書店）には、「グローバル」や「グローバリゼーション」（グローバル化）の見出し語はあっても「グローカル」や「グローカリゼーション」（グローカル化）の見出し語はない。グローカルという言葉・概念はビジネス業界や地方創生、人材養成の分野で広く流布しているわりには、一般に普及し定着しているとは言いがたい[5]。それもあってか、「グローカル」という言葉・概念の意味内容はそれが使われる分野や領域、文脈に応じてかなり異なっており、本来の意味や意義が十分には理解されていないように思われる。したがってまた、グローカル（化）をめぐる研究としてグローカル研究を予備知識なしにここで提示したとしてもすぐには受け入れがたいであろう。

そこで、以下、まず、グローカルないしグローカル化という言葉・概念の使われ方を概観し、分野や領域、文脈に応じて意味内容や強調点が異なっていること、それゆえ意味が多義的かつあいまいとなっていることを確認する。次に、グローカルないしグローカル化という言葉・概念の成り立ちやその後の意味付けや強調点の変遷等をたどり、この言葉・概念の本来の意味や意義を確認する。その上で、より効果的に社会的・文化的現象やその動態を記述・分析する言葉・概念として「グローカル」ないし「グローカル化」を再定義する。そして、最後に、この再定義に基づいた新たな研究領域として「グローカル研究」の試みを紹介し、その可能性を論じる。

1　グローカル（化）の使われ方

(1) 5つの文脈

日本でグローカルないしグローカル化（グローカリゼーション）という言葉・概念が使われるのは、おもに以下の５つの文脈ないし分野、領域である。すなわち、①グローバル化時代に展開する企業の経営戦略、②地球全体にかかわる環境問題、③少子高齢化時代の地方創生、④大学等における人材育成、そして、⑤社会・文化研究の５つの文脈である[6]。

①　経営戦略の文脈

経営戦略の文脈における用法は、以下の３つに分けられる。

(a) ローカルニーズへの適合

これは1980年代に日本の企業が使い始めた「現地化」ないし「局地化」という意味のビジネス（マーケティング）業界の用法で、グローカル化という言葉・概念の用法としては最初期のものである。1980年代以降に世界各国に事業を展開していったソニー等の日本企業は、生産や経営の基本的方針は日本の本社の意向に合わせつつ、同時に、進出先国・地域で現地のニーズに合わせた製品の生産や経営を始めた。これらの企業は製品や経営を「現地化」ないし「(現地に合わせて) 局地化」することによって躍進していったのである。そうしたマーケティング戦略は和製英語で「グローバル・ローカライゼーション」(ソニー株式会社 (編) 1996: 299) と名付けられ[7]、後にグローカリゼーション (グローカル化) と短縮されて世界のビジネス業界で使われるようになる。

経営戦略としては、「グローバルな『全体』の効果を考える一方で、現地化 (ローカル化) という『個』のメリットを生かすことも配慮」し、「全体と個、グローバルとローカルの両方をにらむ」経営手法が「グローカル統合」と位置付けられるという (伊丹 1991: 127)。

(b)地域(地方)に根ざした地球規模での展開

これは国や県などの「中央」に対して、「地方」の経済的な活性化や振興、ひいては政治的な地位の向上を目指すという文脈で使われる用法である (平松他 1997 参照)。この文脈では、例えば、「中部 (ローカル) の地に根を据えて頑張りながら、世界を相手にビジネスを展開する企業の姿勢」(恩田 2002: 19) (括弧内、引用者) や、あるいは、「ローカルから出発してグローバルな事業展開を図る」(同所) ことという意味で使用される。経済的側面を強調するこの種の用法は、2010年代に入ると、後述の「③地方創生」における用法に合流する。

(c)グローバルとローカルの接続

地域経済・地域の国内企業などのローカルネットワークと、外国市場や外国企業などのグローバルネットワークとの接続のことをグローカル化と言うことがある (岡戸 2002: 30)。経済的側面において顕著なように、いかなる地方・地域社会といえどもいまやグローバル世界との関係なしで存在することは難しい。このような経営環境の変化を認識し、積極的かつ戦略的にグローバルネットワークとローカルネットワークを接続するという意味でグローカル（化）という言葉・概念が使われる。この種の用法は、後に述べるように環境問題への取り組みにおいて顕著となる。

②環境問題の文脈

周知の通り、1970年代になると、国境を越えた河川や大気の汚染（越境汚染）などの地球規模（グローバル）の環境問題に関心が高まる。そして、こうした環境問題を解決するためには、「地球規模に考えて、身近なところから始める」（Think globally, act locally）ことが重要だと言われるようになる。あるいは逆に、「身近なところで考えて、地球規模で活動する」（Think locally, act globally）ということも標榜される。こうした、グローバルとローカルの両方を視野に入れた環境問題に対する考え方や取組み方が、グローバルとローカルの両者を視野に入れるという意味で、1990年代には「グローカル」という言葉・概念で表現されるようになる[8]。環境問題についてのこの種の取組みは現在にまで引き継がれており、2010年にはグローカルな考え方や取組みを強調する「グローカル環境教育」も提唱されている（Himiyama et al. (eds.) 2010 参照）。

③地方創生の文脈

行き過ぎた経済のグローバル化によって地球規模で貧富の差が拡大し環境破壊が進行した結果、2000年前後以降、世界的に反グローバリズム（反グローバリゼーション）運動が高まる[9]。そして、政治体制や制度は「地球規模（グローバル）で統一に向かう一方で、ローカルレベルにおける権限の活性化、リージョンレヴェルにおける連携の強化が見られる」ようになる。グローバルな視野に立ち、政治体制や制度が地方分権化や地方再生へと向かう現象をグローカル化と言うことがある（岡戸 2002:24）[10]。

2003年、日本政府（内閣官房）は「地域再生推進基本政策」を公表し、地域・地方の活力の増進と再生に本格的に取り組み始めた[11]。また、2006年には「道州制特区推進法」が公布され、結局は実現されなかったものの、道州制の導入とそれに伴う地方への政治的・経済的権限の移譲プログラムも示された。さらに2014年には、東京一極集中を是正し地方の人口減少に歯止めをかけ、日本全体の活力を上げることを目的とした一連の政策、「地方創生」が発表された。最近、こうした地方創生をめぐる文脈でグローカルやグローカル化という言葉・概念が頻繁に使われるようになっている。特に、次に述べる地方創生を担う次世代の人材育成の文脈で「グローカル人材」などとして使われる。

④人材育成の文脈

2010年代に入り、文部科学省（以下、文科省と略述）は産官学が連携し、大学等の高等教育機関において「グローバル人材」（グローバル化時代に世界的な視野を持ちつつ日本人として活躍する人材）[12]を育成することを積極的かつ精力的に進めている。この要請に応え、日本の高等教育機関は設立形態（国公私立）や所在地（首都圏、大都市圏、地方の中核都市）等にかかわらずこぞってグローバル人材の育成を目標に掲げ、それに取り組んできた。しかしその一方で、国立大学協会は、2014年12月、先に述べた政府の「地方創生」政策の発表（2014年9月）等を受け、国立大学が「地域の文化・社会・経済を支える拠点」（ローカルな大学）であると共に「社会・世界に開かれた学生の学びの場」（グローバルな大学）であることを強調し[13]、今後の地方国立大学のあり方の一つとして、グローバルとローカルの両方を見据えた「グローカル大学」となることを提言した[14]。

これを受け、首都圏や京阪神という大都市圏以外の大学では、グローバルな場で活躍するグローバル人材よりもむしろグローバルマインドを持ちつつローカルで活躍するという意味での「グローカル人材」の育成、養成が始まっている[15]。遅ればせながら文科省もまた、2019年度、高等学校等の中等教育学校を対象とした「地域との協働による高等学校教育改革推進事業」を立ち上げ[16]、そのなかで特に「グローバルな視点をもってコミュニティを支える地域のリーダーを育成」するための「グローカル型」事業への補助を開始した。

以上のごとく、文科省の高等教育（大学等）、中等教育（高校等）の人材育成の力点は、特に地方の中規模中等・高等教育機関の力点はここ 10 年ほどのあいだに明らかにグローバルからグローカルへとシフトしていると言えよう[17]。

⑤社会・文化研究の文脈

後にやや詳しく述べるように、欧米の社会学や人類学（社会・文化人類学）では 1990 年代初めには、グローカル（化）という言葉・概念がグローバル研究の一環として社会や文化を研究するための専門用語として導入された。しかしながら日本の学界では、欧米におけるのと同様に、当初は必ずしも積極的に用いられたわけではなかった[18]。

日本の人文・社会科学でグローカル（化）が注目されるようになったのは 2000 年代に入ってからである。その場合、一般的には、グローカル化という言葉・概念はグローバル化（普遍化）とローカル化（特殊化）が同時に並行して進行する現象・過程、ないし両方の要素が対立したり融和、共存したりする状態と捉えられ（社会学分野：今泉 2013、国際関係論分野：高杉 2009、哲学分野：山脇 2008 参照）、そうした社会・文化の実態を記述、分析するための参照枠組みとして用いられる。

社会学や人類学分野でも、グローカル化はまずもってグローバル化とローカル化が同時に並行して進行する現象ないし過程を意味するものとして用いられる。しかしながら、それに加えて、グローカル化を、「グローバル化がローカルな事象を生み出し、ローカルな事象がグローバル化に回収されていく現象」（大谷 2008b:21）と見なすなど[19]、グローバル化とローカル化が相互に影響を及ぼす面に焦点を当てることを試みる。

以上、日本における「グローカル」ないし「グローカル化」の主な使われ方を 5 つの文脈に分けて確認した。それをまとめてみると、以下の 4 つの点を指摘することができる。

第 1 に、グローカルないしグローカル化の主な使われ方は文脈に応じて、あるいは同じような文脈のなかにおいてさえ強調点や力点が異なり、意味内容が必ずしも一致していない。グローカルはグローバルなものをローカルなものに作り変えるマーケティング戦略を意味したり、グローバルとローカルの2つの観点（見方や考え方）を同時に持つ行動理念、あるいはまた、グローバルなものとローカルなものが相互に影響を及ぼして雑種化や折衷化する現象・過程を意味したりするのである。

第2に、グローカルないしグローカル化という言葉・概念の意味内容は使われる年代に応じて変化、移行ないし拡大している。1980年代当初は経営や販売戦略の意味合いが主であり、それはグローバル化に伴う製品や経営のローカルな場での現地化、局地化ということを意味した。1990年代に入ると、環境問題の文脈ではグローバルとローカルの相互連関（結びつき）という意味で使われる。一方、社会・文化研究の文脈では、グローバル化とローカル化が同時かつ相互に影響を及ぼしつつ進行する現象・過程と意味付けられるようになる。2000年前後になると、地方創生の文脈で使われることが多くなり、そこではグローバルと同時にローカルな見方、考え方を持ち、それに基づいて行動するというような行動理念が強調される。そして2010年代になると、地域創生の文脈で強調されたグローカルな行動理念を大学教育等の人材育成に落とし込むための制度的措置が行われる。そこでは、グローカルはグローバルな視点とローカルな視点を併せ持ち、グローバルな視点を持ちつつローカルで活躍する未来志向の人材材育成の目標とされる。

第3に、グローカルないしグローカル化が使われる文脈の拡大、移行に伴って、グローカルのなかに含みこまれている「ローカル」の意味内容が大きく変わっていることが指摘できる。1980年代当初、グローカルは経営、販売戦略の文脈では製品や経営の現地化、局地化を意味し、環境問題の文脈ではグローバルとローカルの相互連関を意味していた。こうした初期の文脈では、「ローカル」は必ずしも中央や都市に対する地方や田舎を意味していなかった。というのも、当時、世界市場に進出しつつあった日本企業にとってのローカル（な市場）はアメリカやカナダ等の都市や都市の消費地であって、そこから地理的に離れた地方や田舎ではなかったからである（だからこそ、グローバル・ローカライゼーションという言葉・概念のなかのローカライゼーション（ローカル化）は当初「局地化」ないし「現地化」と言い換えられていたのである[20]）。

これに対し、2000年以降の地方創生の文脈及び2010年代以降の大学教育等における人材育成の文脈になると、ローカルはもっぱら中央や都市に対する地方や田舎に限定される傾向にある。

第4に、グローカル（化）が使われる文脈あるいは目的に応じて、そこに含み込まれている意味内容が大きく3つに分かれることが挙げられる。すなわち、そこには潜在的に、1）現象・過程と2）状態・特性、それに、3）行動・活動の理念の3つの意味内容が含まれているのである。

グローバル展開をする企業の経営戦略の文脈では（①の文脈）、製品をローカルなニーズへ適合させるという販売戦略（①の（a）の文脈）や経営をローカルマーケットに合わせて現地化するという経営戦略（①の（b）の文脈）、あるいは、グローバルネットワークとローカルネットワークの接続あるいは連動という戦略（①の（c）の文脈）を意味する。

環境問題の文脈では（②の文脈）、グローバルな環境問題とローカルな環境問題とが相互に密接に絡み合っている状態を意味する。と同時に、その両者を見据えて行動、活動するという意味で行動理念となっている。

地方創生の文脈では（③の文脈）、地方や地域の人々が主体的に活動して地方の再生や活性化を目指す意思を表明するものであり、明確な行動理念となっている。

人材育成の文脈では（④の文脈）、グローバルとローカルの両方を意識させようとするという意味で行動理念を強調するものである。以上の文脈では、「グローカル」は概ねグローバルとローカルの双方の視点も持つという行動理念や見方、考え方を意味すると言ってよい。

これに対し、社会・文化理論の文脈（⑤の文脈）では、形容詞のグローカルというよりも名詞のグローカル化の方が一般的であることもあり、それは主観的な行動・活動理念としてというよりもむしろ客観的な現象・過程を記述、分析する言葉・概念として使われている。

（2）3つの含意

以上のような「グローカル」の使われ方を整理するために、この言葉・概念が少なくとも、1）現象・過程、2）状態・特性、そして、3）行動・活動の理念や規範（ものごとの見方や考え方）の3つの意味内容を含んでいることをここで再度確認しておきたい（Roudometof 2016: 62-80 参照）。

一つ目として、グローカルは現象・過程としての「グローカル化」（glocalization）の意味で用いられる。現象・過程としてのグローカル、すなわちグローカル化は、グローバル化とローカル化が同時ないし連動して起こり、また、互いに影響を及ぼし合うような社会・文化的現象ないし過程と言うことができる。こうした現象や過程は、それが使われる分野・領域やそれがもたらす結果に応じてこれまでも脱領土化（deteritorialization）や脱中心化（decentralization）、習合・混交（syncretization）、雑種化（hybridization）、クレオール化（creolization）などとして論じられてきたものである。あるいは、逆グローバル化（reverse-globalization）や再グローバル化（re-globalization）などとしても論じられてきた。

二つ目として、グローカルは状態・特性としての「グローカリティ」（glocality）の意味でも用いられる。状態・特性としてのグローカル、すなわちグローカリティは、グローバルな特性とローカルな特性が同時に見られ、かつそれらが相互に影響を及ぼしながら存在しているような状態であり、また、そのような状態にあるときに見られる特有の社会や文化のあり方である。こうした現象や過程は、それが使われる分野・領域やそれらがもたらす結果に応じてこれまでも越境（transnationality ないし transnationalism）や重国籍（dual/multiple nationality または dual/multiple citizenship）、多言語使用（multilingualism）などとして論じられてきたものである。あるいは、国境を越えた流動的な今日の社会や文化のあり方を民族や技術、金融などのフロー（流れ）として捉えようとするアメリカの人類学者アルジュン・アパデュライ（Arjun Appadurai）が論じようとしたものでもある（アパデュライ 2004）。

そして、三つ目に、「グローカル」は行動・活動の理念や規範、あるいはより広いものの見方や考え方としての「グローカリズム」（glocalism）[21] という意味での使用である。行動・活動の理念や規範ないしものの見方や考え方としてのグローカル、すなわちグローカリズムは、グローバルとローカル双方の見方・考え方、視点を持って、グローバルとローカル双方で行動・活動、研究しようとする理念ないし規範である[22]。地球規模（グローカル）の環境保護に取り組もうとする文脈では、「地球規模で考えて、身近な場所で行動する」（Think globally, act locally）というような行動規範となる。また、地方創生や地方再生の文脈では、「地球規模（の市場）を対象にして、地元で（ものづくりに）励む」というような行動規範として論じられてきたものである。

社会や文化の変動や動態研究の文脈では、グローバルやローカルレベルの変動や動態をグローバルなモノとローカルなモノの重層的、多元的な分節や接合として記述・分析しようとする研究枠組みとなる。あるいは、反グローバル化（anti-globalization）や代替（もう一つの）グローバル化（alter-globalization。スローフード／スローライフ、地産地消、マイクロ・クレジット運動なども含む）等のグローバル化に対するローカルの側からの様々な運動の一環としても論じられている。

以上、日本のグローカルないしグローカル化という言葉・概念の使われ方を、それが使われる５つの文脈（分野、領域）と３つの含意に分けて整理し、概観した。そして、「グローカル」という言葉・概念が多義的であり、それが使われる文脈や目的等に応じてかなり異なることを確認した。こうしたことから、「グローカル」という言葉・概念は意味や意義があいまいで、企業の戦略や国の政策を受け売りにするキャッチコピーに過ぎないというような批判さえある。

しかしながら、グローバル化のさらなる進行、浸透とそれに伴ってローカル化が連続ないし同時に進行するという現象、すなわちグローカル化という現象が存在し不断に進行しているということは厳然たる事実である[23]。大規模かつ迅速に進行、浸透する今日の社会・文化の動態を的確かつ適切に理解し、それへの対応を検討、構想するためには、現象・過程としてのグローカル（グローカル化）や状態・特性としてグローカル（グローカリティ）、行動・活動の理念ないし見方・考え方としてのグローカル（グローカリズム）の実態や諸相を明らかにする必要があるだろう。そこで、「グローカル」ないし「グローカル化」という言葉・概念をより有効に使うためとして、この言葉・概念の意味や意義を、この言葉・概念が人文社会科学に導入されるようになった当初の経緯やその後の変遷をたどることで明らかにしてみたい。

2　グローカル（化）の使い方

「グローカル（化）」という言葉・概念を単なるスローガンとしてではなく、今日の社会や文化のあり方や動態を批判的に検討するより効果的な理論ないし方法とするためには、その言葉・概念が最初に人文社会科学に導入された際の意味や意義を確認し、また、その後の修正、展開をたどることが有意義であろう。以下、グローカル（化）に関する研究にもっとも影響を与えてきた3人の研究者の議論、すなわち、グローカルやグローカル化という言葉・概念を学界に導入したイギリスの宗教社会学者ローランド・ロバートソン（Roland Robertson）の議論とそれに対して批判を加えたアメリカの社会学者ジョージ・リッツア（George Ritzer）の議論、グローカル化をめぐる研究を独自の研究領域に発展させようとするキプロスの社会学者ヴィクトル・ルドメトフ（Victor Roudometof）の議論を紹介し、批判的に検討を加えてみたい。

（1）導入――普遍化と特殊化の両面性としての「グローカル化」

マーケティング用語として広まりつつあった和製英語・グローカル化（glocalization）を、1990年代初頭に学術用語として人文社会科学に最初に導入し普及したのは、当時、グローバル化に関する議論を先導していた研究者、ローランド・ロバートソンであった（Robertson 1992, 1995 参照）[24]。

ロバートソンは、自身の実証的な宗教社会学的研究に基づき、グローバル化をめぐる議論が盛んになった当初から、グローバル化に関する議論が経済的、物質的な側面に偏っていることを批判し、社会や文化的側面にも目を向けるべきだと主張していた（ロバートソン 1997: 1-17 参照）。ロバートソンと相前後してサスキア・サッセン（Saskia Sassen）（Sassen 1992）らの社会学者やアパデュライ（Apadurai 1996）らの人類学者もこうした議論に加わり、1990年代半ば頃までにはグローバル化をめぐる議論は社会や文化の変動や動態をめぐって繰り広げられるようになる[25]。しかし、その際、社会・文化に関するグローバル化の議論は大きく2つに分かれていく。拙稿（上杉 2009、2011b、2014）で述べたように、グローバル化に関する「均質化論」（あるいは「普遍化論」）と「多様化論」（あるいは「特殊化論」）の相反する2つの議論が対立するのである[26]。

均質化論（globalization as homogenization）によると、グローバル化はそれが到達した地域や地方の伝統的かつ固有の社会や文化を均質化（同質化）し、場合によっては崩壊、消滅させるという[27]。言葉を換えて言うと、グローバル化によって地球規模に拡大・普及した社会・文化は、それが到達した地域や地方に広く一般化し、普遍化するというのである（したがって普遍化論）。

一方、多様化論（globalization as diversification）によると、グローバル化はそれが到達した地域や地方の伝統的かつ固有の社会や文化を圧倒して崩壊させたり消滅させたりするものでは必ずしもなく、むしろグローバル化した文化要素と地域・地方の伝統的な文化要素を結び付けて雑種化したり伝統的な要素を刺激して新たな文化を生成させたりするなど、文化を多様化させると言う。あるいは、グローバル化によって地球規模に拡大・普及した社会・文化は、それが到達した地域や地方の環境等に応じて特殊化すると言うのである（したがって特殊化論）。

以上のような議論に対して、ロバートソンは、グローバル化が均質化（普遍化）と多様化（特殊化）のいずれの作用を持つのかという立論自体が間違っていると論じる（Robertson 1995: 25-28）。というのも、ロバートソンによると、グローバル化は本来的に均質化としての普遍化（universalization）と多様化としての特殊化（particularization）の2つの作用を併せ持っているからである[28]。ロバートソンにとってみれば、ローカル化を通して社会や文化を均質化すると同時に多様化するのがグローバル化の当然の帰結なのである。

そこで、ロバートソンは、こうしたグローバル化（普遍化、均質化）とローカル化（特殊化、多様化）の連動、同時進行を表す言葉・概念として、日本企業が使っていたマーケティング用語、グローカル化を学界に導入したのであった[29]。グローカル化という新しい言葉・概念を使うことによって、グローバル化とローカル化を同じコインの表と裏の関係と同じように、一連の連続ないし同時に起こる現象・過程の不可分の部分であることを強調しようとしたと言えよう（Robertson and White, 2007: 62 参照）。

かくして人文社会科学に導入されたグローカル化という言葉・概念は、1) グローバル化をめぐる議論を社会や文化の動態研究へと拡大することを決定付け、2) グローバル化とローカル化が連動ないし同時に進行することを明示すると共に、3) グローバル化とローカル化の双方を焦点化することによって、4) ローカルな人やモノのグローバルな人やモノへの「働きかけ」に光を当てる可能性をもたらしたと言うことができよう。ロバートソンがグローバル化をめぐる研究に「文化的転回」（cultural turn）」をもたらしたと評価される所以である（Steger and Wahlrab 2017: 58-61）。

（2）批判と展開——負のグローバル化から方法としての「グローカル」へ

ロバートソンのグローカル化の導入やそれをめぐる議論に対して、グローバル化の負の側面への批判を繰り返しているリッツアは、グローカル化が実際にはしばしばローカルな人やモノを圧倒する負のグローバル化に他ならないと批判する（Ritzer 2003）。

リッツアは、合理性を追求してますます脱人間化する現代社会のあり方を「マクドナルド化」（McDonaldization）として批判する（リッツア 1999）。そして、マクドナルド化やアメリカ化（Americanization）等を世界のすみずみまで拡散し、浸透させるものこそがグローバル化に他ならないと見なす。リッツアにとってみれば、グローバル化とは、市場原理主義などを重視する新自由主義的な見方や考え方や制度によって世界の均質化や画一化をもたらすものなのである。

グローバル化による均質化論の立場をとるリッツアは、ロバートソンが導入したグローカル化という言葉・概念が多様化を説明するのに一定の有効性を持つことは認める。しかしながら同時に、グローカル化を通してローカルなモノがグローバルなモノによって圧倒され、同質化・均質化される懸念があるとして問題視する。

リッツアはこうしたグローカル化の負の側面を、グローカル化とは区別して、「グロースバル化」[30] (grobalization) という造語で表現する。グロースバル化は成長 (growth) とグローバル化 (globalization) という言葉を組み合わせた造語で、先進国や多国籍企業、国際機関等がグローバル化に伴ってその権力や影響力、収益を増大させる現象ないし過程を意味する。リッツアは、特にアメリカ発祥のグローバルなモノが他のローカルなモノを圧倒して均質化あるいは消滅させる現象・過程をグロースバル化と名付ける。そして、グロースバル化を、グローバルなモノがローカルなモノに影響を及ぼして多様化あるいは新たなモノを生成させる現象・過程としてのグローカル化と対置して明確に区別する。その上で、現実の社会や文化の変動では圧倒的にグロースバル化が進行しているとして、ロバートソンらが唱える楽観的なグローカル化の議論を批判する。かくして、リッツアはグローバル（なモノ）とローカル（なモノ）の間に厳然として存在する影響力（権力）の差に注意を喚起するのである。

筆者から見れば、リッツアのグロースバル化の提示を通した議論は「上からのグローバル化」（グロースバル化）を強調しすぎるあまりやや単純となり、特に「下からのグローバル化」（グローカル化）、すなわちローカルな人やモノによるグローバルな人やモノへの働きかけへの配慮が不十分であるように思われる[31]。そのためもあってか、グロースバル化という言葉・概念は以降のグローバル化等をめぐる議論にはほとんど登場しない。しかしながら、リッツアの議論はロバートソンのグローカル化をめぐる議論、いわば楽観的なグローカル化の議論では必ずしも十分に対象化されていない、グローバル化（グローバルなモノ）とローカル化（ローカルなモノ）の間に横たわる厳然たる社会的・文化的な影響力（権力）の差を明らかにするきわめて重要な指摘であった。

リッツアの批判は、グローカル化をめぐる研究をグローバル化とローカル化の間の力（権力）関係にも配慮したより批判的なものとすることとなった。その結果、グローカルという言葉・概念は、グローバルとローカル、それにナショナルやリージョナルなものを加えたより重層的かつ相互浸透的な社会的、文化的変動の実態をローカルな側から照射するための理論的な枠組みないし方法として用いられるようになった。例えば、2005年にグローバル化に関する簡便な概説書を著したアイルランドの社会学者ロバート・G・ホールトンは、グローカルという見方や考え方を研究に用いる「方法としてのグローカリズム」(methodological glocalism) を提案している (Holton 2005: 191。McGrew 2007, Ritzer 2007 参照) [32]。

かくして、グローカルの見方や考え方を用いた人文社会学の研究は2005年前後から急速に増えていく [33]。こうした流れを受けて、日本でも、グローバル化がますます進行、浸透するなかでグローバルなモノとローカルなモノの重層的、多元的な「接合」や「分節」についての研究が徐々に増えていった (上杉 (編) 2014a;2016、大谷 (編) 2008、須藤 (編) 2012、前川 2004 参照)。

(3)「グローカル的転回」――独自の研究領域としての「グローカル」

グローカル化の研究に関する初の概説書、*Glocalization:A Critical Introduction* (2016) を著したキプロス大学の社会学者ヴィクトル・ルドメトフは、近年、グローカル (化) をグローバル (化) から明確に区別し、グローカル (化) に焦点を当てた新たな研究への移行が進んでいると主張する。ルドメトフはこうした移行をグローバル研究、あるいはより広く人文社会科学における「グローカル的転回」(glocal turn) (Roudometof 2016: 138-140) と名付けている。

ルドメトフはグローカル化をめぐるロバートソンやリッツアらのこれまでの研究を概括し、それらが総じてグローカル化を (グロースバル化も) あくまでもグローバル化と同一ないしその一部としか見ておらず、グローバル研究の域を脱していない点を批判する。ルドメトフにとってみれば、グローカル化及びグローカル化をめぐる研究は今や質・量共に充実し、独自の研究領域となるべきなのである。グローカル化に関する研究を独立させることを目論むルドメトフは、そこで、2つの方法でグローカル化の独立性を担保しようとする。一つはグローカル化に関する「屈折理論」の提示であり、もう一つは「方法としてのグローカル」の確立である。

①グローカル化の「屈折理論」

グローカル化をめぐる研究を独自の研究領域と見なすルドメトフは、グローカル化という言葉・概念をより厳密に定義することを試みる。ルドメトフは、これまでグローバル化やグローカル化を説明する際に使われてきた「伝播」(diffusion) といった比喩を使わない。というのは、伝播はモノ (物質) の移動をイメージさせ、グローカル化についても、グローバルに拡散していったものがローカルな場でローカルなモノと混合、融合して同質化あるいは均質化してしまうというような議論に陥りやすいからであると言う。それを避けるため、ルドメトフは光や波の研究で使われる「波動」(wave) や「屈折」(refraction) という概念を援用してグローカル化を以下のように定義し直す。

> グローカル化とは、ローカルな場を通過して屈折した (refracted) グローバル化である。(Roudometof 2016: 65, 146)

要するに、グローバル化したものはローカルな場に到達するとそこに進入し、光がプリズムに到達して屈折するように、「屈折」(変化・変容) すると言うのである (「ローカルな場」がプリズムに相当)。ルドメトフのグローカル化の定義では、音波や光波に関する物理学の専門用語、屈折が使われていることから、ここでは、この定義をグローカル化に関する「屈折理論」と呼ぶこととする。

ルドメトフの屈折理論によると、グローバル化はグローバル化したモノを屈折 (変化、変容) させるだけであるから、ローカルな場でローカルなモノを消滅させたり崩壊させたりすると考える必要はない。したがってまた、グローバルなモノがローカルな場で屈折するグローカル化は、理論上、均質化 (直進) と共に多様化 (分散) も引き起こすことになる。そして、異なったローカルな場で異なった屈折が繰り返されて異なったモノが生み出されることから、グローカル化は多様なグローカリティ (グローカルな特性や状態) を生み出すことになる。

とはいえ、残念ながら、ルドメトフが提示したグローカル化の屈折理論は必ずしも明瞭ではないし実態を説明しない[34]。例えば、屈折理論はグローバル化した要素がローカルの要素と混淆して雑種化するようなグローカルな現象・過程を説明できない。また、グローカル化を結局のところグローバル化（屈折したグローバル化）と見なしている点は、グローカル化に関する研究をグローバル化のそれから独立させようとするルドメトフの目論見と矛盾していると言わざるを得ない。しかしながら、これまでグローバル化とローカル化の連続ないし合成としてあいまいにしか定義されてこなかったグローカル化という現象ないし過程そのものを改めて定義するという試みとしてはそれなりの評価ができるであろう。また、屈折理論はやや抽象的かつ分析的過ぎるきらいがあるが、そうであるからこそ、分野や領域を超えて適用可能となる利点も持つ（上杉 2018 参照）。

② 概念装置としてのグローカル空間

グローカル化は、ごく簡単に言うならば、グローバル化に連動ないしそれと同時にローカル化が進む現象ないし過程である。そして、ローカル化はローカルな場や空間、すなわち地理的、物理的に特定の場所や空間で起こるものと考えられている。通常、ローカルな場は自明のものであって特に問題にされることはない。ローカルはまずもって特定の空間を占める地方ないし地域を意味し、また、そうした地方や地域に特有のものや状態を指す言葉・概念とされる。しかしながら、ルドメトフは、グローカル（化）という言葉や概念を使う際にはローカルという場や空間のあり方も検討されるべきであると論じる。

ルドメトフは、空間を人の認識とは別個に存在する、物理的に計測可能な「絶対的空間」（absolute space）と、人々が認識することによって初めて存在する、したがって固定されておらず物理的な計測には馴染まない「相対的空間」（relative space）ないし「社会的空間」（social space）の2つに区分する（Roudometof 2016: 31-37）。その上で、「社会的空間」をさらに「認知空間」（perceived space）、

「想像空間」(conceived space)、及び、「生きられた空間」(lived space) の3つに区分する (Roudometof 2016:87) [35]。

「認知空間」は人々が日々のやり取りを通して経験的に認知する空間である。離れて暮らす家族が形成する空間がそれに当たる。「想像空間」は人々が働き、政治的、文化的な活動をする際に想定する空間である。直接の付き合いはないコミュニティや町のような空間が相当するであろう。そして、「生きられた空間」は人々が住み、日々の生活のなかで直接的なつき合いを持つ空間である。

人、モノ、情報、金融等が大量かつ迅速に国境を移動するグローバル化時代にあって、グローバルなモノに対応した社会的空間 (「認知空間」、「想像空間」、「生きられた空間」) は文脈に合わせてそのつど既存の空間から新たに再編成される。国や経済ブロック等のマクロレベルはもちろん、町や村、家族や親子が作り出す空間さえ不断に再編成されている。

とすれば、グローカルに対するローカルな場所や空間も固定したものではなく、状況に応じて不断に創造、再編されているということになる。当然のことではあるが、特定の空間ないし場所としてのローカルはいまや都市に対する地方、地域、「田舎」というような地理的、絶対的な空間ではなく、サイバー空間における特定のコミュニティの空間というようにあくまでも相対的かつ概念的なものと見なべきである。グローカル化における空間や場所の問題を吟味するルドメトフは、グローカル化を論じる場合には、グローバルとローカルを特定の地理的空間的配置としてではなく、概念装置とすべきことを示唆していると言えよう (Roudometof 2016: 38)。

③グローカル研究の出現

2016年までのグローカル及びグローカル化をめぐる研究を概観したルドメトフは、近年、グローカル (化) に関する興味・関心、研究が盛んになっており、それはグローバル研究、あるいはより広く人文社会科学全般において「グローカル的転回」(glocal turn) と言っていいほどの理論的、方法論的な移行をもたらしているとする (Roudometof 2016: 138-145)。そして、グローカ

表 1-1　グローバル研究とグローカル研究の対比

次元	グローバル研究	「グローカル研究」
グローバル化の評価	統合（包括的な過程としてグローバル化を想定）	相互作用 mutual interaction（限定的な過程としてのグローバル化を想定）
研究対象	国際機関や多国籍企業の活動、国際的に活動するNGO・NPO	ローカルな人やもの、制度等の働きかけ、地元で活動するNGO・NPO
研究アプローチ	上から目線、上からのグローバル化	下から目線、下からのグローバル化
グローバルとローカルの関係性	対抗、抵抗、力の関係	相互補完、相互作用（interplay）、改善指向
焦点となる文化現象	グロースバル化、アメリカ化、文化帝国主義	グローカル化、雑種文化、創造的流用
焦点となる空間と場所の特性	フロー空間と境界付けられた空間（spaces of places）の対立、絶対的ないし地理的空間	流動的な空間（spaces）と固定的な場所（places）の対立の解消、新しい場所の生成、相対的ないし社会的空間

（出典：Roudometof 2016:143。下線を施した「次元」は引用者の追加）

ル化に関する研究をまとめてグローカル研究（glocal studies）と呼び、グローバル研究と対比させて、グローカル研究について以下のような特徴を挙げている（**表 1-1** 参照）。

表 1-1 のなかの「グローバル化の評価」の次元では、グローバル研究は、国際機関や多国籍企業、国際的に活動するNGO・NPOがローカルな人やモノ、制度を国際標準に統合する点、つまり均質化や普遍化に注目する。これに対し、「グローカル研究」は両者が相互に影響を及ぼす点、つまりその結果としての多様化や特殊化に注目する。

筆者（引用者）が追加した「研究対象」及び「研究アプローチ」の次元では、グローバル研究が国際機関や多国籍企業、国際的に活動するNGO・NPOの視点に立って「上から目線」（「上からのグローバル化」）で見るのに対して、グローカル研究はローカルの人やモノ、制度等の働きかけ、地元で活動する

NGO・NPOの視点に立って「下から目線」(「下からのグローバル化」)で見ると言えよう[36]。

「グローバルとローカルの関係性」の次元では、グローバル研究はグローバルな人やモノとローカルな人やモノが接触して対抗、抵抗するような主導権を争う関係にある点に注目する。これに対し、グローカル研究は両者が相互に補完したり相互に影響を及ぼしたりして新たな関係性を創り出すことに注目する。

「焦点となる文化現象」の次元では、グローバル研究はグロースバル化の結果、世界の隅々にまでマクドナルド化やアメリカ化が拡大・浸透し、文化的にもアメリカ等の一部の先進国が圧倒的な影響力を持つような文化帝国主義が進行する点を強調する。これに対し、グローカル研究は、グローカル化の結果、世界各地のローカルな場においてクレオール化や雑種化が進み、グローカルなモノを流用して新たな文化が創造される点を強調する。

「焦点となる空間と場所の特性」の次元では、グローバル研究は、国や地域、地方等の境界付けられた絶対的ないし地理的空間の存在を前提としつつ、そうした境界を越える人やモノ、情報、金融等の流れ(フロー)に焦点を当てる。これに対し、グローカル研究は、国や地域、地方等の境界を越えた人やモノ、情報、金融等の流れ(フロー)を通して相対的ないし社会的空間が不断に生成、再構築される現象や過程に焦点を当てる。

以上のごとく、ルドメトフは、明らかにグローバル研究とは異なった観点や視点、指向、したがってまた理論や方法を持ったグローカル研究が出現し、盛んになりつつあることを認識している。しかしながら、ルドメトフは、研究戦略的に時期尚早として、グローカル研究をグローバル研究から分離、独立させるまでには至っていない[37]。

3　グローカル研究という試み

(1)グローカル(化)の再定義

すでに述べたように、グローカル(化)という言葉・概念はそれが使われている時代や文脈、目的に応じて多義的であったり強調点が異なったりする。グローカル（化）をめぐる研究を新たにグローカル研究として構想・確立し、推進するためには、これまでの研究を踏まえた上で、簡潔で要点を押さえたグローカル（化）の定義が必要であろう。

グローカル（化）という言葉・概念を最初期に定義したのは *The Oxford Dictionary of New Words*（1992）と言われる。そこでの定義は以下の通りである。

> 「グローカル」（glocal）：ビジネス業界用語。グローバルであると同時にローカルであること。市場をグローバルに見ながら、ローカル（現地）の状況に適合させること。「グローカル化する」（glocalize）という動詞としては、ビジネスをグローバル規模に展開する一方で、ローカル（現地）の状況や状態にも配慮することを意味する。名詞形は「グローカリゼーション」（glocalization）。
>
> （*The Oxford Dictionary of New Words* 1992: 134）

この定義は語源となった和製ビジネス英語、「グローバル・ローカライゼーション」に沿ったものであり、「グローカル化」がグローバル（地球規模の）市場とローカル（現地の）市場の両者を共に見据えるマーケティング戦略であることが強調されている。

次に、2005年前後のG・リッツアらの批判を受けて社会的・文化的、そしてまた政治的、文化的な影響力（権力）への配慮がなされ、方法としてのグローカルへの移行が進んで以降の定義を2つの社会学辞典から挙げてみたい。

> 「グローカル化」（glocalization）：グローバルに展開する企業が、グローバル市場向けの製品をローカル（現地）の好みに合わせて若干の修正を加えるというマーケティング戦略から導入した用語。社会学では、グローバルな文化とローカルな文化の緊張関係を表現する。ローカルなものがグローバル化し、グローバルなものがローカル化する過程を意

味する。(傍点引用者)

(*The Penguin Dictionary of Sociology*, 4th ed. 2006: 170)

「グローカル化」:「グローバル・ローカル化」(global localization) を意味するためにローランド・ロバートソン (*Globalization* 1992) によって導入された言葉。グローカル化は、多国籍企業の活動に見られるようなグローバルな事業展開が、ローカル (現地) に特化したものやサービスをもたらすと共に、そうしたローカルに特化したものやサービスの情報がグローバルな事業戦略に還元される過程を意味する。(傍点引用者)

(*Oxford Dictionary of Sociology*, 3rd ed. revised, 2009: 287)

上記2種の社会学辞典の定義においてもビジネス用語としての影響が色濃く残っている。しかし同時に、それ以前とは違うある共通の特徴が付加されている。それは、グローカル化がグローバルからローカルへ影響を及ぼすと共に、逆にローカルからグローバルへも影響を及ぼすこと、つまり相互作用に言及している点である。

筆者は、先に紹介したグローカル (化) という言葉・概念の使われ方や使い方における議論を反映させて、グローカル化という言葉・概念を以下のように再定義することを改めて提案する。

グローカル化 (glocalization) とは、グローバル化 (globalization) とローカル化 (localization) が同時に、しかも相互に影響を及ぼしながら進行する現象ないし過程である。(上杉 2011a: 10 参照)

なお、上の定義におけるグローバル (化) やローカル (化)、グローカル (化) は、先に述べたルドメトフらのグローカル化をめぐる議論や研究を踏まえ、具体的な国や都市、町、村などの地理的 (物理的)、絶対的な場所や空間だけでなく、サイバー空間や宇宙空間をも含む社会的・文化的 (象徴的)、相対的な場所や空間も意味することを付け加えておきたい。

さて、以上のような定義により、これまでの定義では明示されていなかったグローカル（化）の2つの重要な特性、すなわち、1）グローバル化とローカル化という現象・過程が連動して同時に進行するという「同時性」と、2）両者が互いに何らかの影響を及ぼしつつ進行するという「相互作用性」がより明確になるものと考える。

グローバル（化）とローカル（化）の同時性と相互作用性を明示した新たなグローカル（化）の定義に基づけば、経営戦略はもとより環境問題や地方創生、人材育成、社会・文化研究等のいずれの文脈においてグローバル（化）とローカル（化）の同時性と相互作用性の両者を射程に入れたグローカルな見方や考え方（グローカリズム）の必要性が容易に了解されるであろう。特に新たな定義における「相互作用性」の明確化は、ローカル（な人やモノ）からグローバル（な人やモノ）へ及ぼす作用（影響）をも対象化し焦点化するものであり、ローカル（な人やモノ）が積極的かつ主体的にグローバル（な人やモノ）に働きかけていく行動理念（グローカリズム）の理論的根拠ともなるであろう。また、グローバル（化）とローカル（化）の「同時性」と「相互作用性」を明確化した新たな定義は、グローバルな特性（グローバリティ globality）とローカルな特性（ローカリティ locality）を状況に応じて様々な程度に併せ持つグローカリティ（グローカルな特性）を想定し、対象化する理論的な根拠ともなる。

（2）グローカル研究の構想

人類学分野を中心にしてではあるが、筆者はグローバル化に焦点を当てたグローバル研究には潜在的に限界があり、それを乗り越えるためにはグローバル化とローカル化の双方を射程に入れた「グローカル研究」（glocal studies）を構想し、実施することが必要だとこれまで繰り返し論じてきた（上杉 2009a、2009b、2011a、2011b、2012、2014、2015、2016a、2016b、2018）。詳細については拙稿を参照していただきたいが、その要点は以下の通りである。

グローバル化に伴う様々な現象・過程についての研究であるグローバル研究（global studies ないし globalization studies）は、少なくとも以下の点で、根本的な欠陥を持つ。すなわち、グローバル研究には、1）グローバル化の「中心」（起点）としての西洋諸国から「周縁」（到達点）としてのローカルな非西洋諸国への一方的な影響を強調する傾向があり（「力」の非対称性）、2）往々にしてローカルな現象や過程に注目する視点を欠き、その結果、3）社会や文化における「中心」と「周縁」の間の変化や変容の同時性や相互作用性を見過ごし（「眼差し」の非対称性）、したがってまた、4）雑種化やイノベーションなどによる社会や文化の再編・再構築や多様化などという変動の実態も十分に評価することができないという根本的な欠陥がある。

グローバル研究は、理論的・方法論的には、グローバル化そのものと共にグローバリティ（グローバルな特性）やグローバリズム（グローバルな見方や考え方、しばしばグローバル化を推進しようとする理念）全般を、グローバルはもちろんローカルな視点からも全方位的に研究しようとするものである。しかしながら、グローバル研究がグローバル化（グローバルな人やモノ）を中心に据えるがゆえに必然的にローカル化（ローカルな人やモノ）の位置付けは相対的に低いと言わざるを得ない。

以上のような問題意識、あるいはまた先に紹介したグローカル化をめぐる研究動向に鑑み、筆者らはグローカル研究の構想を発表し、2008 年 10 月には成城大学にグローカル研究センター（Center for Glocal Studies）を新設して理論と実証の両面からグローカル研究を推進している。以下、筆者が考えているグローカル研究を改めて提示し、その意味や意義を確認してみたい。

（1）グローカル研究の定義、目的、意義

1）定義

先に再定義したグローカル化に基づいて、筆者は、グローバル化とローカル化をめぐる社会的、文化的現象や過程に実証的かつ理論的に取り組むものとしてグローカル研究を構想し、実施している。グローカル研究は以下のように規定される。

（グローバル化（globalization）とローカル化（localization）が同時に、し

かも相互に影響を及ぼしながら進行する現象ないし過程をグローカル化(glocalization)と定義し［上述の再定義参照］）グローカル化をめぐる現象や過程(glocalization)、状態・特性(glocality)、考え方や見方(glocalizm)などを実証的かつ理論的に明らかにする研究をグローカル研究と呼ぶ。(上杉 2011a: 11 参照)

以上のごとく規定したグローカル研究は、上述の再定義したグローカル化に基づく研究であるがゆえに、当然、1) グローバル化とローカル化が同時ないし連続して進行することと、2) グローバル化とローカル化が相互に作用ないし影響を及ぼすという2つの点に特に焦点を当てた研究となる。

2) 目的

グローカル研究は、今まで見過ごされてきた今日的な問題や課題をローカル（地域や地方）な視点から「対象化する」(objectify) と共に、著しく均衡の崩れたグローバル化の「中心」(往々にして欧米の先進国) と「周縁」(往々にして非欧米の発展途上国) の間の関係をローカルな立場からいささかなりとも「対称化する」(symmetrize) 可能性に焦点を当てることを目指す (上杉 2011a: 11 参照)。

グローカル研究について特筆すべきことは、従来のグローバル研究ないしグローカル化に関する研究でほとんど焦点が当てられることのなかった、グローバル化の起点ないし中心と終点ないし周縁との間で双方向的に見られる影響や作用、特に終点／周縁から起点／中心に及ぼされる影響や作用に焦点を当て、正当に評価することができる点にある。言葉を換えて言うならば、グローカル研究は、グローバル化の終点ないし周縁である非欧米の発展途上国等が、グローバル化の起点ないし中心である欧米先進諸国に対して及ぼす作用ないし影響を明らかにする可能性を秘めた研究であると言うことができよう。

この種の現象ないし過程は、従来のグローバル研究でも時として取り上げられ、「逆グローバル化」(reverse globalization)、あるいはグローバル化の「ブーメラン効果」(boomerang effect) などと言われることもあった。しかしながら、これらの事象はあくまでもグローバル化の例外的な事例ないし付随的なものとして扱われるにすぎなかった。

これに対し、グローカル研究においては、いわゆる逆グローバル化やグローバル化のブーメラン効果はグローバル化の例外や付随的な現象として偶発的に起きるのではなく、グローバル化現象ないし過程のなかに本来的に組み込まれているものであり、大なり小なり常に起こっているものと見なす。そして、そうした現象や過程はグローバル化とローカル化の間の相互作用を具現化したものとして当然に記述・分析の対象となる。むしろ、グローバル化とローカル化の間の相互作用があることを前提としているので、そのような現象や過程に注意深く目を向けることになるであろう。

3）意義

グローカル研究はグローバル化とローカル化が同時に、しかも相互に影響を及ぼしながら進行するグローカル化の実態を明らかにし、ローカルな視点や立場を強調しつつ、より柔軟な社会と文化のあり方を提示することにもなるだろう（上杉 2011a: 11 参照）。

グローカル研究は、従来のグローバル研究やグローカル化に関する研究でしばしば等閑視されてきた、グローバル化の起点ないし中心としての欧米先進諸国と終点ないし周縁としての非欧米発展途上国との間の社会的、文化的な「力」（影響力）の非対称性を問題化すると共に、そうした状態をいくばくなりとも対称化（均衡化）ないし是正、改善するための手掛かりを見出す研究実践となることが期待される。その際、特にローカルな人やモノがグローバルな人やモノに働きかけて影響を及ぼす現実と可能性に焦点を当てる[38]。

（2）ローカルからの「働きかけ」

グローカル研究の構想を紹介するに先立ち、筆者は、グローカル化を再定義した。その際、特に 2 つの点を焦点化し強調した。一つはグローバル化とローカル化が連動ないし同時に進行する点（同時進行性）、もう一つはグローバル化とローカル化が相互に影響を及ぼしながら進行する点（相互作用性）である。前者のグローバル化とローカル化が連動ないし同時に進行することについては、すでに見たように、1990年代初めにグローカル（化）という言葉・概念が人文社会科学に導入されて以来認知され、すでに定着している。しかしながら、後者のグローバル（化）とローカル（化）が相互に影響を及ぼしながら進行することについては、それがある程度認知されるのは、2005年前後の方法としてのグローカルという考え方が受け入れられて以降である。2016年にグローカル的転回の進行とグローカル研究の出現を論じたルドメトフは、グローカル研究の特徴の一つとしてグローバル（化）とローカル（化）の相互作用を対象とすることにも触れている。しかしながら、グローカル化をグローバル化とローカル化の同時性や相互作用とは直接関係のない「屈折理論」によって定義するがゆえに、グローカル研究においてもグローバル化とローカル化の相互作用に特に焦点が当てられることはない。

これに対し、筆者が構想、提示するグローカル研究では、グローカル化をグローバル化とローカル化が相互に影響を及ぼしながら進行すると再定義することによって、グローバル（化）とローカル（化）の相互作用を定義のなかに組み込んである。したがって、先にグローカル研究の「目的」として挙げたように、グローバル化とローカル化の相互作用を当然のこととして想定し、それを「対象化」（可視化）することが可能となる。そしてまた、グローバル化（グローバルな人やモノ）とローカル化（ローカルな人やモノ）との間に厳然たる社会的・文化的、あるいは政治的・経済的な影響力（権力）の不均衡が存在することを考慮して、それを少しでも「対称化」（均衡化ないし是正）することを視野に入れることも可能となる。

グローバル化（グローバルな人やモノ）とローカル化（ローカルな人やモノ）との間の相互作用に焦点を当てることが筆者らの構想・推進するグローカル研究の最大の特徴であるとして、では、実際に、それはいかに達成し得るのか。筆者は、特にローカルな人やモノがグローバルな人やモノに働きかけることに焦点を当てることによって可能となると考える。

グローバルな人やモノが圧倒的な力を持ってローカルな人やモノに影響を及ぼし、場合によっては圧倒し、消滅させてしまうという報告や研究は、これまでのグローバル研究で枚挙にいとまがない。一方、ローカルな人やモノが微々たる力とは言えグローバルな人やモノに影響を及ぼして、それに変化・変更をもたらすという報告や研究は多くはない。そうした報告や事例は、すでに触れたように、これまでのグローバル研究では、「反グローバル化」や「逆グローバル化」、「代替グローバル化」などとして対抗・抵抗、ないし一部の例外としか見なされない傾向にある。これに対し、ローカルな人やモノがグローバルな人やモノに影響を及ぼすことが常態だと考えるグローカル研究においては、ローカルな人やモノのグローバルな人やモノへの働きかけに注目し、それを対象化（可視化）し、さらに対称化（均衡化）するための契機と見なすことを可能とする。これは、「ローカルな視点や立場を強調しつつ、より柔軟な社会と文化のあり方を提示する」というグローカル研究の意義にかなうものである。

筆者が構想、推進するグローカル研究の最大の特徴は、グローバル化が拡大、浸透する現代（あるいは過去）において、ローカルな人やモノ等の行為主体の働きかけに焦点を当ててそれを可視化する試みであり、また、ローカルの行為主体がグローバルな人やモノに働きかけることによってローカル（の側）がグローバル（の側）に何らかの影響を及ぼしていることを明らかにする試みと言えよう。そしてまた、そうしたことを通して、著しく均衡の崩れた欧米先進国と非欧米発展途上国の間の、あるいは社会的・文化的で相対的なグローバル化の「中心」（起点）と「周縁」（終点）の間の力関係をいささかなりとも是正、改善している事実ないし可能性を明らかにする試みだとも言えよう。

おわりに

イギリスのEUからの離脱の選択（2016年6月の国民投票）や単独行動主義・孤立主義を掲げるアメリカのトランプ政権の誕生（2017年1月）以降、「グローバリズムの終焉」を唱える研究者もいる。たしかに、地球を一つの共同体と見なして世界の一体化を進めようとする思想ないし主義・主張としてのグローバリズムは、結果として地球規模の経済格差を増大させ地球環境のさらなる悪化等を招いているがゆえに再考を迫られている。しかしながら、日進月歩の勢いで情報通信技術等の革新が進んでいることを考えるならば、地球規模で世界が一体化する現象や過程としてのグローバル化自体は一進一退があるものの、全体としてはローカル化とセットになりながらさらに進行、浸透するのは間違いないだろう。とすれば、こうしたますますグローバル化する社会や文化を、未来社会を見据えつつ、私たちはいかに捉えればよいのだろうか。

グローバル化する、あるいはグローバル化した社会や文化の研究はこれまでグローバル研究として行われ、すでに膨大に蓄積がある。しかしながら、すでに指摘したように、それらの研究は概ねグローバル化が起点や中心としての欧米の先進諸国から終点や周縁としての非欧米の発展途上国へと一方的に拡大、浸透することを暗黙の前提としており、終点や周縁と位置付けられるローカルな人やモノの存在や働きかけを十分に捉え、評価することはできない。

そこで、筆者は、グローカル化をグローバル化とローカル化が連動ないし同時に、しかも相互に影響を及ぼしつつ進行する現象・過程と改めて定義し直し、その上で、現象・過程、状態・特性、価値観・信念としてのグローカルを実証的かつ理論的に明らかにする研究としてグローカル研究の構想を提示した。

グローバル化とローカル化の同時性と相互作用性を明示するグローカル研究を実施することにより、はじめてグローバル（な人やモノ）だけでなくローカル（な人やモノ）にも十分に焦点が当てられ、明確に対象化される。また、グローバル（な人やモノ）からローカル（な人やモノ）だけでなく、逆に、ローカル（な人やモノ）からグローバル（な人やモノ）への影響、働きかけに焦点が当たり、対象化されることも可能となる。換言するならば、グローカル研究を通して、圧倒的な力を持ってグローバル化がますます進行、浸透する今日の社会・文化的状況のなかにあって、ローカルな人やモノがグローバルな人やモノに倦まず弛まず主体的に働きかけてしぶとく、しなやかに生きるすべを模索することが可能になると考える。

注

1　2004年に日本経済新聞社から『日経グローカル』が創刊された（実際には、『日経地域情報』を誌名変更）。『日経グローカル』は、「地方創生や自治体経営、地方議会のための専門誌として生まれ変わったものであり（『日経グローカル』No.1:64、「編集後記」）、グローバルな視点から地域（ローカル）再生の方向を探ることを目指しているという。

2　例えば、NPO法人グローカル人材開発センターは2013年に設立（グローカル人材開発センターHP「団体概要」、http://glocalcenter.jp/about/outline.html、2019年9月25日閲覧）。

3　例えば、小樽商科大学。小樽商科大学は2013年に「No.1グローカル大学」を宣言し、2015年には「グローカルマネジメント副専攻プログラム」を導入すると共に「グローカル戦略推進センター」を設置。さらに、2021年4月にはグローカル人材を養成する「グローカルコース」を開設する（小樽商科大学HP「グローカル教育」、https://nyushi.otaru-uc.ac.jp/unique/glocal/、2019年9月25日閲覧）。ちなみに、成城大学のグローカル研究センター（Center for Glocal Studies）は世界に先駆けて2008年10月に開設されている。

4　「はじめに」で示しているウェブサイトの検索結果はすべて2019年9月25日に行った日本版Googleによる検索に基づく。なお、アメリカ版（英語版）のGoogleでglocalとglobalを検索すると、前者が約530万件、後者が約65億3000万件ヒットした（2019年9月25日検索）。

5　『大辞林』（三省堂）では、2019年9月20日発行の『大辞林第4版』に「グローカル」が初めて見出し語として採用されている。そこでは、「グローカル」は「グローバル（global）とローカル（local）からの造語」で、「国境を越えた地球規模の視野と、草の根の地域の視点で、さまざまな問題を捉えていこうとする考え方」と定義され、「グローカリズム」と同義とされている（『大辞林』2019:854）。

6　筆者はかつて2009年に、グローカル化という言葉・概念が使われる文脈（分野・領域）を検討し、1）グローバルに展開する企業の経営・販売戦略、2）環境問題へ取組み、3）地方創生・地域創造、4）社会・文化理論の4つに整理したことがある（上杉2009参照）。2009年当時は、今回挙げた「人材の育成」という文脈での使用はまだほとんどなされていなかった。

7　「グローカル」（グローバル・ローカライゼーション）という言葉・概念を最初に意識的に明確な経営戦略・企業理念として提示したのは、ソニーの森田昭夫と言われている。1988年5月、7月のソニー本社と海外販売会社トップを集めた会議の席上、当時のソニー会長・森田昭夫は、グローバルな（地球規模の）経営理念の下で、日本やアメリカ、ヨーロッパ、東南アジアのそれぞれの地域において製品と会社を（子会社等を通して）ローカライズ（「局地化」、「現地化」）するという新たな企業理念(精神)と販売戦略を表わすものとして「グローバル・ローカライゼーション」という言葉・考え方を披露し、宣言したという（『源流―ソニー創立50周年記念誌―』、1996:281-308）。

8　経営戦略としてのグローカル化が言われ始めたのとほぼ同じ頃、1990年5月にドイツ・ボンで開催された「グローバルな変化」に関する展示（Global Change Exhibition）のなかでグローカルという言葉・概念が使われた。地球規模にまで拡大した環境問題に取り組むためには特定の地域（ローカル）だけでなく、それを越えたより広い地域（リージョン）や国（ナショナル）、グローバルなどの様々なスケールないしレベルを結び付けて考える必要があるということを表現するために「グローカル」という言葉・概念が採用されたという（Roudmetof 2016: 3）。

9　1999年11月・12月にアメリカ・シアトルで開催されたWTO総会反対デモを皮切りに、2000年4月にはIMF年次総会反対デモが行われるなど、2000年前後以降、世界各地で反グローバリズム運動が展開される。

10　例えば、1980年代に大分県で地域振興運動として市町村ごとに特産品を生産するという「一村一品運動」が展開されたが、唱道者の平松守彦元大分県知事らは後年そうした運動を振り返り、それが地域住民主導の地域振興運動であり、グローカル化に他ならないと位置付けている（平松他1997参照）。

11　こうした政策的潮流を受けて、2004年、日本経済新聞社発行の地域情報誌『日経地域情報』は誌名を、グローカルを冠した『日経グローカル』に変更した。

12　内閣官房が設置した「産学連携によるグローバル人材育成推進会議」によると、グローバル人材とは、「世界的な競争と共生が進む現代社会において、日本人としてのアイデンティティを持ちながら、広い視野に立って培われる教養と専門性、異なる言語、文化、価値を乗り越えて関係を構築するためのコミュニケーション能力と協調性、新しい価値を創造する能力、次世代までも視野に入れた社会貢献の意識などを持った人間」とされる（文部科学省HP「産学官によるグローバル人材の育成のための戦略（2011年4月28日）」、http://www.mext.go.jp/component/a_menu/education/detail/__icsFiles/afieldfile/2011/06/01/1301460_1.pdf、2019年10月27日閲覧。

13　里見進、2014、国立大学協会HP「地域と国の発展を支え、世界をリードする国立大学‼（声明）（2014年12月16日）」、(https://www.janu.jp/news/files/20150702-wnew-giren1.pdf、2019年10月27日閲覧)。

14　国立大学協会政策研究所、2014年、『報告書：地域における国立大学の役割に関する調査研究―4県有識者・自治体と2県住民調査の結果から―（2014年7月、Web版）』(https://www.janu.jp/report/files/2013seisakukenkyujo-chiiki-p-all.pdf、2019年10月27日閲覧)。

15　2014年以降のグローカル人材の育成を目的とした取組みとしては、例えば以下のようなものがある。弘前大学（2014年、「弘前大学グローカル人材育成事業」開始）、共愛学園前橋国際大学（2014年、「グローバルとローカルを統合した人材育成に向けた全学的な取り組み」事業（文部科学省「私立大学等改革総合支援事業」採択）開始）、小樽商科大学（2015年、「グローカルマネジメント副専攻プログラム」導入、「グローカル戦略推進センター」設置）、東日本国際大学（2016年？、経済経営学部に「グローカル人財育成コース」設置）、東海大学（2016年、「グローカルモニタリングプロジェクト」事業［文部科学省・私立大学研究ブランディング事業採択事業］開始）、岐阜大学（2019年、「グローカル推進機構」発足）、石川県立看護大学（2019年、「グローカル人材育成アクションプラン」開始）他。なお、以上の情報はすべて各大学の公式ホームページに拠る（2019年10月27日閲覧）。

16 文科省HP、「2019年度『地域との協働による高等学校教育改革推進事業』指定校」（http://www.mext.go.jp/a_menu/shotou/kaikaku/1415089.htm、2019年10月27日閲覧）。

17 人材教育や受験業界でも、グローバル人材からグローカル人材育成へのシフトが論じられている。例えば、「これからの社会に求められる「グローカル人材」とは？」『キャリアガイダンス』（2012）No.41、別冊付録『「グローカル」人材の育成に取り組む大学』、2-4頁。

18 欧米の学界でも、グローバル化をめぐる議論の当初からグローバル化とローカル化は連続ないし同時に進行することが指摘されていたが、グローカルやグローカル化という言葉・概念の使用は避けられる傾向にあるという。それは、一つにはその言葉が利潤を追求する（日本）企業の経営戦略と結びついたものであったこと、したがってまた、二つ目として、この言葉・概念を使うということは、本人が意図するか否かにはかかわらず、当時批判が高まりつつあった新自由主義的なグローバリズムを擁護する「御用学者」とみなされる恐れがあったからだという（Roudometof 2016: 29-31）。日本の人類学や民俗学でグローバル化あるいはグローカル化への取組みが遅れたのも同様の懸念があったと考えられる。

19 同様の立ち位置を取る前川は、グローカル化を、グローバルに展開してローカルに到達した文化要素が、ローカル（地方・地域）の文化要素と接触して両者が互いの特徴を際立たせる（分節化）と共に、場合によっては結び付く（接合）現象ないし過程として定義する（前川 2004: 49）。

20 1980年代末に経営のグローバル・ローカライゼーション戦略を打ち出したソニーの森田昭夫は、ローカライズ（ローカル化）を「局地化」、「現地化」と言い換えている（『源流―ソニー創立50周年記念誌―』1996: 303）。

21 glocal viewとも表記される（Kondker 2019）。

22 グローカリズムを、より積極的にグローカル化を促進しようとする主義・主張と見なすことも可能である。しかしながら、今のところそのような用法は見られないのでここでは対象としないこととする。

23　イギリスのEUからの離脱の選択（2016年6月の国民投票）や単独行動主義・孤立主義を掲げるアメリカのトランプ政権の誕生（2017年1月）以降、「グローバリズムの終焉」を唱える研究者もいる。しかしながら、地球を一つの共同体と見なして、世界の一体化を進める思想としての「グローバリズム」の再考が迫られているのは事実だとしても、現象や過程としてのグローバル化自体はローカル化とセットになりながらさらに進行、浸透するものと考える。

24　ロバートソンがグローカル化という言葉・概念を最初に学界に紹介・導入したのは、1992年にドイツで開催された「グローバル文明とローカル文化に関する学会」に提出した「グローカリゼーションの概念について」（"On the Concept of Glocalization"）という論文のなかにおいてであったという（大谷2008a:6-7）。

25　社会・文化的側面の研究を主導したという意味で、ロバートソンはグローガリゼーション研究（グローバル研究）に「文化的転回（cultural turn）」をもたらしたと評価されている（Steger and Wahlrab 2017: 58-60）。

26　Macionis and Plummerはグローバル化がもたらす結果の評価に関する議論を大きく「均質化論」(globalization as homogenization）と「多様化論」(globalization as diversification）に分けている（Macionis and Plummer 2012:912-913参照）。なお、グローバル化そのものの位置付けはグローバル化に関する1)肯定論者（globlizers）と2)否定論者（rejectionists)、3)懐疑論者（限定的肯定論者）(skeptics)、そして4)(既存理論としての）修正論者（modifiers）の4つに大きく分かれているという（Steger 2019: 7-8)。

27　G.リッツア（Ritzer: 1993）の「マクドナルド化」(McDonaldaization）の議論が「均質化論」の一つの典型である。

28　グローバル化の2面性について、ロバートソンは、「グローバル化の中心的な動態は特殊主義の普遍化と普遍主義の特殊化の2重のプロセスである」(Robertson 1992: 177-178）と明言している。

29　ロバートソンは1992年にグローカル化という言葉・概念を学会発表論文のなかで始めて学界に導入したが（注25参照)、その後、ロバートソン自身はグローカル（化）を明確に定義しておらず、*The Oxford Dictionary of New Words*におけるマーケティング用語としての定義、「グローカル化する（glocalize)：現地（ローカル）の状況を考慮しながら世界（グローバル）規模で事業を展開すること」(*The Oxford Dictionary of New Words* 1991: 134、「glocal」の項目）を援用しているに過ぎない。

30　アルファベット標記ではグロースバル化はgrobalization、グローバル化はglobalizationであり、標記と発音の上で明確に区別することができる。しかし、発音通りにカタカナ標記にすると両者は共に「グローバル化」となって区別ができなくなる。そこで、リッツァの著書、『無のグローバル化』(2005）の監訳者・訳者である正岡寛司と山本徹夫、山本光子に倣い、grobalizationがgrowth（成長：グロース）とglobalization（グローバル化）の合成語であることから、「グロースバル化」と表記することとする（ロバートソン 2005: 144 参照）。

31　リッツァは社会（文化）形態を消費の側面から「存在」と「無」に、グローバル化の下位形態の側面から「グローカル化」と「グロースバル化」に分け、その上でこれらの組み合わせによって今日の消費社会のあり方を詳細に論じている。しかしながら、そうであるからこそ、「下からのグローバル化」への言及が不十分と言わざるを得ない。

32　グローカル化に注目するロバート・ホールトン（Robert J. Holton）、はまた、ローカルの人の働きかけ（human agency）がグローバルなものやグローバル化のあり方を形作るという意味で（Holton, 2007: 188-19）、自著を『メイキング・グローバリゼーション』（*Making Globalization*）と題している。アラブ首長国連邦の社会学者ハビブル・H・コンドカー（Habibul Haque Khondker）も「グローカルの観点」（glocal view）（Khondker 2019: 108）という言い方で同様の見解を表明している。

33　ルドメトフによると、世界の 8500 種以上の学術雑誌を網羅したデータベース・EBSCO Host について「グローカル」（glocal）を含む論文の件数を調べたところ、1966 ～ 1995 年の期間については 31 件、1966 ～ 2003 年は 511 件、2004 ～ 2014 年は 3000 件であり、2004 年以降に急増しているという。同様に、世界の 5000 種以上の学術雑誌を網羅したデータベース・Scopus で 2005 年前後から件数が急増している（Roudometof 2016: 24-25）。

34　ロバートソンも、ルドメトフの主張するグローカル（化）の独自性に疑問を呈している（2018 年 6 月 30 日に成城大学グローカル研究センターが主催した講演会、*The Nation-State as Glocal: National Membership of the International System* 後の筆者とロバートソン教授の意見交換のなかでの見解）。

35　ルドメトフのいう「絶対的空間」は「空間」（space）、「相対的空間」は「場所」（place）と置き換えられるであろう。

36　グローバル化を基準とすると、「上から目線（のグローバル化の評価）」は「上からのグローバル化」（globalization above）、「下から目線（のグローバル化の評価）」は「下からのグローバル化」（globalization below）と言われる。

37　ルドメトフは、グローカル研究は将来的にはグローバル研究から分離、独立が可能としながらも、現段階（2016 年）では研究戦略上、グローカル研究をグローバル研究（global studies）の一環と見なし、研究自体を細分化すべきではないとする（2016: 144）。

38　グローバル研究とグローカル研究の見方、考え方の差は、2 つの異なった立場を取る研究者が同一のグローバルな課題、例えば世界的な飢餓の問題にいかに取り組むかを見れば一目瞭然である。グローバル研究の立場を取るグローバル研究の立場を取るハイト（Kristen A. Hite: 国際環境法・行政法）とザイツ（John L. Zeitz: 政治学）は、飢餓の主たる原因は当該地域の農業生産性が低いことにあり、したがって、飢餓をなくすためには欧米先進国の協力・

援助の下で、農薬や肥料を十分に施した近代的な機械化農業を導入し、展開することが必要と考える（Hite and Seitz 2016: 89-91）。これに対し、グローカル研究の立場を取るフェドラック（Shirley A. Fedrack: 人類学）は、飢餓の原因はむしろ農業の近代化を欧米先進国（しばしば多国籍の農産複合体）の指導、援助の下で欧米の市場向けの単一作物栽培（モノカルチャー）を進め過ぎたことにあり、したがって、飢餓をなくすためにはその当該国や地域固有の持続可能な農業形態（例えば、多品種作物の間・混作栽培）を再評価、再導入し、展開することも検討する必要があるとする（Fedorak 2013: 123-149）。

参考文献

〈著書・論文〉

Appadurai, Arjun, 1996, *Modrenity at Large: Cultural Dimensions of Globalization*, University of Minnesota Press（アルジュン・アパデュライ（門田健一訳）、2004、『さまよえる近代―グローバル化の文化研究―』、平凡社）.

Abercrombie, Nicholas, Hill, Stephen and Turner, Bryan S., 2006, *The Penguin Dictionary of Sociology*, 4th ed., Penguin Books.

Fedorak, Shirley A., 2013, *Global Issues: A Cross-cultural Perspectives*, University of Tronto Press.

Himiyama, Yukio, Singh, R.B. et al. (eds.), 2010, *Glocal Environmental Education*, Jaipur (India): Rawat Publications.

Hite, Kristen A. and Seitz, John L., 2016, *Global Issues: An Introduction*, 5th ed., Wiley Blackwell.

Holton, Robert J., 2005, *Making Globalization*, Palgrave.

Khondker, Habibul Haque, 2019, “Glocalization,” in Juergensmeyer, Mark, Saskia Sassen and Manfred B. Steger (eds.), *The Oxford Handbook of Global Studies*, Oxford University Press, pp.93-111.

McGrew, Anthony, 2007, “Globalization in Hard Times: Contention in the Academy and Beyond, ” in Ritzer, George (ed.), *The Blacwell Companion to Globalization*, Wiley Blackwell, pp.29-53.

Macionis, John J. and Plummer, Ken, 2012, *Sociology: A Global Introduction*, 5th ed., Person Education.

Ritzer, George, 2003, *The Globalization of Nothing*, Sage（リッツア、ジョージ［正岡寛司訳］、2005、『無のグローバル化―拡大する消費社会と「存在」の喪失―』、明石書店）.

――――,2007, “Introduction to Part 1,” in Ritzer, George (ed.), *The Blackwell Companion to Globalization*, Wiley Blackwell, pp.16-28.

Robertson, Roland, 1992, *Globalization: Social Theory and Global Culture*, Sage（抄訳：ローランド・ロバートソン（阿倍美哉訳）、1997、『グローバリゼーション―地球文化の社会理論―』、東京大学出版会）.

――――, 1995, “Glocalization: Time-Space and Homogeneity-Heterogeneity,” in Featherstone, Mike, Lash, Scott M. and Robertson, Roland (eds.), *Global Modernities*, Sage,

pp.25-44.
Robertson, Roland and White, Kathleen E., 2007, "What is Globalization," in Ritzer, George (ed.), The Blackwell Companion to Globalization, Basil Blackwell, pp.54-66.
Roudometof, Victor, 2016, *Glocalization: A Critical Introduction*, Routledge.
Sassen, Saskia, 1992, *The Global City: New York, London, Tokyo*, Princcton University Press（サスキア・サッセン（大井由紀、高橋華生子訳）、2008、『グローバル・シティ―ニューヨーク・ロンドン・東京から世界を読む―』、筑摩書房）.
Scott, John and Marshall, Gordon 2009, *Oxford Dictionary of Sociology*, 3rd ed. revised, Oxford University Press.
Steger, Manfred B., 2019, "What is Global Studies," in Juergensmeyer, Mark, Sassen, Saskia and Steger, Manfred B. (eds.), *The Oxford Handbook of Global Studies*, Oxford University Press, pp.3-20.
Stegcr, Manfred B. and Wahlrab, Amentahru, 2017, *What is Global Studies?: Theories and Practices*, Routledge.
Tulloch, Sara (comp.), 1991, *The Oxford Dictionary of New Words*, Oxford University Press.
伊丹敬之、1991、『グローカル・マネジメント―地球規模の日本企業―』、日本放送出版協会。
今泉礼右、2013、「本書の刊行に当たって」、今泉礼右（編著）『グローカル時代の社会学』、株式会社みらい、3-6 頁。
上杉富之、2009a、「グローカル研究の構想―社会的・文化的な対称性の回復に向けて―」、上杉富之・及川祥平（編）『グローカル研究の可能性―社会的・文化的な対称性の回復に向けて―』、成城大学民俗学研究所グローカル研究センター、14-26 頁。
―――、2009b、「『グローカル研究』の構築に向けて―共振するグローバリゼーションとローカリゼーションの再対象化―」『日本常民文化紀要』第 27 輯、43-75 頁。
―――、2011a、「グローカリゼーションと越境―グローカル研究で読み解く社会と文化―」上杉富之（編）『グローカリゼーションと越境』（グローカル研究叢書）、成城大学民俗学研究所グローカル研究センター、3-19 頁。
―――、2011b、「グローカル化としての『海女文化』の創造―韓国と日本におけるユネスコ無形文化遺産登録運動―」上杉富之（編）『グローカリゼーションと越境』（グローカル研究叢書）成城大学民俗学研究所グローカル研究センター、85-113 頁。
―――、2014、「グローバル研究を超えて―グローカル研究の構想と今日的意義について―」『グローカル研究』No.1:1-20。
―――、2016a、「社会接触のグローカル研究―グローバル化とオルター・グローバリゼーション―」、上杉富之（編）、『社会接触のグローカル研究』（グローカル研究叢書）、成城大学グローカル研究センター、1-15 頁。
―――、2016b、「グローカル民俗学の構想―柳田國男の「世界民俗学」の今日的展開として―」、上杉富之（編）、『社会接触のグローカル研究』（グローカル研究叢書）、成城大学グローカル研究センター、157-172 頁。
―――、2018、「『グローカル研究』の課題と展望についての覚え書き―ローカルの人やものとその働きかけに焦点を当てる―」『日本常民文化紀要』第 33 輯、(1)-(28) 頁。

大谷裕文、2008a、「序」、大谷裕文（編）『文化のグローカリゼーションを読み解く』、弦書房、4-10頁。
―――、2008b、「文化のグローカリゼーションを読み解く」、大谷裕文（編）『文化のグローカリゼーションを読み解く』、弦書房、12-33頁。
大谷裕文（編）、2008、『文化のグローカリゼーションを読み解く』、弦書房。
岡戸浩子、2002、『「グローカル化」時代の言語教育政策―「多様化」の試みとこれからの日本―』、くろしお出版。
恩田守雄、2002、『グローカル時代の地域づくり』、学文社。
国立大学協会政策研究所、2014年、『報告書：地域における国立大学の役割に関する調査研究―4県有識者・自治体と2県住民調査の結果から―（2014年7月、Web版）』（https://www.janu.jp/report/files/2013seisakukenkyujo-chiiki-p-all.pdf、2019年10月27日閲覧）。
「これからの社会に求められる「グローカル人材」とは？」、2012、『キャリアガイダンス』No.41、別冊付録『「グローカル」人材の育成に取り組む大学』、2-4頁。
里見　進、2014、「地域と国の発展を支え、世界をリードする国立大学‼（声明）（2014年12月16日）」、国立大学協会HP、https://www.janu.jp/news/files/20150702-wnew-giren1.pdf、2019年10月27日閲覧。
産学連携によるグローバル人材育成推進会議、2011、「産学官によるグローバル人材の育成のための戦略（2011年4月28日）」（http://www.mext.go.jp/component/a_menu/education/detail/__icsFiles/afieldfile/2011/06/01/1301460_1.pdf、2019年10月27日閲覧）。
新村　出（編）、2018、『広辞苑　第7版』、岩波書店。
須藤健一（編）、『グローカリゼーションとオセアニアの人類学』、風響社。
ソニー株式会社（編）、1996、『源流―ソニー創立50周年記念誌―』、ソニー株式会社。
「編集後記」、2004、『日経グローカル』（日経産業研究所）No.1（創刊増大号：通巻436):64。
高杉忠明、2009、「まえがき」、神田外語大学国際社会研究所（編）、『グローカリゼーション』、神田外語大学出版局、3-5頁。
平松守彦他、1997、『地方から日本を変える―グローカルな19人のメッセージ・平松守彦対談集―』、PHP研究所。
「編集後記」、2004、『日経グローカル』No.1: 64。
前川啓治、2004、『グローカリゼーションの人類学―国際文化・開発・移民―』、新曜社。
松村　明（編）、2019、『大辞林　第4版』、三省堂。
山脇直司、2008、『グローカル公共哲学』、東京大学出版会。
リッツア、ジョージ（正岡寛司訳）、1999、『マクドナルド化する社会』、早稲田大学出版会（Ritzer, George, 1993, The McDonaldization of Society: An Investigation into the Changing Character of Contemporary Social Life, Pine Forge Press）。

〈インターネット上のウェブサイト〉

小樽商科大学HP、「グローカル教育」、https://nyushi.otaru-uc.ac.jp/unique/glocal/、2019

年 9 月 25 日閲覧。
グローカル人材開発センター HP、「団体概要」、http://glocalcenter.jp/about/outline.html、2019 年 9 月 25 日閲覧。
文部科学省 HP、「2019 年度『地域との協働による高等学校教育改革推進事業』指定校」、http://www.mext.go.jp/a_menu/shotou/kaikaku/1415089.htm、2019 年 10 月 27 日閲覧。

第２章　グローカル研究の理論と理念

――グローカル化とトランスナショナルな観点を事例を交えて考える――

西原和久

グローカル研究とは何か。そして、グローカル研究は何のためになされるのか。この２つの問いに対する答えを事例研究も交えて見出すこと、これが本章の目的である。そのためには、第一に、「グローカル研究」の関連概念を含めたいくつかの基本概念が論じられる必要がある。第二に、必要に応じてではあるが、概念や観点や位層などグローカル研究の基本的立ち位置に関しても説明しておくべきだろう。さらに第三に、グローカル研究の特性を的確に把握するために、研究の具体例をいくつか挙げて論じる必要もある。以上の３つの論点をめぐって本章は展開される。ただし、その前に、グローカル研究が必要とされるようになった背景を押さえておくことが重要なので、まずこの点から話を始めたい。

1　グローバル化とグローカル化

(1)日本のグローバル化の諸相をナショナルなレベルで考える

グローカル研究は今日、おもに人文社会科学と呼ばれる領域でなされる研究である。特に社会科学の場合は、この研究の必要性が高まっているといわれる。それはなぜだろうか。まず大前提となる社会的背景は、グローバル化が進展しているからである。よく知られているように、グローバル化で物、金、人、情報、文化などが国境を越えて移動するようになっている。だが、これまでの社会科学の研究は多くの場合、国内に閉じられたかたちで遂行されることが多かった[1]。研究で使用する言語は自国語で、対象となる「社会」

も主として一つの国家の内部に「閉じられた」かたちで考えられることが多かった。かつての経済学や政治学、あるいは言うまでもなく社会学もまたそうであったように思われる。つまり、「社会」という言葉は、地域社会や市民社会などのように、国家の内部に存在する社会を指すことが多い（筆者はそうした社会を「国家内社会」概念と呼んでいる。西原 2010 参照）。

たしかに、これまでの社会科学は、例えば経済学的には生産や流通や消費において国民経済が基本であったし、あるいは法学的にも――外国法が参照されるとはいえ――国内法に焦点があったように思われる。実際、納税は国や地方自治体に対してなされるわけで、国や自治体が焦点となる。さらに政治的なイベントである選挙を考えてみればわかるように、日本の選挙は、国内あるいはその内部の自治体の選挙であって、日本人（日本国民）ではない外国人には投票権はない（もちろん日本に帰化すれば別である）。私たちは「社会」の未来の選択という選挙において、多くの場合、自分の「国家」をよりよく発展させるためには、いったいどの政党や候補者が望ましいのかといった点から投票行動をしているのではないだろうか。さらに付け加えておけば、憲法に示されているように、義務教育は「国民」が対象で（憲法第 26 条）、日本のために労働力を提供している外国人の子どもには――「国民」ではないので――就学の義務がない。それゆえ、かれらの教育の機会が失われることが少なくない。グローバル化が進展しても変わらない点もあるが、変わらなくてはならない点、あるいは変えなくてはならない点も少なくない。

1960 年代ごろから、そして 1990 年代には明確に、世界中でグローバル化が語られるようになった。1960 年代には多国籍企業という呼び名が登場し、1990 年前後には東欧・ソ連の社会主義国家が崩壊して、それまでの東西冷戦が終わり、世界が資本主義経済でおおわれて時代は新たな段階に入った。いまも社会主義を標榜する中国でさえ、1990 年代に世界の市場に積極的に参入し、資本主義的な市場経済を展開している。私たちの日々の食卓に上る食材に目を転じてみると、例えば牛肉はオーストラリアなどから、大豆はアメリカやブラジルなどから、魚もノルウェー沖やペルー沖から、さらに果物もフィリピンや東南アジアから輸入されている。日常生活のきわめて身近な場においても、グローバル化は進展している。経済における物や金のグローバル化だけではない。人も、情報も、そして文化も、今日では国境を越えて移動する。特に1990年代に本格化したインターネットを考えてみればわかるように、情報や文化も国境を越えてグローバルに展開される。人もまた例外ではない。日本におけるトランスナショナルな（＝国境を越える）人の移動を例に、具体的な数値を踏まえた動きを見ておこう。

1990年代に入って、日本に居住する外国人は急増した。在留外国人数は、1970年には約70万人であったが、2005年には200万人を越え、2018年には273万人となった。約50年前と比べると、ほぼ4倍である（出典は国立社会保障・人口問題研究所のホームページ参照：http://www.ipss.go.jp/index.asp）。しかも今日では、その8割程度がアジア系移住者である。この急速な増加傾向は留学生に関しても同様であり、1970年代は1万にも届かない数値だった留学生数は、1990年には4万人を越え、2003年には10万人を越えた。そして2010年にはその数が14万人に達し、2018年にはついにほぼ30万人というところまできた（http://www.mext.go.jp/a_menu/koutou/ryugaku/icsFiles/afieldfile/2019/01/18/1412692_1.pdf 参照）。なお国別では、最大は中国からは11万人強、二番目にベトナムからは7万人強といったように、ほとんどがアジアからの留学生である。留学生数は、約30年前と比較してほぼ8倍である。訪日旅行客の場合はもっとドラスティックである。その数値は、1970年には約66万人だったが、1990年には324万人となった。そして2013年には1000万人を越え、2018年には3119万人で3000万人をも越えた（https://www.mlit.go.jp/kankocho/siryou/toukei/in_out.html 参照）。ここ50年という時間幅では、ざっくり50倍近い急増ぶりである。そして、ここでもアジア系旅行者が際立つ。今日の日本社会がアジア系の越境者によって「多文化社会」化している様子もこうした数値から窺うことができる。

だが、逆に考えれば、50年前の戦後日本の高度経済成長期には、旅行客を含めて外国人は日本でほとんど見かけなかったのだ。戦後経済の高度成長期には多くの労働力を必要とするようになったはずだが、その労働力は「金の卵」と呼ばれた中卒者に象徴されるような地方からの若い労働力（農家の次三男が典型的だ）によって補われたのである。したがって、その段階ではまだ、いわゆる「外国人労働者」と呼ばれる単純労働に従事する人々はほとんど日本に存在しなかったといってよい[2]。

さらにもう一つ、国際結婚移住者に関しても戦後日本では大きな変化があった。国際結婚といえば、かつては外国人男性と日本人女性が際立っていたが、今日では、日本人男性と外国人女性の組み合わせが主流となった。この場合の外国人女性はほとんどのケースがアジア系女性である。総数に関しても、1970年代は年間1万組（婚姻件数総数に占める割合1％）にも満たなかったが、その後増えて1990年直前には2万組台となり、その割合も3％台となった。2000年代に入ると、年間総数は3万組台となり、ピーク時の2006年には4万組台で国際結婚比率は6％を越えた（その際には、16組に1組が国際結婚だと語られた。ただし、現在は減少して2万組台となり、その割合は3％台で推移している）[3]。いま国際結婚に伴うハイブリッドな次世代が育ち、学校教育の段階に進んできている。

もちろん、以上の例は近年の日本に関するものであり、どこの国でも同様に人の移動やグローバル化が進んでいるわけではない。つまりグローバル化の波は均質に世界の諸国家に及んでいるわけではない。しかしながら、グローバル化は確実に世界に広がって、今後も地球上のあらゆる領域でそれへの対応が迫られていくだろう。社会科学も例外ではない。社会科学がこれまで対象としてきた「社会」それ自体が、国家を超えて変容し始めているのである（西原 2010）。というのも、これまで見てきたように、日本は、国境を越えた人の移動によって「外国人」も混住する社会になっている。とすれば、「社会」を単一の国民からなる社会と考える見方も変更を余儀なくされる。上述の国際結婚を考えると明らかであるが、国籍の異なる夫婦、さらにはどの国籍を取得するのかの選択を迫られる子ども世代など、多様な人々が日本社会を構成している。さらにいえば、世界の趨勢は多重国籍を認める方向で動いている。韓国も2011年に多重国籍を認めるようになった。日本では多重国籍が認められておらず、ハイブリッドな子ども世代も大人になった段階で国籍選択の判断を迫られる。

しかしながら、「社会」自体が国境を越えて成り立っている点がここでのポイントだ。社会を人と人とのつながりを意味すると最広義の捉え方をすると、国際結婚者は出身国の親族とも密接な「社会」関係を維持する傾向がある。そうした場合、社会は国境を越えて存在するといえる。要するに、日本社会も日本人からだけで成り立っているわけではない。

このように考えてくると、現代社会を適切に捉え、そして未来社会を展望しようとすると、これまでの国家内部の社会（「国家内社会」）という概念では、もはや狭すぎるのである。こうした点を出発点にして、「グローカル化」という概念を考えていくことにしたい。

(2)グローカル化という概念を考える

さて、「グローカル」という言葉が、「グローバル」と「ローカル」という言葉の合成語であることは比較的よく知られているだろう（本書第 1 章参照）。したがって、グローカル化という概念も、グローバル化とローカル化という概念の合成語である。グローバル化に関してはすでに触れている。一言でいえば、物、金、人、情報、文化などが国境を越えてグローバルに移動することである。さらに、経済のグローバル化だけでなく、人の移動のグローバル化、情報のグローバル化もきわめて顕著な現代的な事態であると述べてきた。

他方、ローカル化という概念は少しわかりにくい。しかし、マクドナルドというファスト・フード店がグローバル化する点を考えてみると、ローカル化という概念も捉えやすくなる。すなわち、マクドナルドがグローバル化するためには、世界の各地にマクドナルド店ができる必要があるのだ。例えば、東京・世田谷の下北沢駅の前に、あるいは中国・南京の孔子廟の隣に、あるいはカナダ・トロントのポーランド人街の一角に、マクドナルド店が開店することで、マクドナルドはグローバル化していく。つまりグローバル化は、ローカルな場所に基盤をもつことで初めて達成していくことができる。グローバル化はローカルな基礎をもつのである。その意味で、ローカル化なくしてグローバル化はない。逆もまた真である。グローバル化とローカル化は二項対立的な概念ではなく、相互依拠的な概念なのである。

移民の例で考えてみよう。人がこれまでの国家内の一地域の住居を出て、国境を越えて移動し、他の国家の一地域の場に住んで初めて「移民」のプロセスが完結する。いいかえると、これまでのローカルな地を離れて、ナショナルな境界線を越えて、新たなローカルな地に定住することで移民は成り立つ。住むのが、アパートであろうと戸建てであろうと、あるいは仮住まいであっても問題ではない。重要な点は、移動先のローカルな場に定着するという意味で、ローカル化することである。情報や文化もまた、出発点を離れ、到達点である受け入れ地点において受容される。ポイントは、国境を越えローカルな場に移動し定着する点だ。グローバル化は、そうした意味でのローカル化を伴うことで実質的にグローバルなものとなる。それゆえ、グローカル化という言葉は「論理的」にグローバル化とローカル化の両面を伴うということができる。まずそれを、「グローカル化の論理的基礎」と呼んでおこう。

しかし、現代においては、このグローカル化が、インターネットの場合のように、瞬時であることも大きな特徴である。人の移動手段も変わり、移動時間はかつてに比べて大幅に短縮された。かつては東京から上海や台北までは横浜や大阪などからの船旅で数日かかったが、いまではほんの2、3時間のフライトで移動できる。19世紀には始まっていた国際郵便制度を考えてもよい。ある国のA地点で投函された国際郵便は、何日もかけて他の国のB地点に届いたのだが、現在ではファックスやメールなどで瞬時に届く。ある地点で発せられた情報が、瞬時に世界各地に伝わるのは、まさにグローバル化とローカル化がほぼ同時に起こっているといってよいだろう。それゆえ現代では、グローバル化とローカル化は「時間的」にも同時に生起するということができ、それを「グローカル化の同時性」と呼ぶことができるだろう。

だが、グローカル化にはさらに考えるべき論点がある。例えば、文化のグローカル化を考えてみよう。社会の近代化や生活様式の西洋化などを思い浮かべると分かりやすいだろう。西洋という場で広がっていた近代の制度や生活様式などが、非西洋の場で採用されて、非西洋の社会が西洋的に近代化するといったケースである。アメリカ・ジョージア州アトランタが発祥とされているコカ・コーラのような「コーラ」類は日本になかった。しかしいまや「コーラ」系飲料はグローカル化している。ローカルな「基礎」をもったのだ。欧米で飲まれているコカ・コーラであろうが、南米で飲まれているペプシ・コーラであろうが、そのコーラ類（や炭酸飲料）が日本に入ってきて、一気に定着した。そして、緑茶や麦茶が飲まれていた日本というローカルな地で好まれていた飲料習慣が大きく影響を受けて変容した。グローカル化はローカルなもの（例えばローカルな飲み物）に影響を与え、変化を促す。この意味でのグローカル化によるローカルなものへの影響（あるいはより一般的に言ってグローバルなものがローカルなものに与える影響）、それを「グローカル化の下向作用」と表現することができる[4]。

ただし、このグローカル化を逆のベクトルで読み解くこともできる。アトランタというローカルな場から出たコーラ類がグローカルに消費されることで、世界の多くの飲料に影響を与えた。この側面からみれば、ローカルなものがグローバルに影響を与えているといえる。その意味で、この側面を「グローカル化の上向作用」と述べておくことができる。ハンバーガーやコーラの話だけでなく、「寿司のグローカル化」という例を考えてみるとさらに理解しやすくなるだろう。健康志向のなかで、低カロリーの寿司が欧米人にも好まれるようになった例である。つまり、ローカルな日本発の寿司が、グローカルに食生活に一定の影響を与えている例である。グローバルとローカルの相互作用からなるグローカル化にも、こうした上向・下向の作用がある。

要するに、グローカルな作用とは、グローカル化が上向するベクトル1とグローカル化が下向するベクトル2との二つが同時に生起し影響を与える双方向のベクトルだとみることができる。それを「グローカル化の両面性」ということもできるだろう。つまりここでは、グローカル化の同時性とは位相を異にするというべき、グローカル化の「上向」と「下向」の2つの側面を指して「グローカル化の両面性」と呼んでおきたい（後掲の図を参照）。

以上で見てきたように、「グローカル化」という概念には「グローカル化の論理的基礎」を踏まえた「グローカル化の同時性」と「グローカル化の両面性」という特性がある。それらは、グローバル化とローカル化との密接な関係を示す概念だということができる。もちろん、グローバル化という概念とローカル化という概念を使って、社会現象の一面を記述、分析することができるが、これら両概念は、グローカル化という動きの関係特性――同時性と両面性――に着目する概念ではない。ただし、この意味での「グローカル化」概念には研究上の一定の意義があるだろうが、そうした関係特性を示しただけでは、「確かにその通りだが、それが何の役に立つのか」という点までは十分に説明していないだろう。過去あるいは現在の出来事を、グローカル化という概念で記述し、分析することが仮にできたとしても、それ以上の有用性や重要性があるのだろうかという問いが示されそうである。

筆者としては、このグローカル化という概念が、様々なレベルの関係性を可視化させる概念であり、それによって、さらに未来の社会を展望するための概念となりうるという点で、非常に重要な意義ある概念だと考えている。それは、どういうことであろうか。この点は、本章の冒頭で示したもう一つの問い、すなわち「グローカル研究は何のためになされるのか」という問いと密接にかかわる。そこで次節で、この問いに――「概念」と「位層」という問題を中心に考察して――一定の解答を与える段階へと進もう。

2　グローカル研究の意義を考える――「概念」と「位層」をめぐって

(1)「概念」を考える

「概念」それ自体の説明はかなり難しい。ここでは言葉が差し示す意味内容が「概念」だと考えておこう。「社会」という概念は――最広義には――「人々が関係しあう共同性や共同体」という意味内容を指す。「白菊」は「花の一種で白い菊のこと」であり、そして「花」は通常「茎や枝の先に咲く植物の一部分」を指し示す。ここでは、そうした「概念」がもつ機能や役割に着目して、概念の主要な側面に光を当てたい。かつて哲学者I. カントは、「概念のない直観は盲目である」と述べた[5]。つまり、物を見たり物事を把握したりするためには、概念が必要である。

概念の機能としては、まず認識対象を定める＝対象化するという機能がある（これが「花」だ）。対象化のための概念は「対象化概念」と呼ぶことができる。また概念は、対象とされたものを記述する際にも用いられる（その花は「咲いている」）。それは「記述概念」と呼ぶことができる。対象となる物や出来事を可能な限り忠実に記述するための概念である。さらに概念には、社会科学的な分析のためにこれまで蓄積されてきた「分析概念」と呼ぶべき概念がある。少し難しい用語だが、意識やイデオロギーなどからなる「上部構造」と生産力と生産関係からなる「下部構造」といったマルクス主義の社会構成体論や、経済・政治・社会・文化というシステムの機能に着目したパーソンズの「AGIL図式」、さらには国家と市場の「システム」と公的・私的な「生活世界」とを対比するハーバーマスのコミュニケーション的行為の理論などが例である。記述概念が、生じていること（現象）を私たちの日常的な生活世界レベルで記述するのに対して、分析概念は日常的にはあまり気づかない点などを社会科学レベルで分析して提示するための概念である。

最後に、特に社会科学的な概念には、「理念概念」と呼ぶことができる重要な概念がある。それは、科学的分析を行う際の目的や狙いを指し示すものである。何のために研究をするのか、研究の目的は何かなどという問いに対して、社会科学者ならば多くの場合「社会を善くするため」と答えるだろう。では、どういう社会が善い社会で、望ましいものなのか。社会の未来像を理想として思い描いた内容＝理念は、一種の概念として機能する。自由、平等、民主なども「理念」的な概念だ。そうしたものをここでは、規範論的な「理念概念」と呼んでおく[6]。

以上の、対象化概念、記述概念、分析概念、理念概念の4つは、概念の主要なものを他と際立たせるために一面的に強調された分類の例示で、もちろん実際にはこれらの概念が複雑に絡み合っているのが通常である。例えば、理念概念が対象化概念に強い影響を与えるとか、分析概念が日常的に知られるようになって記述概念として用いられるといったように、相互に関係している。しかしながら、以上の4つを区別して明示することで、グローカル化という概念がもつ特性を示すことができると思われる。日常的で身近な具体例を提示しながら、この点を見ていきたいと思う。

すでに述べたように、人は概念なしに対象を捉え、他の人に伝えることはできない。逆にいえば、人は対象を把捉し記述・口述するためには「概念」が必要だ。この点をもう少し掘り下げて考えてみたい。目の前の「白い菊の花」を、それが「花」であり、しかも「菊」であり、さらに赤ではなく「白い」菊という花であるとするのは、「花」「菊」「白」という（言葉の）概念のおかげである[7]。その概念を共有していない人々には――例えば日本語を知らない人から、菊という花の種類を知らない子どもや外国人などにいたるまで――「白い菊の花」を「対象」として的確に捉えることも――さらに他人に伝えることも――できない。もちろん、庭先に「何か」があることまではわかるかもしれないが、それとて別のことに注意が集中している場合（例えば、考え事をしている、あるいは野犬が襲ってこないか不安に思って周囲を気遣っている場合など）には、その「花」に目が向かないことがありうる。つまり、視線がそこに向かわないのだ。「視線」とはもちろん比喩だが、それは、ある「視点」に基づく「視角」から対象に「目を向ける」ことを指す言葉だ。そこで、ここではそうした認識の一連の様相を表す語として、「観点」という語を使うことにしよう。人は観点なくして、概念的に的確な対象認識はなしえない。そうした観点の選択と「概念」が深く関係しているのである。

例えば「何か」を「石」として捉え、それが直径40cmの少し大きな「石」であると日常的に記述するレベルと、化学的な観点からその石の鉱物組成を問題にしたり、あるいは美的な観点から庭に置く石として鑑賞に堪えうるかと判断したり、さらには宗教的な観点からそこに神が宿っているので祀るべき石であると考えたりするなど、一定の観点から分析を行うレベルがある。研究対象としての「社会」に対しても同様である。それを経済的な観点から問うのか、政治学的な観点から問うのか、法学的な観点から問うのか、歴史学的な観点から問うのか、社会学的な観点から問うのかなどが問われうる。さらにいえば、同じ社会学といっても家族社会学的な観点や地域社会学的な観点から、国際社会学的な観点にいたるまで多様な観点がある。そしてポイントとなるのは、その観点の選択は調査研究に際して概念の選択に強く影響する点である。例えば、家族を研究対象にするとき、家計という経済的概念で分析したり、核家族や拡大家族という社会学的概念で分析したりする。それゆえ、観点に基づく概念を伴わない研究は何も「見る」ことができないのである。

だが、概念は以上にとどまらない。なぜ人は「概念」を駆使して、調査研究を行おうとするのだろうか。山に登ったり、山という対象を研究したりするのは、ほとんどの場合、その目的が存在する。山登りは、気晴らしや体力づくり、趣味かもしれない。「山」研究は、この地域の地理的状況を把握するための探索活動かもしれない。この研究の場合も、なぜそうした探索活動をするのか、とさらに問うことができる。それは、土砂や川の状態を把握するためであるかも知れないし、敵情視察のためかもしれない。ではなぜ、そうした把握や視察を試みるのか。それはおそらく、そうすることで治水や防衛に役立ち、「社会」を守ったり、より安全なものにしたりするためであろう。

つまり、人間のそうした行為には「目的動機」がある。英語でいうと in order to がある。「〜のため」という動機である。もちろん、そうした動機がなぜ形成されたのかという because (「なぜならば〜だったから」) を問う「理由動機」もある。かつて山崩れや川の氾濫があったから山を研究するなどといった理由である[8]。そしてそれらを防ぐためという目的がある。少なくとも、社会に関する調査研究を行うという行為にも、その理由と目的がある。ここでは、目的に着目してみたい。もちろん、ある行為には、人のため、お金のため、自分の名誉のためなど、その目的もいろいろ考えられる。とはいえ、社会科学的に研究するのは、最終的・理想的には——タテマエの部分があるとはいえ——「問題ある社会を改善して、社会をより善くする」という目的があるのが通常である。社会科学全般は、社会を科学して過去と現在の状況を捉え、未来を展望するという目的があるわけだ。その立ち位置は、一種の理想論あるいは望ましい在り方を考える規範論である。そうした理想論も、それが一つの見方・観点からの議論・理論であるとすれば、それも、望ましい社会的状態の理念を指示する概念、つまり規範論的な「理念概念」である。 このように見てくると、個々の行為者のレベルから考えるとするならば、行為の動機に突き動かされて観点が取られて概念が選択されていくが、その際に理念概念は行為の動機と深く結びついており、それがさらなる概念の選択と結びついていく、そのような関係がここには見られるのである。

以上、ここでは、観点や動機と絡めながら、概念を機能面から考えて、おもに対象化概念、記述概念、分析概念、そして理念概念の4つの概念を示してきた。そしてグローカル化という概念を使う際も、以上の連関のなかでなされることになる。ただし、グローカル化に関しては、この概念の使用にあたって関連するもう一つの重要な分析概念がある。それが「位層」という概念である。

(2)「位層」を考える

「グローカル化」を主題にした著作を刊行しているV. ルドメトフは、グローカル化は「地理的」概念ではなく、「空間的」概念だという[9]。まず、このことの意味合いから考えてみたい。筆者は現代の社会的世界で生じていることを考察するときは、おもに次の5つのレベルを想定している。1) 個々の行為者のパーソナルな位層、2) 家族や近隣の親族さらには企業・学校・公共機関などの地域の組織や団体を含むローカルな位層、そして3) 国境によって区切られた場で国民が政府を形成して成り立っているナショナルな位層、さらに4) 諸国家が一定のまとまりをもって国家を超えるより広域のリージョナルな位層（例えば西ヨーロッパや東アジアなど)、そして最後に5) それらの位層の集合としての地球規模のグローバルな位層、である。これらの位層は、筆者の考えでは、日常生活者における相互行為からなる多様な「社会空間」の位層を示すものである。おそらく、地理的ではなく空間的という表現は、このような「社会空間」を示すものだろう。空間的にやや離れていても親しい親族は社会的距離が近いといえるし、しばしば訪れる隣国は、訪問したことのない隣国よりも近しい関係にある。これは地理的なものではない。また、上記の5つは、パーソナルな位層を基点として、いわば層をなす形で積み上がっているので、モデル的な言い方をすれば、いわば逆円錐形をなす3次元でイメージすることができる（**図2-1**参照）。水平的に地理的に分かれているのでもない。たしかに個人を中心に置いて下からみると同心円

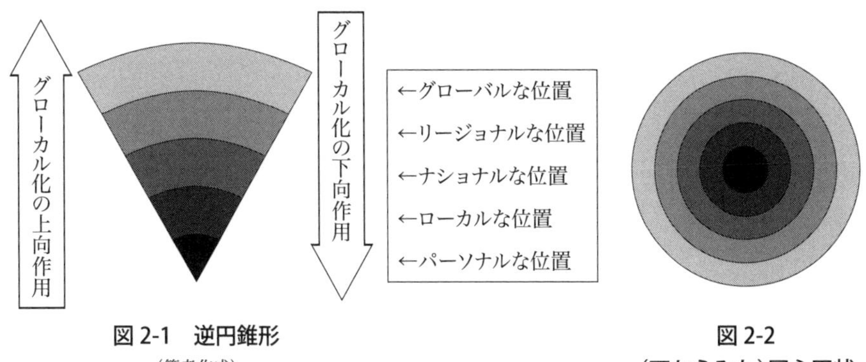

図 2-1　逆円錐形
（筆者作成）

図 2-2
（下からみた）同心円状
（筆者作成）

的な図柄がみえるが（**図 2-2** 参照）、しかし平面的な2次元空間ではない。しかも重要なことは、それらの位層は互いに強く作用しあっているという点である。グローバル化とローカル化が「同時」に「相互」に影響しあう関係にあるなかで、前述の言葉を用いれば、特に「グローカル化」の上向・下向の作用があるのだ。

ただし、この関係は、ナショナルな位層を境に、グローバルやリージョナルなものが、ローカル⇒パーソナルに向かうベクトルと（グローカル化の下向作用）、パーソナルやローカルなものがリージョナル⇒グローバルに向かうベクトル（グローカル化の上向作用）がある。つまり、グローカルなものが、リージョナルなものを巻き込みながら、ナショナルレベルを突破して、ローカルなものからパーソナルなものへと影響を与えることがあり、逆もまた真であるということだ。じつは、グローカル化とは、そのようなグローバル・リージョナルな位層からの作用とパーソナル・ローカルな位層からの作用が関係しあう両面的な動きとして捉えるのが最も適切であると筆者は述べてきたのである。これがグローカル化の一つの特性であった。

もちろんそれは、単純な一方向的な関係ではなく互いに交錯しあいつつ関係しあう動きであり、例えてみるとそれは「行きつ戻りつ」の一種の「往還運動」のような動きで影響しあう関係である。そこで、例えば私たちはローカルとグローバルだけではなく、ナショナルとグローバル、あるいはリージョナルとグローバルの間の関係にも着目できる。グローバルな位層からみれば、リージョナルな位層もナショナルな位層もパーソナルな位層も、ローカルな位層と同様、下向作用のベクトル上で位置付けられやすいからだ。逆に一個人からみれば、ローカル、ナショナル、リージョナルな位層も、グローバルな位層も、同様に上向作用のベクトル上に位置するように見える。こうした絡み合う関係を読み解くことができる概念として、「グローカル化」という概念がある。こうした見方は、グローカル化の観点から見た様々なレベル間の関係をていねいに検討するようにさせてくれる。「地理的」ではなく、まさに「空間的」にみるとはこのようないわば上下の位層空間をも包含すると考えるべきなのだろう。

現代は、トランスナショナルな時代だ。その時代の特性の一つは、一言でいえば、国家というナショナルな枠を超える社会関係の生成への着目である。そのためには、ナショナルな枠で閉じるのではなく、リージョナル、グローバルへと視野を広げ、かつ同時にローカルやパーソナルにも目を向けること、これがきわめて重要である。本書の第1節でみてきた各種データの数値は、そうしたトランスナショナルな人の動きの歴史的・量的な諸相であった。そこで今度は、現在的・質的な面で具体的な事例の諸相を捉えなおしてみて、トランスナショナルな社会空間的事態の連関を追ってみたい。以下の諸事例は、筆者が関わってきたグローカル研究の例示でもある。結論を先取りしておけば、この例示の狙いは、人々の実践レベルから複雑に絡み合うグローカルな事態を捉え返すことで、狭くて古いこれまでのナショナルな発想（方法論的ナショナリズム）を超えることであり、そこからさらに新たなリージョナル、グローバルな連携を展望する点にある。

3　具体例としてのグローカル研究とその理念概念を求めて

以下では、筆者自身が行ってきたグローカル研究的な調査研究を取り上げつつ、その目指すところが何なのかを提示してみたい。いずれの調査研究も21世紀に入ってからなされているものである。

事例① 農村の外国人労働者——日本の労働力事情、外国との関係、未来展望

すでに別のところで示したことがあるが（西原 2016, 2017）、筆者は 2008 年から日本本土のほぼ中央にある人口 4,000 人の小さな山奥の寒村に、毎年何百人もの外国人が農業労働に従事している地域を調査研究してきた。その村では、2003 年に中国から 4 名の「労働者」（正しくは、当時は外国人「研修生」と呼ばれていたが、実態は労働者である。2010 年以降は若干の制度変更に伴って外国人「技能実習生」と呼ばれている）がやってきたが、筆者が調査研究に乗り出した 2008 年には、600 名に増えていた。そして現在、ここ数年は約 1,000 名前後の数で推移している。500 世帯余りの農家（専業農家と第 1 種兼業農家の合計数）が平均 2 名の技能実習生を「雇用する」と、上限がこの程度となるからだ。なお、初期にはほとんどが中国人であったが、その後、フィリピン人の比率が高まり、現在はざっくりいえば、フィリピン人とベトナム人が各 400 名、その他 200 人が中国人及び他の国の人々である。

こうした事例は、次の事例②の漁村においても顕著で、漁港近くの水産加工場では、たくさんの外国人「労働者」が雇われている。つまり、農村や漁村においてもこうした状況がみられるのであって、外国人労働者は都市部とその周辺にのみ見られる現象ではない。都市部ではたしかに下請けの工場労働者、工員、さらには飲食業やコンビニなどの小売業の例が代表的だが、北は北海道から南は九州、沖縄まで——例えば今日沖縄の都市部においてもコンビニ店員にはネパール系の人々が目立つ——際立つ外国人労働者現象である。

さて、こうした外国人労働者の事例は、日本の労働力不足をどう補うのかという点から論じられたり、さらにこうした労働者の搾取の問題としても批判されたりする——もちろんこれは重要な点である——が、筆者の観点はむしろこれまであまり光の当てられてこなかったこうした場での日本人と外国人との交流のかたちの検討にあった。この事例の山奥の寒村では、すでに国際結婚でこの村に嫁いだ中国系の村民が重要な（間文化的な）媒介者となって、中国人と日本人の間の橋渡し役をしていた。フィリピン出自の方も同様であった。さらに、外国人農業労働者導入の比較的早い段階での話であるが、働いてくれた外国人が帰国した後も交流を続け、古着を送るなどの物のやり取りを含めて、国際郵便での交流を続けている農家もあった。あるいは、ある農家は定期的に外国人と旅行や温泉に行ったり、週1回は小さなパーティを開いたりしている事例もあった。詳細は別稿を参照願いたいが、筆者としてはこのような国籍・国境を越えた交流が地方の小さな農村においてもみられるようになった点に大いに興味をそそられたものであった。もちろん、この外国人研修生・技能実習生という制度が実態は「労働者」雇用であるのに、「研修生」や「実習生」と銘打ってごまかしているような制度上の問題点は大いに批判されるべきである。だが同時に、戦後日本経済の高度成長後の「少子高齢化」などを背景とする変化のなかで、単に経済的な関係だけではない、人と人とのつながりの社会的側面、しかもそれがトランスナショナルな関係となって進展していることに着目がなされ、積極的にその多様な意味合いも検討されるべきであると筆者は考えている。

事例② 漁村と東日本大震災――被災外国人と間文化的媒介者

こうした外国人にかかわる事例は漁村においても顕著で、漁船員のみならず、漁港近くの水産加工場などでもたくさんの外国人「労働者」が雇われている。つまり、繰り返しになるが、農村や漁村においてもこうした状況がみられるのであって、都市部とその周辺にのみ見られる現象ではない。

さて、東日本大震災において、大きな地震と津波に襲われた東北の太平洋側の地域に関して、筆者は2011年6月、つまり震災後3か月たってから調査研究を始めた。当時はまだ道路はいたるところで通行止めや瓦礫の山で通りにくかった。調査研究の初発の動機は、メディアで流れる「日本人はすごい」というナショナリスティックな言説のなかで、数多くの被災外国人の存在が忘れられている点にあった。そこで調査の狙いは、まずは被災外国人の震災当時と震災後の様子の実態把握に定め、さらに問いの核心の観点は、事例①と同様、トランスナショナルな協力がどのようになされたかという点にあった。その結果、国際結婚移住者がここでも重要な媒介者として浮かび上がってきた。研修生・技能実習生と会社や地域社会との橋渡し役である。この点のモノグラフもすでに筆者は記してきたが（西原 2017, 2018）、この東北での調査で興味深い知見は、外国人妻をもつ日本人男性側の組織が立ち上がっていた点である。妻側ではなく、夫側が定期的に会合をもって多文化社会への対応に関するいわば自己啓発に努めていたのだ。さらに、もう一つの興味深い点として、特に災害という危機的な時期であったことも関係するが、東北の定住外国人（この場合は在日コリアンであるが）に対する聞き取り調査で、助け合う人のなかで、「韓国人・日本人・中国人、お互いいろいろ言ったり言われたりしていますけど、私は自分を『地球人』だと思っています」[10]と語った人がいた点も記しておきたい。

さらにこの震災時には、ボランティアを含めて、国境や国籍を超えたトランスナショナルな助け合いが多数見られた点にも着目できる。これは国内だけでない。韓国のあるお菓子メーカーの社長が、私費を投じて家屋を失った日本人被災者たちを自分の所有するソウル郊外のマンションに長期間にわたり避難のために宿泊させるというトランスナショナルな支援を行っていた。筆者はその場所にも足を運んだ。ピーク時は 30 名ほどいたようだが、その 2 年後に筆者が訪問した時は 4 名だけがソウルの現地にとどまっていた。「世話になった韓国に恩返しをしたいので、韓国で仕事を見つけたい」と 30 代の女性が語ってくれたことが印象に残っている。この韓国の事例は、災害に関して開催された南米での国際学会で、ハイチ地震で住む場所を失ったその地の被災者たちをブラジルの地方都市が仮設住宅を作って受け入れたという話を聞いたので、日本においてそうした事例がないかと調べた結果、見出したのである。日韓関係がいろいろギクシャクしているなかで、こうした話はあまり広がらないが、国境を越えた文字通りのトランスナショナルな人的関係（筆者はそれを、「国際」関係ではなく「人際」関係と呼んでいる）がみられたという知見は、トランスナショナルな場面に焦点化したグローカルな調査研究によって見出されたものだと筆者は考えている。

さらにもう一つ、国境を越えて外国に赴いた人々、特に（出）移民の人々に関しても被災地調査時に大いに興味深い知見を得た。東北のある山奥の小さな地区（いまは平成の町村合併で市部に編入されているが）周辺から、実は約 100 年ほど前に、400 人という数のカナダ移民が出ており、さらに現在そのカナダ移民の後継世代と東北の送り出し地の人々とが町ぐるみ、市ぐるみで交流が続いている事例であった。東北というローカルな地は、ナショナルな位層で見れば、外国人率が低い地域であるが、それでも東北のある県の山奥に立派な国際交流館が建てられていたり、さらにその隣の県では韓国からの国際結婚移住者たちが中心となって複数の朝鮮式（高麗式）の建物からなる道の駅があったりする。そうした点も大いに興味深いが、ここで着目したかったのは、約 400 人のカナダ移民とその後継世代がローカルな送出地の人々と共にカナダ移民 100 周年を祝い、かつ関係する日本とカナダの小さな市が「友好都市」として今も交流を続けている点である[11]。東日本大震災時に、日系のブラジル移民やハワイ移民などもそうであったように、そうした移民たちがローカルな東北被災地への支援を大々的に行ったことも記しておくべきだろう。国内でのトランスナショナルな関係形成のみならず、文字通り国境・国籍を超えたトランスナショナルな関係の形成は大いに特筆すべきであろう。そのようなグローカルな事例の典型例をもう一つ見ておこう。

事例③ ハワイと沖縄系移民――トランスナショナルな交流の本格化

日系移民が多いといわれるハワイにおいて、実はその 3 割程度は沖縄系の移民である。そして何よりも、沖縄系の人々は、ワイキキ近くの日系の移民会館（「ハワイ日本文化センター」）とは別の場所に（パールハーバーの北部に）、現在では 3 つの建物からなる「ハワイ沖縄センター」をもっている。ハワイ沖縄連合会というしっかりとした組織――県人会や市町村人会などの団体が結集した組織――が、2018 年に沖縄の市民や団体からの多額の寄付金も得て、3 つ目の建物も作り上げたのである。この沖縄系移民の第一世代は、1870 年代に琉球国が日本に併合されて沖縄県として明治政府によって「処分」（廃琉置県）された後に、生活の困難さなどによって沖縄を離れてハワイに 1900 年以降に到達した人々だ。しかし、それに先立つ 1885 年以来ハワイに来ていた本土の「日本人」から、沖縄系の人々は強い差別を受けた。沖縄語という言葉の問題、養豚と豚肉を愛好する食文化、沖縄独自の風習や信仰などによって沖縄からの人々が本土からの人々に差別されたのである。そのこともあって、現在も日系の組織と沖縄系の組織が別々にハワイに存在しているのである[12]。

しかしながら、ここで筆者がハワイと沖縄との関係で着目したい点は、以下の 2 点である。まず第 1 点目は、1990 年以来、原則として 5 年おきに「世界のウチナーンチュ大会」が開催されている点だ。2016 年に第 6 回大会が那覇で開かれた。前夜祭は那覇の国際通りを、ハワイ移民関係者を先頭に数千人が練り歩いた。その先頭には、沖縄系のハワイ知事デビット・イゲ（伊芸）氏、その横にハワイ沖縄連合会のリーダー・ジェーン勢理客女史がいた。沖縄県の大会報告によれば、海外 29 か国から 7,000 人を超える移民関係者が集い、大会延べ来場者も 43 万人とされる大きなフェスティバルだった。ハワイのみならず、南米・北米を中心に世界各地のローカルな地から 5 年ごとに人々がトランスナショナルに沖縄というローカルな地に集う。これはすごいことではないだろうか。

とはいえ、筆者は、ハワイや沖縄というローカルな場の研究をしていくうちに、もう一つの興味深いつながりを見出し始めている。それが 2 点目の着目点である。それは、アメリカを背景とするグローカルな問題でもある。話はこうだ。はじめは、ハワイと沖縄のトランスナショナルなつながりに関心をもった。しかし、言うまでもないことだが、沖縄には数多くの米軍基地が存在する。その割合は、日本全体の米軍基地施設の 70% を超える。そしてさらに辺野古の新基地建設の問題が生じた。基地問題を避けて、沖縄やハワイの問題を論じることはできない。このローカルな基地問題は、かつての（旧）冷戦、現在の新冷戦（米 vs 中ロ）というグローバルな問題と、何よりもアメリカ軍のグローバルな戦略と密接に関連している「グローカル」な問題であるのだ。この点に関する事例も挙げておきたい。

事例④ 基地と沖縄とアジア――トランスナショナルかつリージョナルな志向性

こうした基地問題を検討するなかで、筆者は基地問題を解決すべく努めている沖縄系の複数の思想家たちと交わる機会を得た。日本の平和憲法の先を行くような先進的な――「国家の廃絶」をも目標とする条項を含む――「琉球共和社会憲法」案を1981年に提示し、2010年代にもあらためてその案が着目されている川満信一氏（川満 1981, 2010, 川満・仲里 2014）、そして基地問題の解決のためにも、2010年に琉球独立宣言を雑誌掲載し、また琉球独立に関する著作を精力的に出版している松島泰勝氏などだ（松島 2014, 2015）。松島氏は2013年に琉球民族独立総合研究学会も立ち上げた。さらに、アジアにおける平和と共生を求めるべく、「東アジア共同体」研究の2つの団体も、2014年、2016年と立て続けに沖縄で立ち上がった。2013年に設立された東アジア共同体研究所は翌年、那覇に「琉球・沖縄センター」を開設し、さらに琉球大学に事務局を置く「東アジア共同体・沖縄（琉球）研究会」もその2年後に設立されたのである。後者の「研究会」は、沖縄問題の研究者が大同団結するかたちで成立し、沖縄及び本土で、精力的にシンポジウムと出版活動を行っている[13]。

かくして、独立問題、基地問題、琉球憲法、東アジアという4文字の単語が記されてきたが、独立問題に関しては、ハワイにおいても独立運動があることはあまり知られていない。国際裁判所に訴えるかたちで、1890年代のハワイのアメリカ併合以来の問題点を浮き彫りにし、ハワイ先住民の権利回復を勝ち取る運動がハワイにある（リチェズ 2018）。また基地問題に関しては、ちょうど辺野古問題と同様に、その建設計画過程で「だまし討ち」的な手続きで建設が強行されるなどの大きな問題を残した韓国・済州島の江(カン)汀里(ジョンリ)の海軍基地問題がある。この基地は完成してしまったが、現在も反対運動を推し進めている闘争小屋に国内外の多数の支援者が集っている。筆者がその闘争小屋を訪れたとき、この反対運動に加わっていたアメリカ出身の女子大学生にインタビューする機会も得た。さらに、東アジア共同体の研究会では、済州大学の教員がこの江汀里基地問題を報告して連帯する姿も見られた。琉球共和社会憲法案を発表して沖縄言論界を引っ張ってきた川満氏も、2010年代の著作で明確に東アジア共同体的な発想を示すようになった（川満 2010）。ローカルな研究がグローカルに展開される事例がここにもある。

事例⑤ 砂川・伊江島・済州島――基地問題をめぐる過去と未来

さらに、こうした問題を考えていた時、実はもう一つのグローカルな出来事が、リージョナル、グローバルへと（上向的に）作用する可能性を秘めた場を筆者は見出した。それは東京郊外の「砂川（すながわ）」である。砂川は今日では忘れ去られつつある地名だが、1955年に突如、隣接する米軍立川基地の拡張問題で、拡張の対象地とされた町であった。それ以来、立川基地拡張反対同盟が結成され、1955〜57年まで警察との衝突を含めた反対運動が展開された。特に1957年には、反対運動側に多数の逮捕者が出て、最終的に7名が起訴されて裁判となった。1959年3月30日、東京地方裁判所で、後に伊達判決と呼ばれる画期的な判決が出された。米軍の駐留自体が違憲であり、よって被告は全員無罪という判決であった[14]。軍隊をもたないとした平和憲法の下では、ある意味当然の判決ではあるが、この話には続きがある。この判決後ただちに、米国側が圧力をかけ、政府側は高裁を飛び越える「跳躍上告」という手段で最高裁の審判にゆだねて、米国と日本政府の圧力のもと同年12月16日に、最高裁は地裁の判決を破棄して差し戻す判決を下した（2年後に罰金2000円の有罪が確定）。

しかし、「跳躍上告」といい、異例の短さの審議での判決といい、当時から裏で何かが動いたという疑惑が生じていた。しかし証拠はなかった。だが、2008年に日本のジャーナリストがアメリカ公文書館の資料のなかから砂川に関する機密解禁文書を発見した。そこには、伊達判決後、直ちに米側が動き、日本政府に圧力をかけつつ、日本政府も積極的に動いて、最高裁判決で逆転させるプロセスの一端が明らかになった[15]。

では、立川基地拡張はどうなったのか。1960年代後半にはベトナム戦争反対運動や平和運動が盛り上がり、砂川でも基地反対運動が再度盛り上がった。その結果、1968年には米軍・政府側も基地を断念し、1977年に立川基地自体が日本に返還された。だが、旧基地の中心部にはすぐに自衛隊が駐屯することになり、1983年には昭和天皇在位50周年記念・国営昭和記念公園が開設された。立川基地の機能は隣の横田基地に移され、そして旧立川基地への自衛隊駐屯と天皇関連公園開設という流れにはもちろん違和感があるが(cf.,Tompkins and Laurier 2018)、さらに本土でのこうした基地反対運動によって、米軍や政府が本土での基地建設をあきらめ、基地を沖縄に集中させるという連関が生じたのであれば、それもまた看過できない問題であることになる。

この連関はさらに検討を要する問題ではある。ただ、いずれにせよ 1955 年の 3 月に沖縄の伊江島で「銃剣とブルドーザー」で米軍基地拡張が開始されていたのだ。日本軍の基地があった伊江島は戦後すぐに米軍に接収されて米軍基地として使用されていたが、朝鮮戦争を境に米軍は伊江島を核兵器の投下訓練場として活用すべく拡張が企図されたのである(松岡 2019)。その 2 か月後に砂川での立川基地拡張問題が生起していた。そこでこの両者に着目してみると、伊江島では阿波根昌鴻氏らが「非暴力」で抵抗活動をし(阿波根 1992)、砂川では宮岡政雄氏(反対同盟行動副隊長)らが非暴力での「不服従」を標語にして活躍していた事実が見えてくる(宮岡 2005)。そしてその両者は、お互いに激励しあう交流があったことも特筆すべきであろう。現在、伊江島では阿波根が自力で作った「反戦平和資料館」で、阿波根と共に闘ってきた謝花悦子氏が「語り部」として中高校生たちにも伊江島の闘争を話している。立川基地跡の自衛隊基地のすぐ北隣においては、ちょうど 10 年ほど前から活動を本格化させ始めたのであるが、宮岡政雄氏の娘さん、福島京子氏が「砂川平和ひろば」を開設して学習会や資料展示、そして基地跡を歩く会など活発な活動を展開している。そして彼女の活動のベクトルは、沖縄や済州島や朝鮮半島との連携を視野に入れた東アジアの平和の構築にも向けられ始めている[16]。

砂川と伊江島、この⑤では 2 つのローカルな地を事例として取り上げたに過ぎないが、そのローカルな地から、リージョナルな「平和と共生」のための連携に向けた動きが始まっている。もちろんその歴史的背景には帝国日本とアジアの問題が横たわっていることは間違いない。砂川、伊江島、そして済州島などへと広がったつながりの直接的契機には、1950-1953 年の朝鮮戦争が大きくその影を落としている。朝鮮戦争後のアメリカ軍の極東政策がここに見え隠れするのだ。東アジア全体を見ると、1960 年代以来のベトナム戦争と沖縄と本土とアメリカ（複数の米軍沖縄基地や米軍横田基地もこのベトナム戦争で「大活躍」した）とのつながりも見えてくる。さらに、グローバルに視野を拡大すれば、米軍の東アジア・太平洋戦略のみならず、インド圏や中東圏との関係も見えてくる。そこにイラクや中東への日本の自衛隊派遣も絡んでくる。冷戦終結後、ドイツの米軍基地縮小などNATOでの米軍基地縮小が明確になるなか、むしろ日本を中核とするアジア太平洋の米軍の存在がグローカルに着目されるようになった（林 2012）。実は、阿波根昌鴻氏や宮岡正雄氏、そして川満信一氏や松島泰勝氏、さらには謝花悦子氏や福島京子氏などのパーソナルな実践活動が、ローカルな場で展開されつつ、それがナショナルな枠を突き破って、リージョナルな展開を見せ始め、さらにそれがグローバルな視界の明示化となっていくというグローカルな広がりがここにあるのだ。

グローカル研究とは、こうした実践活動と絡み合う点にこそ現代的な意義があるといえるのではないだろうか。グローカルな展開がローカルな場に強い作用を及ぼしているからこそ、ローカルな場からのパーソナルな努力が、トランスナショナルに、リージョナルな連携に連なり、グローバルな変容をもたらす可能性がある。グローカル化の同時性と両面性、そしてそれらが各「位層」を往還運動するかのようにして絡み合うなかで見えてくるのは、世界社会の未来である。現代世界が問題を抱えて変容すべきものであるとき、日常の人々のトランスナショナルな移動を含めた、パーソナルでローカル、かつリージョナルな実践が、まずもって世界の平和という理念概念の新たな地平をグローカルに切り拓いていく。簡潔にいえば、事例から見えてくるトランスナショナルな社会の理念的未来像への焦点化と共に、筆者は特に実践に基づく「グローカル化の上向作用」という面に、グローカル研究の意義を見出しておきたいのである。

結びに代えて

以上、本章では、前半でグローカル研究における理論的な概念上の問題を論じ、後半で調査研究に基づくグローカル研究の例を示したつもりだ。そして、冒頭で述べたようにグローカル研究は何のためになされるのかという点についても、筆者なりの知見を示唆してきたつもりだ。

簡単に繰り返しておこう。グローカル化という概念は、調査研究の対象選択といった前提の問題から、調査研究の記述や分析の際の重要な概念として必要な事項だと論じ、対象化された当該現象においては、グローカル化の「同時性」「両面性」も指摘されるべきだとした。ただし、それだけでは、グローカル研究としての独自性が見えにくいとも論じた。グローカル化に着目し、グローカル研究を行うには、もう一つ、明確にそれを何のために行うのかという価値観点を明確にする必要があるからだ。それは、パーソナル、ローカルな実践が、ナショナルな位層を突き破って、リージョナルな連携と世界変革へと志向するベクトルをもつ。それゆえグローカル研究は、研究としてはまず、このベクトルをていねいに検討する観点として役立つ。そしてそこから未来への展望を読み取りつつ概念化していくこと、ここにこそ、グローカル研究の現代的な意義や目的の主要な核心が見出せるのではないだろうか。この点が、本章でのとりあえずの結論である。

もちろん、本章で示したのは、グローカル研究のほんの一例に過ぎない。グローカル研究は、例えば家族問題、労働問題、災害問題、差別問題、貧困問題、格差問題、環境問題、さらにはサイバースペース問題など、考えただけでもかなり多くの社会問題に目を向けることができ、そしてそうした領域でも役立つはずである。ただし、そうした研究には、これまた一例を示すだけだが、家族成員の幸福、労働環境の改善、災害被害の減少（防災と減災）、差別の解消、貧困や格差の是正、地球環境の保全、サイバースペースの活用などの研究目的があるはずである。グローカル研究を行うことで、こうした問題解決にどう寄与できるのかを常に考えておく必要がある。

本章では、数例に過ぎないとはいえ、グローカル化する世界のなかのローカルな場で生起することに着目しつつ、パーソナルな実践によって、ナショナルな枠を超えてリージョナル・グローバルに展開される連携への志向が、ローカル・パーソナルな生活をも保障していくような「往還運動」のなかで、そのような理論・実証に裏打ちされた学問的な「実践」が求められているのだと語っておきたい。筆者としてはそれを、「平和と共生へのトランスナショナルな連携」という言葉で表現したいといま考えている。その際のポイントは、トランスナショナルな連携にある。平和と共生なくしては、つまり戦争や対立などによっては、私たちのローカルな日々の生活は著しい困難を抱えることになる。グローバル化が進展する21世紀という時代に相応した「概念」及び観点の選択として、グローカル化とグローカル研究を考える必要がある、というのが本章の最終的なまとめである。

注

1　ベックはそうした国家内の社会を研究しがちな社会科学の傾向を「方法論的ナショナリズム」として批判する（ベック 2008、参照）。

2　外国人「労働者」の動向に関しては、何よりも1993年にスタートした外国人「研修生制度」が特筆されるべきだ。それは、2010年には「技能実習生制度」に変化したが、その数は着実に増加してきた。技能実習生制度が動き出した2011年においてその数は約14万人だったが、2018年には30万人を越えた（国際研修協力機構や厚生労働省等のHP参照。https://www.meti.go.jp/policy/mono_info_service/mono/fiber/ginoujisshukyougikai/180323/3_mhlw-.pdf）。さらに2018年12月の臨時国会でかなり強引に決まった在留資格「特定技能」の新設により、2020年の東京オリンピックを控えた2019年の4月からは特定技能として介護や建築現場で働く人々というかたちで一定の専門性・技能を有し即戦力となる外国人を受け入れていく外国人労働者の枠それ自体が拡大された。法務省のHPなどでは、「新たな外国人材の受入れ及び共生社会実現に向けた取組」だと記されているが、どこまで「共生社会」の実現に向けた試みであるかは、今後を見ていく必要がある。

3　21世紀の00年代にこの間の数値を押し上げたのは、特に中国人妻やフィリピン人妻の急増であったが、現在はそれらが減少して全体の数値が下がった。

4　ただし、こうした「作用」のベクトルには、ローカル色が加わって、独自の「土着化」がなされることがある。日本における照り焼きハンバーガーや中国における中華味ハンバーガーなどであるが、この点はここでは立ち入らないことにする。本章では、より重要な作用に焦点化したいからである。

5　カントは、『純粋理性批判』において、私たちの認識はいかにして可能かという問いを立て、概念のない直観は盲目だと述べた（カント 1961/1962）。その答えは基本となるカテゴリーがあるからだとカントは考えた。そうしたカテゴリーの基本は、おもに時間と空間にかかわるカテゴリーである。例えば、空間を例にとると、上下や左右や前後、あるいは大小などといった概念があるゆえに、私たちは対象を捉えることができるというわけである。ここでは、こうしたカテゴリーの認識機能に着目して、概念の機能や役割を論じる。なお、新カント派の立場に立つといわれるM. ヴェーバーも「理念型」と呼ばれる類型を論じ、それによって対象を分析するという議論を展開している（ヴェーバー 1998、参照）。現象学的社会学者のA. シュッツもまた、「あらゆるもの――自然的なものであれ、社会的なものであれ――は、はじめから類型によって捉えられる」と述べる（シュッツ 1983）。ここで概念の機能と述べているのは、こうした類型的認識ないしは類型媒介的な認識という機能のことである（西原 1998、参照）。

6　筆者はかつて「理論」を論じて、そこでは日常知的な基層理論、科学知的な実証理論、理想知的な理念理論を区別した（西原 2010）。本章での概念の分類も基本的にはこの延長線上で論じられている。

7　ここでは、概念を言葉で表現するレベルに限定して論じている。言葉と概念の問題は、言葉以前の感性（的認識）をも含めてきちんと論じなければならない。それらは、幼児の発達といった場面からの身体や言語の意味論的問題と合わせた検討が必要となるのである。この問題に関しては、とりあえずは『自己と社会』という拙著（西原 2003）を参照していただけると幸いである。ここでは紙幅上、これらの複雑な関係には立ち入らないこととする。

8　ここで述べている「目的動機」と「理由動機」については、シュッツが明示化したものである（シュッツ 1983、参照）。

9　ここでの表現は、成城大学グローカル研究センターが招聘した『グローカル化』の著者・ルドメトフが、講演のなかで明示したものである。詳しくは、彼の著作（Roudometof, 2016）を参照されたい。

10　この言葉はおもに在日コリアン被災者からの聞き取りをまとめた『異郷被災』という著書にある言葉である（東日本大震災在日コリアン被災体験聞き書き調査プロジェクト編 2015）。

11　この点に関しては、拙著『トランスナショナリズム論序説』の第4章を参照願いたい（西原 2018）。

12　実は日系のフジモリ大統領を輩出したペルーも日系人が多い（約10万人の日系移民がいたとされる）が、しかしその7割は沖縄系だといわれている。立派なビルや資料博物館などをもつペルーの日本人連合会とは別に、広大な敷地の沖縄県人会の施設も存在している。ただしペルーでは、沖縄系の比率が高いので、必ずしも対立的ではない。

13　東アジア共同体の研究所に関しては代表的な著作として『東アジア共同体と沖縄の未来』（鳩山ほか 2014）を、東アジア共同体の研究会に関しては『沖縄自立と東アジア共同体』（進藤・木村 2016）を参照願いたい。なお、どちらの研究グループも紀要を発行しているので、それらも参照されたい。

14　1959年3月30日付「朝日新聞」夕刊（東京本社版）の一面トップが「米軍駐留は違憲」というものであった。なお、この資料は、後述の「砂川平和ひろば」にある。

15　こうした点に関してはすでに複数の文献が出ているが、『砂川事件と田中最高裁長官』（布川・新原 2013）が資料的にも分かりやすい。なお、この最高裁判決から 60 年たった現在、当時の被告たちが損害賠償を求めるなどの訴訟を展開している（土屋 2015、参照）。

16　ここでは立ち入って論じる紙幅はないので、とりあえずは「砂川 」「沖縄」「東アジア共同体」などに論及している拙稿（西原 2019）を参照してほしい。

参考文献

Roudometof, V., 2016 *Glocalization: A Critical Introduction*, London and New York: Routledge.

Tompkins, A. and Laurier, C., 2018, When the Sky Opened: The Transformation of Tachikawa Air Base into Showa Kinen Park, Miller, C. and Crane, J. (eds.) *The Nature of Hope: Grassroots Organizing, Environmental Justice, and Political Change*, Louisville: University Press of Colorado.

阿波根昌鴻 1992『命こそ宝――沖縄反戦の心』岩波書店

ベック、ウルリッヒ 2008『ナショナリズムの超克――グローバル時代の世界政治経済学』島村賢一訳、NTT 出版

鳩山友紀夫ほか 2014『東アジア共同体と沖縄の未来』花伝社

林博史 2012『米軍基地の歴史――世界ネットワークの形成と展開』吉川弘文館

布川玲子・新原昭治 2013『砂川事件と田中最高裁長官――米解禁文書が明らかにした日本の司法』日本評論社

東日本大震災在日コリアン被災体験聞き書き調査プロジェクト編 2015『異郷被災――東北で暮らすコリアンにとっての 3.11』荒蝦夷

川満信一 1981「琉球共和社会憲法 C 私(試)案」『新沖縄文学』第 48 号

川満信一 2010『沖縄発――復帰運動から 40 年』世界書院

川満信一・仲里効編 2014『琉球共和社会憲法の潜勢力――群島・アジア・越境の思想』未來社

カント、イマニュエル 1961/1962『純粋理性批判（上／下）』篠田英雄訳、岩波書店

松岡哲平 2019『沖縄と核』新潮社

松島泰勝 2014『琉球独立論――琉球民族のマニフェスト』バジリコ

松島泰勝 2015『琉球独立宣言――実現可能な五つの方法』講談社

宮岡政雄 2005『砂川闘争の記録』御茶の水書房

西原和久 1998『意味の社会学――現象学的社会学の冒険』弘文堂

西原和久 2003『自己と社会――現象学の社会理論と〈発生社会学〉』新泉社

西原和久 2010『間主観性の社会学理論――国家を超える社会の可能性 [1]』新泉社

西原和久 2016『トランスナショナリズムと社会のイノベーション――越境する国際社会学とコスモポリタン的志向』東信堂

西原和久 2017「越境者・媒介者・コスモポリタンをめぐるリアル・ユートピア」『塩原良和・稲津秀樹編、青弓社

西原和久 2018『トランスナショナリズム論序説――移民・沖縄・国家』新泉社
西原和久 2019「東アジア共同体論への社会学的課題と実践論的課題――砂川そして沖縄から学ぶ脱国家的志向」『東アジア共同体・沖縄（琉球）研究』第3号（なお、この論稿は一部改訂のうえ、西原和久『現代国際社会学のフロンティア――アジア太平洋の越境者をめぐるトランスナショナル社会学』東信堂に収録されている）
リチェズ、デニス 2018「ここはアメリカではない――占領の終焉に向けた現行（暫定）ハワイ王国政府の法的挑戦を伴うグローカルな活動」西原和久訳、『コロキウム：現代社会学理論・新地平』第9号
進藤榮一・木村朗 2016『沖縄自立と東アジア共同体』花伝社
シュッツ、アルフレッド 1983『シュッツ著作集 第1巻 社会的現実の問題［Ⅰ］』渡部光・那須壽・西原和久訳、マルジュ社
土屋源太郎編 2015『砂川判決と安保法制――最高裁判決は違憲だった！』世界書院
ヴェーバー、マックス 1998『社会科学と社会政策にかかわる「客観性」』富永祐治・立野保男訳・折原浩補訳、岩波書店

第３章　グローカリゼーションからコンビビアリティへ

有元健

はじめに――移動する人々

文化をめぐる移動と居住の複雑な歴史や経験を探究したジェイムズ・クリフォード（James Clifford）の著書『ルーツ』の冒頭には、インドの作家アミタヴ・ゴーシュの自伝的物語のシーンが寓話として登場する。エジプトでフィールドワークを行う民族誌家。その静寂なはずの村で彼が出会う人々は、土地に根差して静かに居住しているのではなく、村を出て様々な場所に移動していた。だがそれは、移動技術の発達によって人々がますます移動するというポストモダン状況を表しているのではないという。なぜなら村人たちの名前は、レヴァントの都市やトルコ、ヌビアといった遠い町に由来していた。そこには彼らが何世代にもわたって移動の経験をしてきた痕跡が残っていたのである（クリフォード 2002: pp.10-11）[1]。

地理的境界線を越える旅や移動の経験は、私たちに文化を問い直す視座を提供してくれる。クリフォードにならってより身近な寓話的物語をあげるとすれば、山崎朋子のノンフィクションが原作となり、熊井啓監督によって映画化された『サンダカン八番娼館・望郷』（1974 年）である。日本では 1880 年代後半からアメリカ、ブラジル、カナダのような国々、朝鮮や台湾、満州といった日本の勢力圏、西洋諸国の植民地や勢力圏である東南アジアやハワイなどに多くの移民を送り出すようになったが、この映画で描かれているのは熊本県天草から「からゆきさん」としてボルネオ島へ渡った一人の女性の物語である。貧しい農家に生まれた主人公サキは少女のときに口減らしのため人買いに買い取られ、だまされて密航した末にイギリス領北ボルネオのサンダカンにある娼館へと引き渡される。そこで彼女が経験することになるのは、イギリス領植民地における多文化・多人種的な現実であった。山崎の原作ではサキの言葉が引用されている。

> サンダカンの女郎屋には、イギリス人、アメリカ人、フランスの船乗り、それに日本人、支那人［ママ］といろんな毛色の客が来よったが、日本の女郎衆は、ボルネオ人やマレー人を客にすることは好かんじゃった。（山崎 2008、p.90）

現地のボルネオ人やマレー人、西洋人の貿易商、プランテーションで働く日本人労働者や日本軍など、サキの経験したサンダカンはグローバルな政治的・経済的・軍事的諸力によって人々が通過し居住する多文化都市だった。そしてサキは、一人の移民女性としてその多文化都市を生き抜いた。映画では詳しく描かれなかったものの、彼女はあるイギリス人豪商の妾として数年の間娼館を離れ、豪奢な暮らしをしていたこともあるのだ。

国際的な批判を受けた日本政府による売春規制の影響により、サキはサンダカンを去って日本に戻ることになる。彼女が帰り着いた先は生まれ故郷天草である。彼女の移動＝旅は当時の国際的・階級的・ジェンダー的諸条件に規定されながら強制的に始められ、自らの意志というよりも偶然的な政治的事情によって終結したものであった。それは九州の貧しい農村という国内的条件だけでなく、外貨を稼ぐために多くの移民を送り出した当時の日本経済のグローバルな位置付けにも決定的に条件付けられたものだった。女性史研究家の山崎が天草を訪れたときはすでに、彼女は日本の静寂な田舎に貧しく暮らす老婆であり、そのグローバルで多文化的な移動と居住の経験は、人に話せぬ記憶となっていたかのように見える。だが興味深いことに熊井の描く天草のシーンは、旅と移動について別の痕跡を映し出してもいる。少女サキが母親と抱き合いながら別れを惜しみ、出発するその海岸では、彼女を見送る人々の手に十字架が握られ、そして教会の鐘の音が鳴り響いていた。ゴーシュが訪れたナイル・デルタの小さな村と同じように、天草もまたすでに国境を越えた人々の移動とその文化的痕跡が書き込まれた地だったのである。

16世紀の薩摩・大隅地方は、医薬品や火薬の原料となる硫黄を産出し、琉球を軸として朝鮮半島や中国大陸と貿易を行っていた。東シナ海の交易圏に組み込まれていたこの薩摩で殺人を犯し、ポルトガル人の船によってマラッカへ逃亡したのがヤジロウ（アンジェロ）であった。ヤジロウは逃亡先で一人のイエズス会士と出会う。ヨーロッパにおける宗教改革に対抗したカトリックによる反宗教改革運動に参加し、宣教師としてインドのゴアからマラッカを訪れていたフランシスコ・ザビエルである。ザビエルはヤジロウと共に日本に渡り、薩摩から平戸、山口へと布教の旅をすることになる（大住1999、久野2015）。そうした旅の文化的痕跡を色濃く残した小さな村でサキは生まれ、時代の諸条件に飲み込まれながら、彼らが旅した同じ経路を移動し、そして帰郷する。天草という場所は、境界を越えた移動と居住の複雑な物語を宿していたのである。そのローカリティの欠くべからざる要素として、人々のグローバルな移動が書き込まれていたわけだ。

私が本論で考察したいのはこうした境界を越えた移動性と居住、そしてそれが書き込まれたローカリティの生成である。後述するようにグローバリゼーションの議論は文化的・政治的・経済的諸力の一方向的な移動を前提としがちである。しかしグローバリゼーション（＝グローバルな文化的・政治的・経済的諸力の行使）はその必然的効果として人や文化が双方向に移動しうる経路を生みだす。そのとき、天草やサンダカンが人々の流入によって多文化化したのと同様、西洋の都市もまた、外部からの人や文化の流入によってそのローカリティを変容させているはずである。グローカリゼーションは、欧米から離れた非西洋だけの出来事ではない。近年の移民増加による多文化化・多人種化を見ると明らかなように、グローバリゼーションの起点／中心であるはずの都市もまた、そのローカリティの変容を余儀なくされているわけだ。本論ではグローカリゼーションの現場としておもにロンドンの多文化状況をめぐる研究を概観しながら、これまで注目されてこなかったグローカル研究の側面に光を当てていく。そして、グローカリゼーションをたんにグローバルとローカルの相互作用といった概念に留めるのではなく、境界線を越えた人々の移動と居住の複雑な絡み合いを通じて変容していくローカリティのなかで生成されるコンビビアリティの可能性を示す概念として考察していきたい。

1　グローカリゼーションの理論

グローカリゼーションという用語はそもそも1980年代にビジネスのジャーゴンとして用いられたもので、とりわけ日本がその発祥ともいわれる。例えば1979年当時の平松守彦県知事が提唱し推進した大分県の一村一品運動では「ローカルにしてグローバル」が謳われ、「そこにしかないモノ、そこにしかない文化創造」という地域性を強調することによってグローバル市場へと参入していくマーケティング戦略が掲げられた（平松 2006）。ビジネス領域におけるグローカリゼーションとは、グローバル市場をターゲットに商品化しうる差異として地域性を生産することであり、モノや場所はそれぞれの独自性、地域性を主張しながらエスニックな食材、多彩な観光地として消費者に展示されることになるわけだ（Robertson 2003, p.35）。周知のように、こうしてビジネス用語として用いられたグローカリゼーション概念を、社会学的分析概念に転用しようとしたのがイギリスの社会学者ローランド・ロバートソン（Roland Robertson）である。そもそもロバートソンがこの用語を使おうとした動機は、それまで主流の分析概念であったグローバリゼーションという用語ではある種の固定化された視座が設定されてしまい、グローバルな現象とローカルな現象のダイナミックな相互関係を正確に記述することができないということだった。本節ではグローバリゼーション概念の限界とグローカル研究への移行を論じた上杉富之（2014）とロバートソンの議論を交差させながら、グローカリゼーションという用語がどのような分析概念として提唱されてきたのかをあらためて整理していく。

上杉はマシオニスとプランマー（Macionis and Plummer 2008）をひきながらグローバリゼーションをめぐる議論を大きく二つに整理する。一つは「グローバリゼーションの均質化論」とされるもので、これはグローバルな力が地域や地方に固有の社会や文化を圧倒し、最終的には消失させるという視座であり、もう一つは「グローバリゼーションの多様化論」とされ、グローバル化していく文化要素とローカルな文化要素が結びついて雑種化したり、新たな文化要素を生成させたりするという視座である。グローバリゼーションによって、欧米など政治経済的・文化的ヘゲモニーを持つセクターが産出する文化的要素がローカルな場所を席巻し、地域固有の文化的要素を圧倒しながら世界中が同じランドスケープに同質化していく（マクドナルドやスターバックスの拡散）のと同様、他方においてグローバリゼーションは前述のように差異のマーケティングのグローバル化という側面を伴っており、グローバリゼーションによって大量のローカリティが生産される（多様化する）という状況も引き起こされているというわけだ（ネグリ＝ハート 2003、pp.67-68）。グローバリゼーションのこうした両面性はすでに十分認識されてきたといえる（小田 2010、p.1）。

上杉はこうしたグローバリゼーションの議論、またそれを前提とするグローバル研究には限界があるという。というのも、均質化論であれ多様化論であれ、グローバル研究はグローバリゼーションという力の起点すなわち中心と、終点すなわち周縁とを二項対立的に前提としているからである。上杉はいう、

> グローバリゼーションには起点や中心がある。しかも、グローバリゼーションの起点ないし中心は、往々にして、アメリカやヨーロッパの先進諸国である。そしてグローバリゼーションの波が達する到達点（終点）ないし周縁は往々にして非欧米の発展途上国である。（上杉 2014、p.5）

つまり、グローバリゼーションは欧米という中心から非欧米の周縁地域に対する影響力の問題として考察されることになるわけだ。したがってローカリティもまた、グローバリゼーションという全体化の力に抵抗する要素として捉えられる傾向をもつ（Robertson 2003, p.36）。ロバートソンによれば、こ

うした前提に基づくとローカリティの理解そのものが阻害されるという。なぜならば、ローカリティはグローバリゼーションという全体化の力に抵抗する自生的なゲマインシャフト／コミュニティとして想像されることになるからだ。そうしたローカリズムにおいては、グローバリゼーションによってそれが破壊される以前は、私たちは安定した固有のコミュニティに生きていたというノスタルジーが生み出されることにもなる。ある人間集団（部族・民族・国民）がある領域（村・地域・国）において自生的な文化を独自に発展させてきたとする古典的な図式は、後述するように文化そのもののダイナミズムを抑圧してはじめて想像しうるものである。

グローバリゼーションに対抗するローカリティ、あるいはグローバリゼーションという経済的条件のもとで標準化され商品として大量に生産されるローカリティといった観点だけではなく、よりダイナミックな差異の形成への洞察が必要となる。グローバルはローカルに単純に対置されるのではなく、グローバリゼーションと同時的に生起する故郷やコミュニティ、ローカリティの再構築を考察することが必要となる。

> グローバルはそれ自体ローカルに対置されるものではない。しばしばローカルといわれるものはむしろ、本質的にはグローバルの緩やかな概念に含まれるものである。そうした意味でグローバリゼーションとは（中略）ローカルなもの同士の結びつきを含み、同時にローカリティの「発明」をも含むのである。（Robertson 2003, p.42, 有元訳、強調は原文）

こうした理論的必要性からロバートソンはグローバリゼーションに代わるグローカリゼーションの概念を提唱する。

グローカリゼーションの概念はそれ以降社会運動や経済・政治的文脈のなかで様々なニュアンスを伴って使われてきたが、上杉によればそこには二つの共通点があるという。それは、（1）グローバリゼーションと同時に、あるいは連続してローカリゼーションが生じるということ、そして（2）グローバルな場ないし要素とローカルな場ないし要素が相互、双方向に作用や影響を及ぼすという視座である。こうした展開をふまえて上杉は以下のようにグローカリゼーションを包括的に定義する。

> グローカリゼーションとは、グローバリゼーションないしグローバル化した要素の影響を受けて、グローバリゼーションと同時ないしそれに連続して起こるローカリゼーションを含んだ一連の現象ないし過程のことであり、特に、1）グローバリゼーションとローカリゼーションが同時ないし連続的に起こること（同時進行性）と、2）グローバリゼーションとローカリゼーションが相互に作用・影響を及ぼすこと（相互作用性）に注目し、強調する概念である。（上杉 2014、p.7）

そして上杉によればこうした視座を持つグローカル研究は、「グローバリゼーションの終点ないし周縁である非欧米発展途上国等が、グローバリゼーションの起点ないし中心である欧米先進国に対して及ぼす作用ないし影響を明らかにしうる」（同書、p.8）という点で、グローバル研究の限界を超えうるとされる。

グローバリゼーションとローカリゼーションの同時進行性についてロバートソンは、国連やWHOなどの国際機関がローカリティを推進してきた事例をあげているが[2]、さらに重要なこととして、現代におけるローカリティや土着性は、文化間の遭遇（とりわけ西洋のヘゲモニーとの遭遇）を通じて、再帰的に意識化され事後的に構築されるものだと指摘する（Robertson, p.45）。したがって、欧米／非欧米の力関係とグローバル／ローカルの同時進行性は複合的なものとしてより慎重に考察されなければならないことになる。ロバートソンがグローカリゼーションという分析概念を提唱する理由はそこにある。

上杉はグローカル研究が周縁から中心に及ぼす影響力を考察することによって、欧米／非欧米の力の不均衡を問題化し、さらにそれを改善するための手がかりを見いだす研究実践となることを期待するという。たしかにグローバリゼーションとそれに抗するローカリティ、あるいはそれによって生産されるローカリティという図式ではなく、グローバルなものとローカルなものの相互形成、さらにローカルなものが中心部に及ぼす影響を捉えるという意味では、グローカル／グローカリゼーションという分析概念は現代社会のローカルな現象の分析において一定の前進を示したものかもしれない。しかしながら、ここでいくつかの疑問が生じる。一つには、結局のところ上杉の提唱するグローカル研究でさえも、西洋／非西洋、欧米／非欧米という二項対立が維持されており、それに伴って、文化がローカルな場や土地に根差したものとして想定されているのではないかということである。いかにそれが再帰的に構築されたものであっても、ローカルな文化はその場所で、エスニシティやナショナリティによって画定される特定の人間集団によって保持されるものとして想定されるのである。これは、そもそもグローバリゼーションが境界線を越えた移動を前提とする現象であることを考えると、皮肉でさえある。ローカルな文化が「移動」と無縁であるとは考えにくいにもかかわらず、もしそのように捉えるとすれば、それはその土地固有の文化パターンの存在を前提とした古典的人類学の文化概念に今なお囚われていることになる。

さらにもう一つの疑問は、グローカリゼーションという概念、あるいはそれを用いようとする研究者たちが暗黙の裡に持つ地政学的前提である。上杉が指摘するようにグローバリゼーションの概念はアメリカを含む西洋＝中心と、それ以外の地域＝周縁という地政学を前提としている。だが、グローバリゼーション概念の一方向性、単純性に対する批判として生み出されたはずのグローカリゼーションの概念も、それがいかにグローバルとローカルの相互作用性を強調するようにみえても、実際のところ欧米／その他という中心／周縁の地政学的想像力から抜け出せていないのではないだろうか。このことはグローカル研究者たちの発表内容に症候的に現れているようにもみえる。例えばローランド・ロバートソンは「日本のグローカリゼーション」については語るが（Robertson 2019）、ロンドンのグローカリゼーションについては語らない。その一方で、（地政学的に）周縁の研究者たちは、自分たちのローカルな現場をフィールドにしてグローカリゼーションを論じる（小田 2014、上杉 2014)。ロバートソンがグローカリゼーションを論じるときに「土着化」の概念を引き合いに出すのは、まさにそれがイギリス社会学の主流に位置する彼にとって「どこか他所の場所」で生じていることを表しているからだ。しかしながらもしグローカリゼーションが真の意味でグローバルとローカルの同時的な相互作用を表す現象だとすれば (実際そうなのだが)、この世界はどこもグローカル化されているのである。本章の主たる目的は、このようにこれまでグローカル研究に宿っていた中心／周縁の地政学的想像力を批判的に解体し、多文化化するローカリティをあたりまえの出来事として捉え、そこで生き抜いていく人々の生をコンビビアリティという概念で考察する道筋を提供することである。

2　文化と移動

地域 (土地)、人間集団、文化。ある地域に居住する特定の人間集団がある特定の意味システムを共有する状態を人類学は文化と呼んできた。フランツ・ボアズからクリフォード・ギアツにいたるアメリカの主流の人類学的伝統において、文化とはある社会においてモノや行為、現象を有意味なものにする規則やコードの体系だと考えられた。すなわち、文化は空間化された差異として捉えられたのである (太田 2001、pp.30-31)。だがジェイムズ・クリフォードをはじめとする批判的人類学者たちが 1980 年代以降論じたのは、そうした文化概念が境界領域の文化的混合 (ボーダー文化) や、奴隷制や植民地主義といった歴史的プロセスのなかで生まれたハイブリッドな文化形態を分析するには不十分だということだった。とりわけクリフォードが注目したのは、文化的真正性 (オーセンティシティ) が土地に根差す、すなわち長期にわたって定住するという概念に強く結びついていることだった。彼が傍聴したケープコッドのマシュピー・インディアンの土地所有訴訟 (1976 年) は、マシュピー・インディアンの部族としての地位が認められず、その結果、敗訴というかたちで終わる。マシュピー・インディアンのメンバーは通婚も多く、他の土地へと短期または長期で移動することもしばしばあった。さらに自らの土地を持たず、宗教も多様であり、儀礼的行為も雑種的なものだった。裁判ではそうした状況がマシュピー・インディアンの部族としての歴史的連続性、真正性を却下する要素となったのである。原告側は変容しつつもそこには文化的アイデンティティが存在すると主張したが、裁判のなかではこの文化概念こそマシュピー・インディアンを苦しめる当のものであった。クリフォードはいう、

> 文化の概念は、あまりにも密接に有機体的な形態と成長の前提に結びついていた……その用語は全体性、連続性、そして成長を志向する偏った考え方を残していた……文化概念は、内的な多様性と役割の「有機体的」分業を説明するが、著しい矛盾、突然変異、あるいは生成を配慮しない。（クリフォード 2003、p.434）

文化をある土地においてある特定の人間集団が継続的に維持し続ける有機的なシステムとして捉えるこの考え方が、境界を越えた様々な移動と結びつき、歴史的な一時停止、新たな生成といったマシュピー・インディアンの特徴を、文化の真正性を希薄化する要素として同定したのである。すなわち、「文化という考え方は、ルーツ（roots）があり、静的で、領域化された存在だという想定を伴って」いたわけだ（同書 p.435）。

さらにこの有機的な文化概念によれば、歴史的な断絶や接木的な要素は容認されないため、例えば西洋近代のヘゲモニーに直面するとき伝統的な文化は「消えゆくもの」とされる。「連続性と「生残り」の隠喩は、流用、妥協、顛覆、隠匿、発明、そして復権という複雑な歴史的過程を説明しない」のである（同書 p.435）。消えゆくものという語りは、（西洋近代と）遭遇する以前には原初的で純粋で静的な文化形態があったということを想定している。しかし、マシュピーのインディアンは様々な交渉や同盟、闘争の歴史を通じて自らを作り直してきたのである。

> マシュピーの歴史は壊れることがなかった部族的制度あるいは文化

的伝統の歴史ではない。それは英語を話すインディアンの旅行者スクァントがプリマスでピルグリムたちに出会った時に始まった、アイデンティティを維持し再創造するための長く、関係的な闘争だったのだ。(同書 p.436)

このマシュピー・インディアンの裁判を通じて、クリフォードは古典的な文化概念に異議を唱え、それをさらに鍛え上げようとする。そこで彼が注目するのは移動である。すなわち、これまでの文化概念における文化と地域と人々の固定化された結びつき[3]をほどき、文化を構成する要素として移動という視座を導入することで、より可変的でダイナミックな文化、「旅する文化」を捉えようとしていく[4]。

アメリカの人類学者であるクリフォードのこうした考えは、1990年代に入ってイギリスのカルチュラル・スタディーズ、とりわけイギリス国内における黒人移民の政治的・文化的状況を研究していたスチュアート・ホール(Stuart Hall)やポール・ギルロイ(Paul Gilroy)の議論と共鳴するようになる。イギリスの黒人表現文化と黒人アイデンティティについて考察した「ニュー・エスニシティズ」という論考において、スチュアート・ホールは「黒人」というカテゴリーを真正で本質的なアイデンティティの基盤とすることはできないと論じる。イングランド人であることは白人であることだとする排他的なナショナリティ言説に対抗する文化政治を(例えば音楽や映画といった領域で)黒人文化が生み出していくなかで、本質化された黒人アイデンティティを対置するのではなく、ジェンダーや階級、セクシュアリティなどの要素において様々な差異を内に孕む黒人文化表象が必要であるし、実際にそれが生み出されてきたとホールはいう。すなわちホールは、エスニシティの概念そのものを争点と捉え、人種的に本質化され均質化、平板化されたものではなく、その内部において多様な差異とそのせめぎ合いを含みつつ表象されるような新たなエスニシティ概念を提示したのである(ホール 2014、pp.82-83)。また、ポール・ギルロイはイギリスの文化政治がナショナルな枠組みを前提とした民族絶対主義的な傾向を持つこと、そこでは白人というエスニシティが前提とされ、黒人移民たちのエスニシティと文化は真正な英国性への不法侵入としてみなされる状況を指摘した（ギルロイ 2006、pp.20-21）。そして西洋の近代に対抗する文化形態としてブラック・アトランティックを構想する。これは、近代の国民国家の境界線を越え、大西洋を横断する移動や結びつき、断続、再形成を繰り返してきた黒人たちの歴史的営みを捉えようとする概念である。ギルロイはこの構想の中心的なシンボルとして、「ヨーロッパ、アメリカ、アフリカ、カリブの間を横断して移動する船のイメージ」を据えている（同書、p.15）。奴隷たちが強制的に移動させられた中間航路、アフリカという故郷に回帰し贖罪を得ようとする様々なプロジェクト、黒人知識人や知的アイデアの移動、レコードやミュージシャンの海を越えた流通、そうしたものが船のイメージを呼び起こすのである。

こうして、“ローカル”な文化、あるいはコミュニティをめぐって居住と移動をあらためて考えなおす動きが高まってきた。人々の移動に注目し、特に観光現象の分析で世界的に著名な社会学者ジョン・アーリは、上記のクリフォードやギルロイの議論に強く影響を受けて次のようにいう。

> 居住には様々な方法が見られるが、いったん土地に住まうことを越えてみれば、ほとんどすべての場合において国民社会の境界内の、そして国民社会の境界を越えた、帰属のありようと旅の複雑な関係を併せ持つことになる。実際、人々は多様な移動のなかに住まうといってよい。
>
> （アーリ 2006、p.276、強調原文）

移動のなかに住まう人々、そしてそうした人々が遭遇し共に生きる社会空間。そこでは文化やローカリティは同質的なものであり続けることはできず、接木的な要素を常に取り込みながら複合的に生成されていくだろう。こうした状況を顕著に表しているのが“移民都市”ロンドンである。

3　“移民都市”ロンドンと変容するローカリティ

本章はここまで、グローカリゼーション概念の再検討及び、移動という要素を含んだ文化概念の構築について整理してきた。本節ではロンドンの都市研究において多文化・多人種化するローカリティがどのように捉えられているかを確認していきたい。ここで注目するのがロンドンを主なフィールドとして人種主義、若者文化、都市の多文化化について社会学・カルチュラル・スタディーズの立場から鋭い考察を数多く発表してきたレス・バック（Les Back）の研究群である。バックの研究はスチュアート・ホールやポール・ギルロイから多大な影響を受けており、そこに一貫して流れるのは、エスニックな差異を根拠としてイングランドの白人性を主張しその他のエスニシティを他者化・異分子化するような文化的人種主義（cultural racism）を批判する視点、そして帝国主義という歴史的過去の帰結として生じたイギリスの多文化・多人種化の現実を直視しながらそこにコンビビアリティのビジョンや実践を見いだしていこうとする態度である。本節では1980年代後半の状況を考察した *New Ethnicities and Urban Culture* と、2000年代以降の状況を描いたシャムサー・シンハ（Shamser Sinha）との共著 *Migrant City* をおもに取り上げながら、グローバルな人々の移動によってロンドンのローカリティがいかに変容してきたのかを考えていく。

レス・バックの *New Ethnicities and Urban Culture* は、1980年代後半、ロンドン南東部における多文化状況のなかで暮らす若者たちが人種主義や多文化性をどのように意味付けようとしていたかを描く民族誌である。戦後のイギリスでは旧植民地やコモンウエルスからの移民が増加したが、80年代の保守政権下において、移民たちは“（白人）イングランド人”と文化的に異なっているとする文化的人種主義が生じた。しかし現実の生活を共にする白人の若者と黒人の若者たちは、言語や音楽、ファッションといったお互いの文化的資源を流用し合っていたことをバックは明らかにしている。例えば彼がフィールドワークを行ったリバービュー（仮名）は白人労働者階級が多く居住していた地区であり、大人世代では保守的な人種主義意識が根付いていたが、若者たちの世代では子どもの頃から学校や近隣で移民の友人たちと仲良くしてきたという経験がある。そうすると、親世代が持っている人種による差異化が一時的に機能しない事態が生じるという。彼がインタビューをした15歳の白人少年ロドニーは黒人の文化資源であるレゲエを愛し、同時に白人イングランド人の象徴ともいえるサッカーチーム「ミルウォールFC」のシャツを着る。その地区の大人世代の文化的価値観とは異なり、ロドニーにおいては白人の文化要素と黒人移民の文化要素とが共存し得るのである。バックはこのように若者文化において「肌の色」よりも近隣の仲間意識が一時的に上回り、それに基づいた「私たち」意識が形成される状況を「近隣のナショナリズム」と呼ぶ。

> ある意味で、「肌の色」の重要性を拒否することによって、包摂と排除の定義を、彼ら／彼女らの身近な社会関係が反映されるサイズにまで縮小する試みがなされるのである。そうしてネーションは近隣のサイズにまで小さくなり、ある種の「近隣のナショナリズム」が生まれるのである。(Back 1996, p.53)

さらに、バックがフィールドワークを行ったもう一つの地域サウスゲート(仮名)は比較的早い段階で移民が多く居住し始め、多文化・多人種化が進んでいる地域だったが、そこでは文化的混成がさらに進行しており、保守的な政治言説が語る「白人と黒人の文化は相容れない」という言葉自体が意味をなさない状況だった。サウスゲートでは大人世代の白人も移民の存在を当然視し、移民との調和的共存を望んでいた。そこで育つ白人の若者たちは学校だけでなく親からも人種差別は良くないことだと教育されており、ジャマイカ系のクレオール英語を流用し、レゲエを聞いて、黒人文化が彼ら／彼女らの憧れの対象となった (Back 1996, pp.129-131)。バックはこの地区において、黒人文化に憧れて移民との平和的共存を望む自分が白人であることに苦しみを感じる若者たちの声を記録している。なぜなら彼ら／彼女らにとって、イングランド人であることを排他的に白人性と節合する支配的な言説のせいで、自分の白人性が極右政党の語る移民排除の言説・主体的ポジションと結び付けられてしまうからである（同書 pp.134-7）。こうしてサウスゲートの白人の若者たちはイングランド性に結びついた人種主義に編み込まれないアイデンティティを模索しているとバックは論じた。

こうしたバックの議論は、彼自身が行っているように正当な歴史的背景に位置付けられなければならない。つまり、多くの移民たちが国境を越えてロンドンに到着し居住を始め、都市が多文化・多人種化したのは、そもそも過去のイギリスの帝国主義・植民地主義のためであるということだ（Back & Sinha 2018, p.15, Gilroy 2004, p.110）。すなわち、イギリスの帝国主義・植民地主義の力が世界に及ぶと同時にそれはイギリスとそれらの場所に経路を作り出したのであり、その経路に沿って移民たちはイギリス、ロンドンにやってきたのである。つまり、ロンドンのようなかつての宗主国の大都市に移民が集まり、そのローカリティが変容するという事態は、グローバルな諸力がローカルな諸要素と遭遇し相互作用を引き起こすという「グローカリゼーション」の重要な事例なのである。だがレス・バックがいうようにロンドンの移民問題は今現在の、国内的な出来事として語られる傾向にあり、その結果、ローカルなものは守るべき価値として設定され、グローバルなものはそれを脅かす異物として警戒・排除の対象となる（Back & Sinha 2018, p.39）。しかしながらバックがいうように「ロンドンのような都市はすでにずっと外的な結びつきを持っている」のである（同書 p.39）[5]。そして直ちに捕捉しなければならないのは、この外的結びつきは必ずしも歴史的過去に遡るだけのものではないということだ。それは現在におけるグローバルな経済的搾取、地政学的権力、そして軍事的介入とも結びついている（同書 p.40）。

バックとシンハによる *Migrant City* は 21 世紀のロンドンを考察したものである。周知のように 20 世紀後期以降のイギリスでは新自由主義経済の導入によって製造業が衰退し、とりわけロンドンではサービス業や知識産業、金融業へと産業のシフトが生じた。こうしたセクターでは低賃金の非熟練労働者が必要とされ、その結果多くの移民が流入するようになる。2001 年から 2011 年の 10 年間でロンドンの人口は 100 万人増加したが、その間イギリス生まれの人口は約5万人減少しており、実質的な人口増加は移民によるものだということがわかる。2011年の段階で人口800万人中37%のおよそ300万人が国外生まれの移民であり、こうした新しい移民に特徴的なのは、若い移民が多いこと、そして女性の割合が半数以上であることだ。こうした状況を受けてバックとシンハはロンドンがまさに「移民都市」であるという（Back & Sinha 2018, pp.18-19）。

そうしたグローバルな移民の流入がローカリティと軋轢を起こした事例としてバックとシンハがあげているのが、南ロンドンのマートンに建設された巨大モスクをめぐるものだ。そのモスクは2013年に、ムスリムでは周縁的な位置付けにあるアフマディーヤの礼拝所として、マートンの白人労働者たちの雇用先となっていた乳製品工場の跡地に建設された（**写真3-1、3-2**）。だがこのモスク建築をめぐって地元の住民や、デーヴィッド・グッドハートのような労働者階級支持のジャーナリストが、イギリスの同質的な文化の喪失を嘆いたのである[6]。そこではマートンのモスクは行き過ぎた多文化主義の象徴として、そして移民はコミュニティの崩壊、アイデンティティと帰属感の喪失の象徴として意味付けられた（同書pp.22-23）。つまり、移民というグローバルな力が、マートンのローカリティ（＝白人労働者階級の文化とコミュニティ）に対する脅威として捉えられており、ローカリティは保守すべきものと設定されているわけだ。ここで注意しておくべき二つのことがある。一つは、このグローバル／ローカル関係がロバートソンや上杉のいう中心／周縁関係と必ずしも一致しないことである。上杉のモデルであればグローバル化の始点／中心は欧米であり終点／周縁が非欧米であった。しかしながらグローバルな力（帝国主義・資本主義）はそれが人々の移動の経路を生み出すがゆえに循環し、始点／中心であるはずの欧米が終点／周縁にもなっているのである。すなわちロンドンはグローバリゼーションの終点としてグローカル化しているわけだ。もう一つの点は、マートンのモスクをどのように語るのかということだ。地元住民やグッドハートによれば、マートンという地区はそもそも白人労働者階級が同質的な文化を共有するコミュニティであり、いまやそれが移民の流入という異物によって失われようとしているわけだが、

写真 3-1
マートンのモスク外観
（筆者撮影）

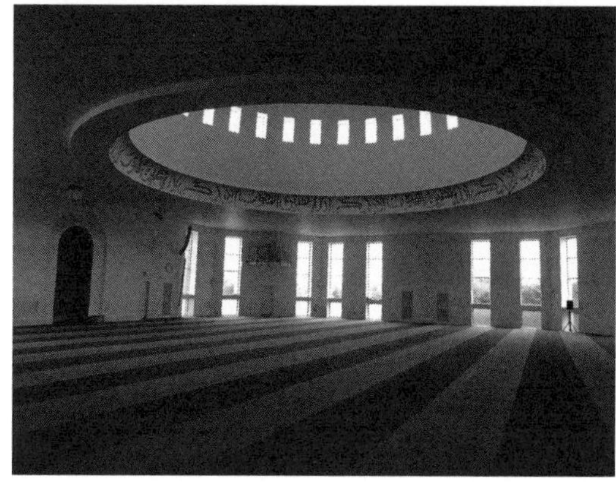

写真 3-2
近代的な礼拝室　毎週金曜日に約１万人の信者が集まり礼拝を行う。筆者撮影

このような語り口はクリフォードが疑問を呈した有機体としての文化概念を前提としている。しかし前節で論じたように文化を接木的なもの、節合体として捉え（太田 2003、p.532）、切断や移植、中断をその内的な構成要素だと考えるならば、マートンのモスクをめぐる別の語り方も存在しうるのである。例えばそれは次のようなものだ。乳製品工場がつぶれて７年もの間、労働者の雇用は失われその場所は薬物中毒者のたまり場になっていた。こうしてマートンは衰退しはじめていたが、モスクが建設されることによって雇用が回復し町がリニューアルされた、と（Back & Sinha 2018, p.23）。こうした生成の語りにおいては、文化やローカリティは必ずしも民族や人種のような本質

化された要素に依拠しないものとなる。グローカリゼーションを、多文化的なローカリティの生成として考えていくことができるのである。

4 コンビビアリティへ

上述のようにレス・バックとシンハの研究は、今現在におけるロンドンの多文化・多人種状況を、帝国主義や植民地主義、そしてグローバル資本主義といった過去から現在に至るグローバルな諸力の帰結としての人々の移動という観点から捉えたものである。だがそれはたんにポストモダン状況における人々の流動性の増大を意味するわけではない。むしろ彼らが強調するのは、人々が境界を越えて移動し結び付くときの不平等性である。すなわち、自分の意思によって自由に移動する人々と、移動の可能性が制限され管理され調整される人々とでは大きな差があるわけだ。バックらはこれを「分断された結びつき（divided connectedness）」と呼び（Back & Sinha 2018, p.2）、この分断された結びつきの世界において、様々な経路を辿って移民としてロンドンに到着した人々がそこでどのように生き抜いてきたかに注目する。そうした実践のなかに彼はコンビビアルな文化、コンビビアルな空間の存在条件を見ていこうとするのである。コンビビアルという概念は、多文化・多人種化するロンドンのような都市においていかに人々が差異と共に生きることを実践しうるかを論じるために、ポール・ギルロイがイヴァン・イリイチから援用したものである（Gilroy 2004、イリイチ 2015）。バックによれば、それはたんに理想化された平和的・調和的な多文化共生を示す理念ではなく、日常的な人種主義やジェンダーや階級の不平等といった諸条件のなかでなお自分の居場所として都市を感じ、生き抜いていく様々な実践の結果として立ち現れる共生である（Back & Sinha 2018, pp. 137-143、バック 2014、第2章）[7]。以下、バックらがあげているいくつかの事例を紹介したい。

フィリピン人女性のジェシリンの移動の物語。フィリピンはIMFへの負債という背景から1995年に法改正を行い、鉱業における海外からの企業進出を認めた。そこに参入したのはオーストラリアとイギリスにベースを置く世界最大の鉱業会社ビリトンであったが、現地において住民への経済的搾取や環境破壊が進み、それに反対する活動家たちも現れるようになる。だが企業進出を後押しする政府は、反対派の住民や活動家を厳しく弾圧するようになり、殺人なども多発するようになった。そうした状況から逃れるためジェシリンはフィリピンを出国することにしたが、そこに介入したのは人身売買のシンジケートだった。彼女はイギリスに来るために数年ものあいだシンジケートが送り込む男性たち（政治家やビジネスマン）とのセックスを強要された[8]。彼女は偽のフィリピン人観光ビザでイギリスに到着し、その後働くために偽のスペイン人ビザを購入した。彼女は偽造パスポートを所持していたことで警察に逮捕され拘留される。だがその拘留こそ彼女をシンジケートから切り離したのであり、同時に学問へと向かわせるきっかけになった。ジェシリンは拘留所でマルクスを読み、ジャマイカ人の友人からイギリスによる植民地化の話を聞く――「なぜ私たちはここに来て住んじゃいけないっていうの？私たちはコモンウエルスなのに」（Back & Sinha 2018, p.50）。彼女は出所したあと大学で政治学や社会学を学び、現在では移民の権利を訴えるキャンペーンを行っている。

　また、アフガニスタンからロンドンに来たアリは、ロンドンに到着するまで2年を費やしたが、難民申請は20分で却下されたという。アリの移動の経路は19世紀における大英帝国のアフガニスタン介入に遡ることができる。軍事的介入が数回にわたって頓挫した後、インドの大英帝国政府はインドとアフガニスタンの間に国境を引いたが、それはアフガニスタンの土地や人口の多くを併合するものだった。アリの祖々父は1902年にイギリス軍として戦った。アリが今“ここ”ロンドンにいるのは、かつてイギリス軍が“そこ”アフガニスタンにいたからである（同書 p.38-39）。アリは移民制度の制約を受けて現在でも大学に通えず就労もできずに福祉支援によって集合住宅に暮らしている。だがそうした制約のなかでなんとかロンドンを「ホーム」にする努力を行っている。彼が入居した当初、隣人たちは彼に敵意を向けていた。そのときアリはこう思ったという。

> ああ、この人たちは知らないんだ。旅もしていないし、違う人間に会ったこともない。僕が初めてなんだ。じゃあ、僕が教えてあげなくちゃ。コミュニティのなかでどのように生きたらいいか、みんなを愛しお互いを大切にすること、仲間になること、一生懸命働くこと、人生はそういうものだということをね。あと、部屋を掃除すること。いつも言ってきたよ。(同書 p.142)

働くことができないアリは、そのうち「なんでも屋」として積極的に近所のお手伝いをするようになり、集合住宅の人々と仲良くなっていく。ある白人男性は彼に犬をプレゼントし、アリはそれを大切に飼っている。元兵士だった老婆の庭を掃除する。アリは壊れたベッドを使ってベンチを作り、共同の庭にそれを設置した。みんながそこでくつろげるようにするためだ。その住民たちはアリをのぞいてすべてロンドン生まれだが、それはイングランドの白人だけではなくインド系、ユダヤ系、ジャマイカ系、南アフリカ系、フィリピン系といった様々な移動の痕跡からなる多文化的コミュニティなのである（同書 p.142）。

こうした移民たちのローカルな実践は、一方において帝国主義やグローバル資本主義といった巨大でグローバルな権力をその出発点とするものである。グローバルな諸力は境界を越えて移動するときそこに経路を生み出す。その経路に沿って、人々は（名もなき人々も含め）移動し、居住しはじめる。そしてその場所のローカリティは書き換えられていく。民族的同質性といった幻想に執着すれば、多文化という明らかな現実（まさしくグローカリゼーションである）を受け入れず、変わりゆくローカリティを文化の喪失としてノスタルジックに嘆くことになる。そうではなく、過去から現在に続く世界史的な遺産である多文化の現実を、接木され生成されていく新たなローカリティとして受け入れ、そこにコンビビアリティの諸実践を見出していくこと。それがレス・バックの研究が示す方向性である。

おわりに

かつて日本のビジネスマンの常套句として、国際的に活躍したいならまず自国のことをよく知りなさい、すなわち日本人のアイデンティティをしっかりと持つことが国際人の条件である、というものがあった。「ローカルにしてグローバル」という掛け声は実のところローカル（ナショナル）・アイデンティティへの固執を意味していたのである。だがバックらが紹介するジージーの物語は全く異なる移動とアイデンティティのあり方を示してくれる。彼女は1985年にソマリアのモガディシュで生まれた。父はイエメン出身で母はトルコ系だった。当時モガディシュはイタリアの支配下であり、彼女はアラビア語とイタリア語を話した。彼女の家族は戦争を逃れるため離散しながら様々な土地を転々とし、ジージーは1999年にロンドンにたどり着いた。東ロンドン・ニューハムに住む彼女は自分をアラブ人だと自認しているが、アラブの土地（例えば彼女が暮らしていたドバイ）をもはや「ホーム」だと感じられないという。彼女の移動の経験は彼女をオープンにし、人生を別のあり方で見つめることを可能にした。そしていまや、多文化的な町ニューハムこそが、彼女のホームであるという（Back & Sinha 2018, pp.112-9）。

本論はロンドンの事例をあげて多文化的コンビビアリティへ向かうグローカリゼーションを論じてきた。もちろんスチュワート・ホールやポール・ギルロイ、レス・バック以外にも、多くの研究が生み出されている（Hall 2014、Rhys-Taylor 2014など）。また同時に、本論の問題関心が、日本の都市研究にも通じることは明らかだろう。東京上野の多文化状況とその複雑性を論じた五十嵐（2010）や、日本在住のブラジル人女性たちの実践を描いた渡会（2016）、さらに岡山という「ジモト」で在日コリアンとの共生のあり方を模索した川端（2013）などがその好例である。さらに、ニューメディアの発達によってローカルな場所のただなかで人々の生が瞬時にグローバルに結び付く状況が生まれたことも明らかである。今ここで生きている自分と、別の場所で生きている家族や友人たちはデバイスを通じて喜びも悲しみも同時に共有できる。そうした状況は、移動のなかに生きる人々にとって新たなかたちの喪失や望郷の感覚、つながりの感覚、そしてアイデンティティをもたらすかもしれない（イシ 2011、玄 2011、Back & Sinha 2018, pp.107-112）。こうしてグローカリゼーションはそれぞれの場所や力、人々の相互関係性をますます複雑化しているのである。グローバルな諸権力の歴史的痕跡、そうした痕跡を経路として移動し居住する人々、そしてそれに伴って変容するローカリティ。コンビビアルな実践はそうした空間のただなかで一時的に生成されてはまた姿を消す（バック 2014、pp.52-61）。グローカル研究がその社会的意義を持ちうるとすれば、そうしたコンビビアルな実践をグローカリゼーションの産物として掬い取り、多文化的な未来への資源として提示することにかかっているのではないだろうか。

注

1　ここではゴーシュの描く村人の旅が「男性の旅」に中心化されていることを受けて、あえて「彼ら」と記述している（クリフォード 2002、p.15）。

2　例えば 19 世紀末より始まったオリンピック・ムーブメントもその一つである。国際オリンピック委員会は各国に国内を統括するオリンピック委員会を設置させ「国家代表」を選出させることによって、想像の共同体としての国民形成を後押しすることになった。

3　クリフォードはこれをローカル化の戦略と呼ぶ（クリフォード 2002、p.31）。

4　人類学者太田好信は日本におけるクリフォード解釈が「真正な文化」の虚構性を強調するポストモダン人類学という理解に偏っていたことを批判している。太田によれば、クリフォードは「異種混淆の文化形態、それ自体を重要視しているというよりも、人類学の「研究対象」となってきた人々の文化を生みだそうとする創造的努力をより重くみている」という（太田 1998、p.220）。したがって文化の概念にその構成要素として移動や断続、再創造を包含することが強調されるのは、（ポストコロニアル状況において）文化が語られるその世俗的かつ政治的な文脈において意義を持つからである。

5　白人イングランド人の移民嫌悪感情についてポール・ギルロイはポストコロニアル・メランコリアという概念を用いて以下のように論じる。世界的な覇権を失ったイギリス人は帝国という過去の栄光に執着すると同時に現在の多文化性を否認するが、移民の存在は彼らが誇らしいと感じる大英帝国が実は植民地的暴力に満ちていたことを思い出させる。したがって、トラウマ的な現実の証人である移民たちをナショナル・アイデンティティに組み込めず、彼らを暴力的に排除することによって民族の純粋性を保とうとするのである。Gilroy 2004，pp. 110-111 を参照。

6　2019年11月19日に筆者がモスクを訪れた際に通信担当の若者に聞いたところでは、当時はイギリス在住のムスリム主流派からも批判を受けたとのことだった。

7　したがって、バックらが考えるロンドンの多様性を、ジェラード・デランティのいうトランスナショナル・コミュニティとして理念的に捉えるのは（部分的には重なるとしても）難しそうである（デランティ 2006、pp.220-9）。

8　グローバル企業のフィリピンへの進出は、フィリピンから先進国への逆方向の人々の移動を生み出すことになる。国家政策としてフィリピン人女性たちが「スーパーメイド」としてステレオタイプ化され海外向けの「商品」とされたのである (Back & Sinha 2018, 48)。

参考文献

Back, Les (1996) *New Ethnicities and Urban Culture: racism and multiculture in young lives*, UCL Press.

Back, Les. & Sinha, Shamser (2018) *Migrant City*, Routledge.

Gilroy, Paul (2004) *After Empire: Melancholia or Convivial Culture?* , Routledge.

Hall, Suzanne, M. (2014) "Emotion, Location and Urban Regeneration: the resonance of marginalized cosmopolitanisms," in Jones, H. & Jackson, E. (eds.) *Stories of Cosmopolitan Belonging*, Routledge, pp.31-43.

Rhys-Taylor, Alex (2014) "Intersemiotic Fruit: Mangoes, Multiculture and the City," in Jones, H. & Jackson, E. (eds.) *Stories of Cosmopolitan Belonging*, Routledge, pp.44-56.

Robertson, Roland (2003) "Globalisation or glocalisation?", in Robertson, R. & White, K. E. (eds.) *Globalization: Critical Concept of Sociology Vol. III*, Routledge, pp. 31-51.

— (2019) *Revisiting Glocalization in Japan: Two Lectures by R. Robertson*, Uesugi and Takae (ed.), Center for Glocal Studies, Seijo University.

アーリ，ジョン（2006）『社会を越える社会学』、吉原直樹監訳、法政大学出版局.

五十嵐泰正（2010）「「地域イメージ」、コミュニティ、外国人」、岩渕功一編『多文化社会の〈文化〉を問う』、青弓社、86-115頁.

イシ、アンジェロ（2011）「在外ブラジル人ディアスポラとメディア――テレビとそのオーディエンスのトランスナショナルな戦略を中心に」、『マス・コミュニケーション研究』79巻、63-84頁.

イリイチ、イヴァン（2015）『コンヴィヴィアリティのための道具』、渡辺京二・渡辺梨佐訳、ちくま学芸文庫.

上杉富之（2011）「グローカリゼーションと越境――グローカル研究で読み解く社会と文化」、上杉富之編『グローカリゼーションと越境』（グローカル研究叢書）成城大学民俗学研究所グローカル研究センター、3-19頁.

――――（2014）「グローバル研究を超えて―グローカル研究の構想と今日的意義について―」、『グローカル研究』No.1、1-20頁.

大住広人（1999）『ザビエルとヤジロウの旅』、葦書房.

太田好信（1998）『トランスポジションの思想』、世界思想社.
―――（2001）『民族誌的近代への介入』、人文書院.
―――（2003）「解説　批判的人類学の系譜」、クリフォード（2003）所収.
小田亮（2010）「グローカリゼーションと共同性」、小田亮編『グローカリゼーションと共同性』所収、成城大学民俗学研究所グローカル研究センター、1-42 頁.
河合優子（2016）「多文化社会と異文化コミュニケーションを捉える視点としての「交錯」」、河合優子編『交錯する多文化社会』所収、ナカニシヤ出版、1-26 頁.
川端浩平（2013）『ジモトを歩く――身近な世界のエスノグラフィー』、お茶の水書房.
岸野久（2015）『ザビエルと東アジア――パイオニアとしての任務と軌跡――』、吉川弘文堂.
ギルロイ，ポール（2006）『ブラック・アトランティック：近代性と二重意識』、上野俊哉他訳、月曜社.
クリフォード、ジェイムズ（2002）『ルーツ：20 世紀後期の旅と翻訳』、毛利嘉孝他訳、月曜社.
―――（2003）『文化の窮状　二十世紀の民族誌、文学、芸術』、太田好信他訳、人文書院.
玄武岩（2011）「コリアン・ネットワークから見るディアスポラ・メディア研究の地平」、『マス・コミュニケーション研究』79 巻、27-44 頁.
デランティ、ジェラード（2006）『コミュニティ　グローバル化と社会理論の変容』、山之内靖・伊藤茂訳、NTT 出版.
ネグリ、アントニオ＆ハート，マイケル（2003）『〈帝国〉――グローバル化の世界秩序とマルチチュードの可能性』、水嶋一憲ほか訳、以文社.
バック、レス（2014）『耳を傾ける技術』、有元健訳、せりか書房.
平松守彦（2006）『地方自立への政策と戦略』東洋経済新報社.
ホール、スチュアート（2014）「ニュー・エスニシティズ」、『現代思想』Vol.42-5 所収、大熊高明訳、pp.80-89.
山崎朋子（2008）『サンダカン八番娼館』、文春文庫.
渡会環（2016）「メイクアップされるブラジル人女性の生活世界」、河合優子編『交錯する多文化社会』所収、ナカニシヤ出版、84-118 頁.

第 4 章 「繋ぎなおし」としての「越境」

――サイバー空間におけるアクターネットワークの構築と実践――

標葉隆馬・青山征彦・山本敦久

はじめに――分断がすすむ社会のなかで

現在、世界的に社会的な分断が進みつつある。ピュー研究所によるアメリカの世論状況の調査例を見るならば、民主党支持あるいは共和党支持かに代表される政治思想の違いによって、貧困層に対する意見、政府の役割、国家安全保障（軍事強化）、同性愛、銃規制、環境政策、移民政策などに対する意見において相違があり、そして年を追うごとにその意見の乖離が進んでいることが示されている（Pew Research Center 2017）。

またより近年の調査でもアメリカ世論の分断の進行は指摘されており、白人層・黒人層・ヒスパニック層における社会安全に対する意識の差異、また支持政党による優先政策課題の差異が指摘されている。とりわけ、経済、健康保険料、教育、テロリズム、貧困対策、移民問題、環境政策、気候変動などに対する意識において大きな差異が見て取れる（Pew Research Center 2019）。

このような分断状況は、インターネット空間、とりわけ Twitter や Facebook に代表されるソーシャル・ネットワーキング・サービス（Social Networking Service: SNS）上においてより顕著に見出すことができる。キャス・サンスティーンは、2001 年の時点で、その著書『インターネットは民主主義の敵か』のなかで、インターネット空間のなかでは、同質の声が固定・強化されていくことを喝破し、そのような現象を「エコーチャンバー」と表現している（Sunstein 2001=2003）。しかして、その後の研究は、インターネット上において、エコーチャンバーは益々強化され、分断状況は改善されるどころか悪化の一途であることを示してきた。エコーチャンバーの実態に関する研究例はすでに数多くなされており、その全てを網羅することは紙幅としても、筆者らの力量も超えるものであるものの、その一部を紹介するだけでも、この状況を理解する上での助けとなるだろう。

レイザーらは、アメリカにおける民主党支持者・共和党支持者・無党派層のブログのトラックバックに関するリンクネットワークの分析から、既にして二つの政党支持者間でリンクのネットワークが分断されており、無党派層のブログが乖離した二つのリンクネットワークをつなぐ構造になっていることを可視化している（Lazer et al. 2009）。

このような分断状況は、SNS においても同様である。Facebook におけるコメントシェアは、各派の内容のものに著しく偏っている（Bakshy et al. 2015）。また、Twitter に関する分析例としては、ウィリアムらによる分析例がある。彼らは、同性婚、銃規制、地球温暖化という政治的信条が意見に大きく影響する議題について、102,323 アカウントの 563,312 ツイートのデータを解析し、民主党支持者と共和党支持者のアカウント間における Retweet（RT）傾向の分析と RT ネットワークの可視化を行った。その結果、各政党支持者の間で RT ネットワークが分断構造を示していることを明らかにすると共に、感情語が入ったツイートの方がより拡散されやすいこと、自分とグループ内で RT される可能性がより高いことを明らかとした（William et al. 2017）。これは、SNS が、同じ指向性の感情で繋がるネットワーク（感情公共圏）という性格を強く持つメディアであり、それがエコーチャンバーを強化していく背景であることを示している。このように社会的分断の分析は、情報科学的な解析によって既にして枚挙に暇がないほどに積み重ねられてきた。

この状況は日本においても例外ではない。東日本大震災以降、一時の「災害ユートピア」（Solnit 2009=2010）を経て、日本社会は分断へと進んできた。例えば、早稲田大学の田中幹人らのグループは、Twitter 上における Retweet に関する共引用分析から、とりわけ福島第一原子力発電所の過酷事故をめぐり、SNS 上における分断は時間と共にその度合いを増してきたことを可視化している（Valaskiv et al. 2019）。また、遠藤薫を中心とした日本人のソーシャルメディア利用とその意識に関する大規模調査では、日本におけるソーシャルメディアと社会関係資本の関係性についての分析と考察が試みられている（遠藤 2018; 与謝野 2018; 数土 2018）。その一連の研究のなかで、瀧川（2018）は、日本における各政党党首に関する Twitter フォロワー間におけるフォロー・フォロワー関係の量的分析から、支持政党毎にそのネットワークが分断されている状況を指摘している。

このような分断が進む状況、とりわけインターネット上で進む分断は、今後も、厳然たる事実として認めた上での議論が求められる。この避けがたい分断のなかで、我々はどのような希望を見出すことができるのだろうか。塩原（2017）は、ナショナリズム的な分断事例に注目しながら、そのような分断を超克するためのキーワードとして「越境」そして「想像力の発露」を指摘している。

この主題に関連して、西原和久は、移民や多文化共生などのテーマへの関心をベースとしながら、人の「移動」に注目したトランスナショナリズム論から、パーソナル・ローカル・ナショナル・リージョナル・グローバルという階梯を超える様々な「越境」の可能性を論じている。ここで西原は、社会的な移動、そして空間だけでなく時間的な移動に注目することの重要性を強調しているが、ここで強調すべきはこのような移動がグローバル化の進展に伴い、時間的スケールが益々短縮されて進みつつあることである（西原 2016, 2017, 2018）。西原（2018）が述懐するように、国家という枠組みでは捉えきれないスケールと速度で人の繋がりの形は拡大・変質しつつある。この点において、筆者らは西原の視点に同意するものである。

そして、ここで提起しておきたい問いは、その人々の繋がりの拡大と変質に呼応するかのように、分断もまた加速し、変質しているのではないかということである。すなわち、「越境」にせよ、「分断」にせよ、いずれの場合においても国家（ナショナル）という枠組み自体を乗り越えて未来を展望する視点が希求されるということであろう。

1　ローカルとグローバルという空間を越えて
――インターネットが駆動する「想像の共同体」

現代における「越境」の諸相を詳らかにするためには、パーソナル・ローカル・ナショナル・リージョナル・グローバルという階梯を超えた議論の枠組みが必要となる。そこで、以降の議論のスタート地点として、まずはローカルとグローバルという二分法を越える議論の土台について簡単に検討を加えておくことにしたい[1]。このローカルとグローバルという二分法を越える観点を考える上で、アルジュン・アパデュライの議論は重要な示唆を与える基本参照点である。アパデュライは、『さまよえる近代』のなかで、地域性と移動に関して次のように指摘する[2]。

> われわれが目の当たりにしているのは、移動するイメージと脱領土化したオーディエンスとの邂逅である。ここから創出されるのが、ディアスポラの公共圏（diasporic public sphere）である。この現象は、重大な社会変動の主たる調整役として国民―国家を依然として特別視する理論を困惑させている。（Appadurai 1996=2004, pp.20-21）

現代の特徴は、国民―国家という概念に収まらないグローバルなレベルでの人々の移動にある。アパデュライは、ローカリティを「感情の構造や社会生活の属性、状況付けられた共同体のイデオロギー」（p. 336）として捉えた上で、それが現代では非常に脆いものであり、いつでも瓦解しうることを指摘する。その上でグローバル・ナショナル・ローカルを関係付ける枠組みはまだ登場していないという前提のもと、ローカリティの生産について次のように指摘する。

> ローカリティの生産はいまや、脱領土化（Deleuze and Guattari 1987）を遂げ、ディアスポラ的で、トランスナショナルな様相を呈するようになった世界で執り行われるようになった。この世界では、電子メディ

アが情報とメディア化の関係を変容しつつあると共に、国民—国家が、サブナショナル、もしくはトランスナショナルな数多の運動や組織に直面するなか、その成員に対する管理を維持しようともがいている。（Appadurai 1996=2004, p.335）

つまり、ローカリティとは、その地域性や共同体で共有される「想像」を前提としながらも、その生産・維持・瓦解のサイクルが容易かつ繰り返しながら生成されるものでもある。この指摘に重ねて、アパデュライは、インターネットの隆盛とグローバルな移動が、「想像力の作動を駆り立てる（そしてときには強制する）力」（Appadurai 1996=2004, p.21）であると指摘する[3]。この想像力とグローバル社会における脱領土化、敢えて言うなれば、「ローカル」の喪失について、やや長いもののアパデュライの見解が端的に現れている部分を引用しておきたい。

私としては、次のように提起してみたい。想像力と社会生活の結びつきは、グローバルで脱領土的になりつつあるのだ、と。それゆえ、現実的もしくは日常的な生活を表象する者たちは、社会生活の生きられた個別性について認識論上の特権を有しているという主張を慎まなければならない。むしろ、民族誌は、巨大な想像上の生活可能性がある特定の生活の軌道に対して行使する力を照らし出す、表象をめぐるあの実践として、自らを再定義しなければならない。ここにも確かに、厚みが伴っているのだが、しかし、ある一つの違いがある。というのも、日常生活が今日、所与の事物ではなく、メディアが（直接もしくは間接に）入手可能だとほのめかす可能性によって刺激されることの方が多い、という事実に対してこの厚みは注意を喚起するからである。言い換えると、ブルデューのハビトゥス概念は、いまだ部分的にその効力を保っているとはいえ、強調されるべきは、彼の即興という概念なのである（Bourdieu 1977）。というのも、即興はもはや比較的限定された一群の思考可能な態度のなかで生じるのではなく、つねに横滑りしつつ突然に

> 立ち現れ、マスメディア化された大きな物語を巡る想像上の展望によって刺激されているからである。生活世界のグローバルな条件が、全面的に変化してしまったのである。(Appadurai 1996=2004, p.109)

ここで重要であるのが、「想像」を巡る実践は、グローバルな文化的プロセスの新たなる重要な要素として「社会的実践としての想像力」への視座を伴うことになる点である。

> 他ならぬ想像力こそが、社会的実践を編成する領域、(賃金労働と文化的に編成された実践という両方の意味における) 労働の形式、行為性 (エージェンシー) (個人) の現場とグローバルに規定された可能性の領野とが交渉する形式となったのだ。(Appadurai 1996=2004, pp.66-67)

はたしてアパデュライは、グローバル時代における文化の在り様を、「複合的で重層的、かつ乖離的 (disjunctive) な秩序」と捉え、その問題の中心を文化の同質化と異質化の間の緊張関係にあると指摘する (Appadurai 1996=2004, pp.67-69)。

そして、このような文化動態の構造を考察するために、(1) エスノスケープ［民族の地景]、(2) メディアスケープ［メディアの地景]、(3) テクノスケープ［技術の地景]、(4) ファイナンスケープ［資本の地景]、そして (5) イデオスケープ［観念の地景］という五つの次元に注目し (**表 4-1** 参照)、その各ランドスケープ間における連関とズレに注目することを促している。

ここで重要なのは、五つのランドスケープの関係性は、あくまで多様な行為者[4]が置かれた歴史的・言語的・政治的文脈のなかで構築され、また屈折していくものであり、またその行為者自体が一群のランドスケープが宿る場所でもあるというアパデュライの指摘である (Appadurai 1996=2004, pp.69-70)。ゆえに、アパデュライは次のように述べる。

> ランドスケープは、結局のところ、自らよりも規模の大きな組織体

表 4-1 アパデュライによる五つのランドスケープとその概要

ランドスケープ	概　要
エスノスケープ ［民族の地景］	旅行者、移民、難民、亡命者、外国人労働者といった移動する集団や個人が、世界の本質的な特徴をなし、国家や国家間の政治に対して大きな影響を与えている。今日の変転する世界を醸成する諸個人のランドスケープ。
テクノスケープ ［技術の地景］	テクノロジーのグローバルかつ流動的な布置。流動を拒む機能をもっていたはずの多様な境界を越えてテクノロジーが高速移動している事態。
ファイナスケープ ［資本の地景］	急速に移動するグローバル資本。通貨市場、国債市場、商品投機による巨大資本の急速な流出入。エスノスケープ、テクノスケープ、ファイナスケープのグローバルな関係は、深層では乖離的で予測不可能である。
メディアスケープ ［メディアの地景］	新聞社や出版社、テレビ局、映画撮影所など情報を生産・配信する電子的能力の配分。メディアによって創造される世界についてのイメージ。メディアが世界の視聴者に提供するイメージ、物語、エスノスケープの目録が大規模で複雑であるために、その目録のなかで商品の世界・ニュース・政治の世界とが分かち難く混在する。
イデオスケープ ［概念の地景］	啓蒙主義的世界観に関するイメージの連鎖（自由、福祉、権利、主権、代表、民主主義などの一連の観念や語彙に関する大きな物語）。多くの場合、政治的・国家のイデオロギー・国家権力またはその一部の獲得という明確な方向性をもった運動の対抗イデオロギーを取り上げることになる。

（Appadurai 1996=2004, pp.70-76 を基に筆者作成）

を経験し、なおかつそれを構成してもいる行為性エージェントが、ランドスケープが差し出すものを自ら知覚することによって、操作するものであるからだ。(Appadurai 1996=2004, pp.69-70)

アパデュライは、これらの五つランドスケープが、「想像の世界」を支える基盤となると論じている (p. 70)。ここでアパデュライが言う「想像の世界」は、もちろんベネディクト・アンダーソンの「想像の共同体」(Anderson 1983=1997) の議論を敷衍したものである。紙幅の限界もあることから、アンダーソンの議論をここで包括的に論じることはしないが、「想像の共同体」を生み出す多様な要素のなかでも、メディアを通じた「想像」の共有が大きな力を持つことはここでも強調しておくべき事柄であると言える。

そして先に見たアパデュライの指摘にも繋がる事柄であるが、マスメディアが持つこの「想像」の共有に関する影響力は、アパデュライが「情操の共同体（Community of sentiment）」と呼ぶ事象を協働で想像・感受する集団の構築を促す（Appadurai 1996=2004, pp.27-28）。そして、これは、マスメディアに限らず、インターネットをはじめとする電子メディアの爆発的な普及においても同様であると言える。そして、このことは、インターネットが、（特に負の）「感情」をより早く・広く・深く媒介・拡散する「エコーチャンバー」であるというこれまでの多くの証拠ともつなげて考えるべき事柄であろう。このマスメディアとインターネットの相乗効果のなかで、先に論じたエコーチャンバーのような分断的状況が益々進行しているのが現代社会である（McCombs 2014=2018）。マコームズの分析に依拠するならば、マスメディアの影響力自体は失われていない。むしろ影響力を増している。この益々拡大するマスメディアの力に追加される形で、インターネットによる「想像」の共有の力が上乗せされている考える方が妥当であるだろう。

ここでジェラード・ディランディの指摘を併せて見ておきたい。ディランディは、『コミュニティ―グローバル化と社会理論の変容』のなかで、ヴァーチャル・コミュニティの特徴についての分析を試みている（Delanty 2003=2006）。ディランティは、サイバーコミュニティやヴァーチャル・コミュニティについて以下のように指摘する。

> 新たな社会集団を生み出している。それらの集団は多形的であって、高度に個人化されており、表現力に富んでいる場合が多いが、それだけでなく、より伝統的な形態をとり、家族や農村部、さらには政治運動までをも再構成することができる。（Delanty 2003=2006, p.234）

すなわち、場所・地域性（ローカリティ）・象徴的な絆の内容が失われ、オンラインでのコミュニケーションを行う当事者達以外には、現実性を持たない社会関係が構築される。そのため、コミュニティは帰属するものではなく、コミュニケーションのプロセスによって支えられる流動的かつ一時的な社会関係となる（Delanty 2003=2006, pp.234-239）。ネット上において生滅を繰り返すネットトライブ（net tribe）においては、その都度ローカルルール・規範の生成・共有がなされているのである。

その上で、ここで強調しておかねばならないのは、ヴァーチャル・コミュニティは、既存の伝統的コミュニティと並行して存在し、それぞれのコミュニティが持つ現実が重なり合う形で構築されていくことである。そして、むしろローカリティの性格が最も端的に生じるのは、むしろネットコミュニティであるとすら言える。

2 分断を超えて、「繋ぎなおし」に注目する
——アクターネットワーク理論の視点から

このアパデュライやディランティが指摘したようなヴァーチャルな空間の特性、拡大し続けるインターネット空間における共同体とそのローカリティの性質について、前節で触れた「越境」の議論、そしてブリュノ・ラトゥール（Bruno Latour）のアクターネットワーク論（Actor Network Theory: ANT）の議論とを組み合わせて見ていくことにしたい（e.g. Latour 2005=2019）。

ANT は、科学人類学者であるブリュノ・ラトゥール（Bruno Latour）、ミシェル・カロン（Michel Callon）などを中心に、1980 年代から頻繁に議論されるようになったアプローチである。ラトゥールは、従来の社会学がア・プリオリに社会というものを措定していたことを批判した上で、グループや、グループ間の関係がどのように再編されていくかをたんねんに追いかけることによって、社会の成り立ちを明確にできると論じている。

例えば、カロンによる初期の論文では、フランスにおけるホタテ貝の養殖について、地元の漁師、日本の養殖技術者、そして当のホタテがどのように相互の関係を変化させたかをていねいに記述している。こうした記述によって、社会をあらかじめ措定された、いわばブラックボックス的な何かとせずに、具体的に記述できるというのが、アクターネットワーク理論の主張である（Callon 1986）。

ラトゥールらに代表される論者達は、ネットワークというメタファーによって社会を描き出そうとしているわけだが、このことはネットワークをつなぎなおすことによって、新しい社会のありようが可能になることを含意するはずである。このことについて、ラトゥールは以下のように述べている。

> つまり、ANTが主張しているように、社会的な景色はフラットな「ネットワーク状の」地形を有しており、社会を作り上げる諸要素が小さな導管内を移動しているとすれば、そうした回路の網の目の「合間には何があるのか」という問いだ。このために、ネットのメタファーは、多くの欠陥があるにかかわらず、有力なのである。実体、面、領域、圏域が、自らが束ねて輪郭を定めるものを全部ふさいでしまうのとは対照的に、ネット、ネットワーク、ワークネットは、結び付けていないものはすべて「未接続」のままにしている。ネットは、何よりもまず、空いた空間でできているのではないか。「社会的なコンテクスト」のように大きくて包括的なものを、地下鉄やガスパイプのように辺り一帯を移動させられるようになれば、すぐに次の問いが避けられないものになる。つまり、どういったものが、そうした細長い循環と接触して「いない」のか、あるいは接続されて「いない」のか、という問いである。(Latour 2005=2019, p.459)

こうしたアプローチに立つならば、人間のエージェンシー（行為可能性）は、他者やモノと織り成すネットワークに内在すること、新たなエージェンシーを生み出すには、既存のネットワークに接続されていない要素を含めた、ネットワークの組み直しが必要であることがわかる。

このような視点を踏まえるならば、社会的分断を超克する「越境」は、「人々・モノ・情報・行為・想像といった多様なアクターを巡るネットワークの新たな繋ぎなおし」と捉えることができる。そこで本章では、この社会的分断を超える「越境」を「人々・モノ・情報・行為・想像といった多様なアクターを巡るネットワークの新たな繋ぎなおし」として再定置し、その上で、時間的・空間的・文脈的な境界と分断を超える「繋ぎなおし」の可能性を、インターネット空間に生じつつある新しい共同体に見出してみたい。

インターネットはエコーチャンバーとしての性格を色濃く持っていることは上述の通りである。ラトゥールの示唆に基づけば、こうした状況を変えうるのは、インターネットをめぐってすでに生じている結び付きをほどき、結びなおすことによってしかなしえない。そこで、以下では、インターネット空間の「新たな繋がりを生む」場所としての可能性に絞ってみていくことにしたい。そこは、「分断が進む場所」であると同時に、空間・時間・言語を越えながらもむしろ「ローカル」な繋がりを見出すことのできるグローバルな場であり、まさしく多くの「越境」が行われている場でもある。

3 ネットワークとグローカリゼーション

ニュージーランドのスポーツ社会学者であるホーリー・ソープとニダ・アマドは、パルクールと呼ばれる新しいアクションスポーツのグローバルな流通と国境を越えたネットワークに注目し、興味深い研究を提起している(Thorpe & Ahmed 2015)。パルクールとは、障害物のあるコースを、よじ登ったり飛び降りたりしながらスピーディーかつアクロバティックに移動するものである。ソープらは、中東に暮らす若者たちの間でのパルクールの人気の高まりに焦点をあて、地域、国家、仮想空間上の境界を越境する若者の文化的言説、製品、動画に関する事例研究を理論とつなぐ研究を行っている。ローカルな文脈に生きる若者がアクションスポーツを「特定のニーズ、信念、習慣に合わせて」適応及び再定義するその方法について論じている(Giulianotti and Robertson 2004, p.546; Robertson 1992,1995; Robertson and White 2003)。ソープの研究が提起する重要なことは、世界各地の若者たちがSNSやYouTubeといったソーシャルメディアを駆使してネットワークを作り出し、分断されていた社会関係や従来であれば繋がりようもなかった人々が特定のサブカルチャーを通じて繋がるという点である。ソープは、ガザの若者たちがパルクールという新しいアクションスポーツと新しいソーシャルメディアを使用して、政治的変化と連帯を呼びかける方法を明らかにしている。中東におけるアクションスポーツの広がりに注目することで、ソープとアマドは、グローバル、ローカル、及びヴァーチャルな地理における複雑な権力のネットワーク内で空間をめぐって折衝する若者のエージェンシーを明らかにしている。

ソープとアマドは、ロバートソンの「グローカリゼーション」の過程に注目し、ローカルな文脈のなかで、若者たちがグローバルなプロダクトを特定のニーズ、信念、慣習に合わせて適応し、流用し、再定義する方法に焦点化している。彼らは、中東諸国の若者たちのスポーツ的なインスピレーションと世界中の愛好家との繋がりのための電子メディアの使用を検討している。ガザのパルクールの事例を通じて、ガザの若者たちがローカルなコミュニティにおいてこの都市スポーツを実践し、国境を越えたパルクールネットワークを介して他の愛好家と通信することで、物理的及び仮想的な（一時的な）現実逃避、政治的アクティヴィズム、及びオルタナティヴな生活様式を生み出していくプロセスを描いている（Thorpe & Ahmed 2015）。

4　インターネットとパルクール

一部の研究はパルクールの実践とインターネットとの「弁証法的なつながり」について論じている（Kidder 2012: 2)。実際に、インターネットと新しいソーシャルメディアは、パルクールのグローバルな普及と、ローカルな文脈の参加者が自分たちもより広範なムーヴメントの一部であると感じるような、超越的な想像力の生成に重要な役割を果たしてきた。キッダーは、インターネットや他のメディアを通じて利用可能なグローバル化されたアイデアや動画を特定のローカルで実践する方法について論じている（Kidder 2012, p.1)。彼は、パルクールの実践者を、「即時的、物理的世界に従事」しつつ、「画面上の生活によって可能になった想像力を同時に引き出す」（Kidder 2012, p.2）と説明している。

仮想世界が、個人の都市の物理的空間を理解し利用する方法を変化させていることを考慮しなければならない。デジタルメディアは、参加者がトランスローカルに、また一部の国境を越えて繋がる重要なコミュニケーション手段である。それは、参加者が活動とその文化を「パフォーマンスと自己表現の創造的な形式、起業家活動の可能性」として学ぶ機会なのである（Gilchrist and Wheaton 2013）。

5　YouTube、Twitter、Facebook——国境を越えたパルクールネットワーク

貧困状態のなかで、ガザン（Gazan）の住民はインターネットと通信へのアクセスが非常に高いレベルにある。2011 年のパレスチナ自治区に暮らす世帯の 95％が携帯電話を所有していた。インターネットへの若者の関与の増加は最も注目に値し、2004 年から 2011 年の間にメールアカウントが 5 倍（46.5％）増加した。ただし、インターネットの使用は断続的であり、定期的な停電、及びインターネット監視、検閲、情報管理の脅威がある。しかし、情報の自由を信じる組織である Telecomix などの国際グループからの支援により、ガザンの住民はブロードバンドサービスを維持するための代替手段を見つけている（McGuire 2012）。

技術に精通した若い世代のガザン住民の一部として、PK ガザの創設者は、パルクールの実践におけるインターネットの可能性を明確に認識している。ソープらによるインタビューによれば、YouTube、Facebook、Twitter はスキルを示し、パレスチナが存在し、生命と愛と平和を結ぶ世界であることを表現するメディアとなっている。

> 携帯電話で自分自身を撮影し、YouTube に動画を掲載する若者もいる。若者たちは借りたカメラを使用して安価なコンピューターで映像を編集して、より高度な撮影技術を開発し続けた。PK ガザと彼らのフリーランニング Facebook ページには、世界中から約 4,000 人のフォロワーがおり、PK ガザのメンバーが中東及び世界中のパルクール愛好家とチャット（ほとんどアラビア語）するためのスペースを提供している

(Farrell 2011)。このグループはまた、数万回以上視聴されたYouTubeビデオを投稿している。FacebookとYouTubeはどちらも、ガザ地区の境界を越えた若者との交流と対話の重要な場所となっている。

PKガザの参加者が直面する日常的なリスクを明らかにするビデオも世界中に拡散されている。「痛みはあるが希望がある」というタイトルの短いビデオは、世界中のニュースサイトに投稿され、リンクされた。オリジナルのYouTubeビデオは15万回以上視聴されている。

このビデオは、ガザ地区で起こっていることのすべて―施設の殺害、爆撃、破壊―人生に希望があるという世界にメッセージを伝えるために行いました（ガザパルクール）。

パルクールの仮想空間は、パルクールの参加に基づいて様々な社会的、文化的、宗教的、及び／または国家的背景を持つ参加者間の尊敬の構築に寄与する対話を可能にしている。例えば、PKガザグループが作成したYouTube動画は、世界中のパルクール愛好家からアラビア語と英語でサポートを受けている。様々な国のパルクール参加者間の仮想コミュニケーションが、将来に貢献する可能性のある文化的理解を促進する可能性を見出すことができる[5]。

6　SNSと若者とアクションスポーツ

アクセスの不平等が継続しているにもかかわらず、インターネットと新しいソーシャルメディアは、世界中の多くの若者の個人的及び職業的生活の不可欠な一部となっている。若者文化研究者のオスガービーによれば、新しいメディアテクノロジーは、時間と空間の障壁の解消を加速させ、グローバルとローカルの概念を再定義している。

世界中で即時的なコミュニケーションによって、新しいメディアテクノロジーは時間と空間の障壁の解消を加速し、グローバルとローカルの概念を再定義し、関心事の親和性、政治、またはあらゆる形態の文化的アイデンティティにもとづく新しいコミュニティベースの発展の可能性を提供している。(Osgerby 2004, p.193)

インターネットと新しいメディア及び通信技術は、アクションスポーツの世界的な拡大、国境を越えた情報の共有、アクションスポーツコミュニティ内外でのローカルなコミュニケーションの促進に不可欠な役割を果たしている。トランスワード・ビジネス誌 (Transworld Business 2007) によると、アクションスポーツの参加者は、週に平均 10 時間以上オンラインで過ごしている。ヨーロッパのスノーボード誌 Onboard による読者 (月間合計 170,000 人以上) 調査によれば、96%がインターネットにアクセスしており、93%がインターネットを使用してスノーボードのニュースと雪の状況をフォローし、80%がオンラインで洋服やスノーボード用具を購入している (OnBoard Media Pack 2012)。

新しいデジタルテクノロジー (GoPro 'Hero' カメラ) と編集プログラム、ネットワーク (YouTube) を駆使して、ビデオ、写真、ストーリーの記録と普及を、機器を購入できる人なら誰でもアクセスできるようになった。アクションスポーツにおいては、「アクションしている」仲間を記録、編集、ウェブに公開することは、熟練した、または裕福なアクションスポーツ参加者だけが楽しむ活動ではなく、アクションスポーツ愛好家の多くのグループの日常体験の一部となっている。

高度なインタラクティブメディアとユーザー生成プラットフォームの結果として、コマーシャルメディアと非コマーシャルメディア、生産者と消費者の間の境界線はますます曖昧になっている。

7 ヴァーチャルな繋がりを探索する——サイバー空間のエスノグラフィー

ここまでにインターネットが媒介する新しい文化動態ならびにコミュニ

ケーションとコミュニティ形成の形を見てきた。

このようなサイバー空間における人々の動態について、木村忠正は、その野心的な研究書である『ハイブリッド・エスノグラフィー―ネットワークコミュニケーション研究の質的方法と実践』(2018) のなかで、多様な手法を組み合わせたハイブリッド・エスノグラフィーを用い、その実像を浮き彫りにすることを試みてきた (木村 2018)。木村が行うハイブリッド・エスノグラフィーは、インターネットユーザーに対するインタビュー調査とアンケート調査、書き込まれる内容のテキストマイニング、オンラインコミュニケーションの参与観察、インフォーマントのサイバー空間での現在状況を再構成するための各種データの収集・分析を組み合わせる、重厚且つ野心的な分析である。

ここで木村の研究の全体像を扱うことはしないものの、彼は、日米におけるソーシャルメディア利用に関するヴァーチャル人類学研究、デジタルデバイド、ネット世論形成などへの関心を中心としながら、ライフログ記録、携帯・スマホ通信記録、Twitter 記録、ソーシャルネットワーク関係性分析 (通話・メール・対面・SNS フレンド相互関係などの分析) により、インフォーマントが過ごすサイバー空間での生活と現実世界での生活のリアリティについて詳らかにしている。

このようなサイバー空間における人類学的研究あるいはエスノグラフィーの試みの先駆的な例としては、クリスティン・ハインによる『ヴァーチャル・エスノグラフィー (*Virtual Ethnography*)』(Hine 2000) の例が挙げられる。ハインは、インターネットが文化ならびに文化人工物に与えた影響に注目しながら、インターネット利用のローカルな文脈への位置付けられ方へと視点を促している。その上でハインは、次のような問いを提起している (Hine 2000, p.8)。

1. インターネットユーザーがいかにしてそのケイパビリティを理解しているのか？インターネット利用におけるユーザーにとっての重要性 (siginificance) とは何か？ユーザーはコミュニケーションの媒介物

としてインターネットのケイパビリティをどのように理解し、また誰がオーディエンスとなると受け止めているのか？

2. 時間・空間における社会関係の組織化への影響がいかにしておこるのか？それは「リアル・ライフ」とは異なる道筋で形作られるのか、はたまたユーザーは両方の方法を調和させているのか？
3. 信頼性と権威性に関するインターネットの含意とは何か？個人のアイデンティティはどのように演じられ、また経験されるのか？そしてそれらの信頼性はどのようにした判断されるのか？
4. 「ヴァーチャル」が経験されることは、「リアル」とは大きく異なる／隔離されているものなのか？オンラインとオフラインの境界はどこにあるのか？

このような問いを基盤とするハインのヴァーチャル・エスノグラフィーを、木村 (2018) は「流動性」の課題をネットワークコミュニケーション研究ならびにインターネット研究における文脈で具体化させ、エスノグラフィーの新たな方向性を示したものとして位置付けている。

ハインの研究は、科学技術社会論あるいは科学人類学の研究文脈を引き継ぐものであり、ラトゥールやミシェル・カロンらによるアクターネットワーク理論を引き継ぐ形で、インターネット空間の登場によるアクターネットワークの構成変容を詳らかにしようとしたものと言える。すなわちインターネットにおける情報・知識の生成、つながり、流通、組織化、そして関連するアクターの関心や作動を包括的に捉える視座と記述を目指したものと言える。

この先駆的な研究のなかで、ハインはヴァーチャル・エスノグラフィーにおける10の原則を論じている。ここでは紙幅の関係によりその全てを扱うことはしないものの、木村 (2018) のまとめに依拠しつつ、その主要論点の一部を挙げておくことにしたい (Hine 2000, pp.63-65; 木村 2018, pp.50-51)[6]。

- ヴァーチャル・エスノグラフィーは、インターネットの自明性を剥ぎ取り、インターネットが実践（行為実践、言説実践）を介していかに形成されるかにアプローチする手法である。

- インターネットは、それ自体、人々の日常的な文化的実践を介して形成される「文化的人工物（Cultural artefact）」であると共に、サイバーカルチャーなどサイバースペースで生起する文化実践自体（culture）でもある。
- ネットワークを媒介とした相互作用を、単所性はもとより多所性（multi-sited）でもなく、むしろ移動性（mobile）として捉え、その空間がいかに形成されるかを考究することがヴァーチャル・エスノグラフィーにとっての大きな可能性である。
- 場所性（the concept of field site）は疑問に付される。地理的場所（location）と境界（boundary）によるフィールドではなく、「流れ（flow）」と「接続性（connectivity）」にもとづく活動の集積により、フィールド、調査対象は構成される。

そしてハインは、先に概観したアパデュライの議論も参照しつつ、インターネット時代における時間と空間に関する議論を展開する。すなわち、「流れ」によって特徴付けられるインターネットによる現代的空間とは、「場所」によって規定されるものではなく、ヒト、モノ、カネ、そしてコミュニケーションといった要素の繋がりによるものであることが強調される。それは、従来ローカリティにひも付けられていた社会的経験ではない[7]。むしろ、状況に応じた実践・解釈・説明の共有された一貫性と相互有用性に依拠した思考形式による社会的関係性の実践を促してきたと解される（Hine 2000）。そして、このような多様な要素と人々の一時的コラージュ（temporal collage）の有様、「流れ」と「場所」の共在を可能にする様式をいかにして描くのかがヴァーチャル・エスノグラフィーにとって重要な課題である。

8 オンラインゲームに見る即興的コミュニティと規範の形成

ハインや木村の議論で見てきたように、インターネット空間を対象としたヴァーチャル・エスノグラフィーの視点は、インターネットの存在を前提とした現代における地域・時間・言語を越えた繋がりのダイナミクスへと視座を向けさせるものである。このような視座を踏まえつつ、オンラインゲームを巡る状況に目を向けると、そこには今までの時間的・空間的・言語的な制約を伴う「繋がり」とは異なる、ローカル／グローバルという視点に収まらない新たな「繋がり方」のダイナミクスが見えてくる。

オンラインゲームの事例として、フロムソフトウェアによるダークソウルシリーズに見るコミュニケーションの例を見ておくことにしたい。このゲームシリーズは、全体で4作品[8]が発表されている。

このゲームシリーズでは、単独でのゲームプレイ（ソロプレイ）も可能であるが、ネットワーク接続により、オンラインでの協力プレイあるいは対戦プレイが可能となっている。その際、協力プレイヤーらはアカウント名が分かるだけであり、その現実での人物像などは不明である（日本語のアカウント名であれば居住国などは絞られるものの、アルファベットの場合も多く、実際世界中でプレイされており、なかには期せずして国際的なコミュニケーションがゲーム上で成立していることも多い）。

このゲームでは、ゲームプレイ中のプレイヤー間のコミュニケーションは、基本的にはゲーム内でのプレイングキャラクターによるノンバーバルコミュニケーションが前提となる。プレイングキャラクターは、お辞儀やガッツポーズ、指差しや、手を振る（バイバイ）など、いくつかのジェスチャーが可能である。また一定のアイテム使用などにより、Hello や Thank you などの簡単な音声コミュニケーションも可能であるが、それらは基本的にはジェスチャーで表現される範囲のものしか用意されていない。そのため、音声発話アイテムも、全体としてジェスチャーによるコミュニケーションの補助的なものとして使われる。

このような直接的な意思表示が制限されたゲーム世界のなかで、ゲームプレイヤーは高度なコミュニケーション理解を提示することになる。つまり、数少ないジェスチャーの組み合わせ、そしてプレイヤーのキャラクターの動き(あるいはステージのどこに向かうかなどの移動状況、敵キャラクターの駆逐状況など)、各キャラクターの装備品の状況を観察することで、言語での説明なしでプレイヤーの意図や目的、プレイングスタイルを理解し、インスタントな協力関係を上手く構築していく[9]。

ここで注意すべきは、このようなコミュニケーションが全て「言語による明示的な指示や語り」を介さないものとして成立し、それゆえに、「言語の壁」が存在せずに構築されることである(それどころか一緒にプレイしている相手の素性・国が分からないことも多く、そしてそれで全く問題がない)。このようなコミュニケーションが成立するためには、ゲーム参加者が、当該ゲームの基本的なルール(世界観やアイテムの効果など)を理解した上で、またジェスチャーやプレイヤーの行動、そしてキャラクターの装備状況からプレイスタイルを判断するなどの文脈理解が共通して醸成されていることが前提となる。そして、いや、むしろそれゆえに、そのように共有される文脈のなかで、協力プレイとしての暗黙の規範なども形成されていく(不正なプログラム改ざんを行っていると思しきプレイヤーへの冷遇、何かしらのアイテムによる報酬のやり取り、初心者プレイヤーのゲーム攻略における教育的プレイやアイテムの贈与などもある)。

そして、この協力関係は、そのステージがクリアされると解消される。きわめて一期一会な関係性である。このインスタントな関係にもかかわらず、上記のような協力プレイが特に支障なくスムーズに構成される。なかには、敵対プレイヤーが、相手グループのプレイや装備に合わせた形で姿格好を変えてくる、敵対プレイではなく同じ格好で協力プレイヤーとして振舞う(そしてステージクリア時に「お別れの儀式」あるいは「敵に塩を送る」形となるアイテム贈与などの儀式が行われることもしばしばである)、といったことも頻繁に観察される。

これらは、「ブリコラージュ」としてのオンライン協力ゲームとその作法・モラル形成として捉えることができよう。むしろ、このオンラインゲーム事例が示すように、ブリコラージュ的関係性とインスタント規範の形成こそが、時間・空間の境界を越えた社会的関係性における重要な要素であるとも言える。ここでは、コミュニケーション対象となるアクターは広がり続け、プレイヤーの居るローカルな空間性はただただ喪失されていく。

また高田（2019）は、ファイナル・ファンタジーXIV（以降、「FF14」）の事例に注目し、日本におけるオンライン協力型ゲームに関するエスノグラフィーを試みている。FF14は、スクエア・エニックス社による人気ゲームシリーズ作品の一つであり、インターネット上にログインしている他のプレイヤーと協力してのゲームプレイが可能である。高田はこのFF14の世界のなかで、実際にキャラクターを操作しながら、そこに集うプレイヤー達の振る舞いやコミュニケーションについての参与観察を行っている。

その結果、高田は、オンラインゲームの場が、ゲームコンテンツを楽しむ場から交流を楽しむ場へと変化していく過程を見出している[10]。すなわち、ゲームが進むにつれて協力プレイヤーやコミュニティとの信頼関係が構築され、その信頼関係が現実世界での人間関係へと反映されていく事例にある。ここで重要な点は、ゲームコミュニティとオフラインでの交流における関係性において、ゲーム世界の規範関係が一定程度持ち込まれた形で交流がされることである。ゲーム世界では、オフライン関係の意識的な断絶・乖離がなされる。それゆえに、オンラインゲーム上でのコミュニケーション相手は、利害関係の無さを背景として、「しがらみのなさ」という規範形成がされていく。そして、ゲーム上でのコミュニケーションの継続につれて、これまでに無い形で人々を結び付け、現実における悩みを相談する相手となるなどの交流がローカルな文脈でも登場するようになる（高田 2019）。

このようなオンライン上での人間関係、あるいはオンラインコミュニティが、現実の世界におけるローカルなコミュニティと重なりあっていく過程について、高田は「居場所」としてのオンラインゲームという視点から分析をさらに展開していく。高田は、オルデンバーグのサードプレイス論を参照点として、創発的サードプレイスとしてのオンラインゲーム空間に注目する。サードプレイスの特徴は、①中立領域、②平等主義、③会話が主たる活動、④利用しやすさと便宜、⑤常連の存在、⑥目立たない存在、⑦雰囲気に遊び心がある、という点であり（Oldenburg 1989, 高田 2019）、このことがMMORPGのサードプレイス性と一致する（Steinkuehler and Williams 2006）。

すなわち「しがらみのなさ」というゲーム上の規範はできうる限り新しいローカルの繋がりでも継続され、そのことがゲームコミュニティの集団の維持・強化に対する動機付けのフィードバックにつながっている（高田 2019）。

9　「つながりの学習」に見る、越境の可能性

グローバルなものとローカルなもの、物理的な空間とサイバーな空間が混じりあったサイバーグローカルな空間は、それ自体が空間の再編と呼びうるものであるが、空間の再編は既存の役割関係の再編にもつながりうる。

そのことをよく示すのが、伊藤瑞子による一連の仕事である。例えば、北米のアニメファンが日本のアニメに英語字幕を付けて他のファンに提供するファンサブと呼ばれる活動がある。1980年代には、日本のアニメを海外に流通させる商業的な仕組みがなかったため、こうしたファンサブによる流通は大きな意味があったが、その後商業的な流通が始まることで、ファンサブのあり方も様々に変化していく。伊藤（2014）は日本アニメが海外で受け入れられるようになった黎明期のこうした活動をたんねんに読み解くことによって、製作者による公的な流通と、消費者であるファンによる私的な流通とのせめぎあいについて考察をしているが、ここでの私たちの関心に従えば、ここで起きていることは、グローバルなレベルでのアニメの流通がきわめてローカルな実践に支えられていたという、まさにグローカルな現象が起きていたということであろう。今日のファンサブはネットを活用したものになっており、活動はまさにサイバーグローカルな空間で展開されている。製作者と消費者という従来の枠組みが、サイバーグローカルな空間でどのように再編されるかは興味深い問題である。

こうした関係の再編は、学びや教育の世界でも生じている。例えば、オンラインでの学習機会を提供しているカーンアカデミー（Khan Academy）にお

いては、例えばアメリカで制作された教材が遠くインドで視聴されている (Khan 2013)。もちろん学びの場はローカルであるのだが、その学びはグローバルなプラットフォームに支えられているというわけである。このようなインターネットを介した学びの機会が拡大することによって、ローカルな場でのオフラインで学び合う場の意味付けが変わりつつあることは言うまでもない。ここでも、サイバーグローカル空間において、学習者をめぐる関係が再編されているのがよくわかる。

こうしたサイバーグローカル空間における学びが、従来の学習とどのように結び付くのかも興味深い問題であろう。伊藤ら (2013) は、学校での学びと学校外における学びがうまく接続されていないという問題意識から、「つながりの学習」(connected learning) という概念を提案している。「つながりの学習」は、ピアや友達との日常的なやりとりのなかで生じる「ピア・サポート」、学習者が関心を持っていることにもとづく「興味のパワー」、趣味的な活動と学業を組み合わせる「学業への志向性」という 3 つのコンテクストを編み合わせるものと考えられる。

「つながりの学習」として伊藤らが具体的に挙げるのが、次の例である。ここでは、オンラインのコミュニティに参加するうちにライティングのスキルが向上し、進路選択にもプラスになったというエピソードが示される。この例は、地域のコミュニティを超えたつながりによって、発達のチャンスが得られた事例と理解することができる。

> シナリオライター希望の 17 歳のクラリッサ (Clarissa) は、サンフランシスコベイエリアの労働者階級の家庭で育った。彼女はファンタジー小説に熱中している。オンラインで双方向的に小説を書くことができるロールプレイングサイトを紹介されたクラリッサは、共通の興味を持つ他者とつながることのできるこの機会に飛びついた。それはオンラインで興味を共有でき、協働的に物語を執筆したり、お互いの活動を批評しあったりする同じ趣味を持ったピアコミュニティとの出会いだった。クラリッサの執筆は大いに前進し、学校の教室で文章を書いて

いた時よりも意欲的に、より本格的な執筆活動にかかわることができた。結果、彼女は学校の宿題や大学の入学願書にその執筆した物語を提出したりして、満足のいく作品に仕上げた。彼女はエマーソン大学とチャップマン大学という２つの有名なリベラルアーツの大学に合格した。彼女はこのロールプレイングの世界で自分の執筆能力が発達し、成功をおさめる結果になったと考えている。(Ito et al. 2013, p.6)

このような事例は、私たちの学びをめぐる環境が大きく変化していることを教えてくれる。小説を書く、映像を作る、マインクラフトに打ち込むといった趣味の活動を通して、その分野の力を蓄積していくと共に、ピアとの交流を通して、活動は様々な側面からサポートされる。そうした活動が結果として学業的な成功にもつながるという可能性は、サイバーグローカルな空間における、新しい学びのあり方を考える上で非常に示唆的である。そこでは、学校的な文脈と、学校の外側での文脈が少しずつ、つなぎ直されているように思われる。

10　サイバーグローカルのダークサイド――テクノロジーの陥穽

ここまで見てきたように、グローバルな世界情勢がローカルな実践に写りこみ、リアルな空間での出来事がサイバー空間と分かちがたく結び付くサイバーグローカル的な現実を私たちは生きていると言って、過言ではないだろう。こうした新しいリアリティが持つ輝かしい可能性について議論するときには、同時に、そこに内在する問題についても目をそむけずに検討しておく必要があるのは言うまでもない。以下では、サイバーグローカルな現実が示しつつあるダークサイドについて議論してみたい。

サイバーグローカルというと、先進諸国での豊かな暮らしがイメージされがちだが、ガザに暮らす少年たちがパルクールに興じる事例が示すように、紛争地域もまた、サイバーグローカルな空間でありうる。見方によっては、よりサイバーグローカルな問題が浮き彫りになりやすい場であると言えるかもしれない。

岸・ハッサン (2017) は、トルコに居住するシリア難民へのインタヴューから、インターネットの利用が彼らの生活の基盤となっていることを示している。彼らにとって、スマートフォンや Wifi の環境はもはや欠かすことのできないものである。例えば、次の引用に示されているように、現地の言葉が理解できなくても、それを補ってくれる他者とつながれば、問題なく生活することができるからである。

> 異文化での生活をはじめるにあたって苦労することは、その国の言語習得である。二人は、トルコ語はほとんど分からないが、特に問題なくトルコ社会で生活していた。アハマドの場合、言葉で困った時、トルコ語が話せるシリア人にオンライン上で頼っていた。例えば、買い物をした時表記されているトルコ語がわからず、彼はラベルを写真に撮影し、トルコ語がわかる友人に送り教えてもらっていた。(岸・ハッサン 2017, p.74)

インターネットの利用は、情報をやり取りするというインフォーマティブな用途だけでなく、コンサマトリーな用途にも及んでいる。インターネットは、離れ離れになった難民の家族をつなぎあわせて、「ホーム」を作り出すための装置にもなるのである。

> 休憩 (お茶) をする時、料理を作る時、食事をする時など、日常生活の色々な場面で、離れ離れになった家族はテレビ電話でつながり、会話をしていた。インターネットを通して家族全員が顔合わせながら会話できる場をつくり、「シリアにいた頃のように」日常生活の一部を共有していた。(岸・ハッサン 2017, p.74)

このようにインターネットが離れて住む人々をつなぎ合わせる役割を担うことは、ミラーとスレーターによっても指摘されている。彼らは、インターネットの黎明期と言っていい 1990 年代に、トリニダードトバゴを中心に行われた濃密なエスノグラフィーによって、このことを示している。彼らは、トリニダードトバコからロンドンやニューヨークへと出稼ぎに出た人々が、祖国とのつながりを保ち続けるためにインターネットの様々なツールを使いこなしていたことを報告している。例えば、国際電話に比べてはるかに割安なインターネット上のボイスメールや、文字によるチャットを使って、祖国の家族と連絡を取っているとき、彼らは物理的にはロンドンやニューヨークにいるにもかかわらず、家族との繋がりを感じるという（Millar and Slater 2000）。

このとき、出稼ぎ先というローカルな現実はトリニダードトバゴという別のローカルな現実とサイバー空間を仲介する形で結びあっている。グローバルに分散したディアスポラ的な状況におかれた家族は、サイバー空間と現実の空間とのハイブリッドとして繋ぎなおされている。彼らの生きる現実はローカルかつグローバルであり、物理的な空間であると同時にサイバー空間でもある。トリニダードトバコについての情報を参照したりする行為は、ロンドンという場所でトリニダードトバコという祖国を感じさせるものであり、ローカルなインターネットカフェにおけるグローバルな実践であると言える。

インターネットは、様々な人とリソースをつなぐ巨大な海になりつつある。しかし、そこには誰かにとって都合の悪い現実が含まれているのは想像に難くない。このことを具体的に考えるために、中国当局とGoogleとのせめぎあいについて考えてみよう。

Googleは、中国当局が望まない検索結果を表示するような自己検閲を行いながら検索サービスを提供していたが、2010年に中国版のトップページを事実上廃止し、香港版にすべて転送する形にして、中国本土での検索サービスから撤退した。この時期の状況を伝える新聞記事を見てみよう。

> グーグルによると、同社は22日、中国当局が望まない検索結果の表示を自主的に削除する「自己検閲」をかけていた中国版の検索サービスを停止。中国版のサイト「Google.cn」にアクセスしようとすると、香港版の「Google.com.hk」に自動的に転送されるようにした。香港版は、

グーグルが香港にあるサーバーを使って運営しているサイトで、中国語の画面が表示され、自己検閲なしに検索できるようにした、としている。

23日午前、北京から香港版へのアクセスは不安定になっている。また「天安門」を検索すると、1989年の天安門事件に関するサイトも検索結果リストには表示されるが、サイト本体を見ようとしても多くがつながらない。

グーグルは22日の声明で、香港版への中国本土からのアクセスについて「いつでも妨げることができることは十分承知している」とし、中国政府が今後、香港版を中国本土では見られないようにする可能性を示唆した[11]。

この記事からもわかるように、Googleの検索結果に表れたとしても天安門事件に関するサイトは接続が遮断されるなど、中国本土ではインターネットの検索に対して強い検閲が行われている。こうした状況は、大きく変わっていないことが、2017年の記事からもうかがえる。

中国で22日までに、「ヤフージャパン」のネット検索機能が使えなくなっている。中国では米グーグルへの接続は遮断されているが、ヤフージャパンの検索はグーグルの機能を使っている。このため、グーグルへの接続の「抜け穴」になっているとされ、中国のネット管理当局が11月の共産党大会を前に、管理を厳格にしているとみられる。

ヤフージャパンは「中国国内から検索サービスが利用できない状況を把握しているが、サービスの不具合やトラブルではない」としている[12]。

中国本土から、日本のヤフージャパンのサイトを通して、Googleの機能を用いて情報を検索していた中国の人々は、物理的には中国国内にいるものの、サイバー空間を自由に行き来しているように見える。しかし、その先にある情報にアクセスできるかどうかは、技術的な問題を超えて、政治的な問題であることは誰の目にも明らかであろう。グローバルに展開する企業とローカルな市民、物理的な空間とサイバー空間が入り混じった現実は、もちろん様々な可能性に開かれているのだが、政治性とも切り離すことができない。さらに言うならば、そうした政治性は、この例が示すように、テクノロジーに隠されているかもしれない。私たちがサイバーグローカルという問題について考えるとき、これらの点を見落としてはいけないことを、自戒をこめて指摘しておきたい。

結　論——「繋ぎなおし」という視点に立ち戻る

ここまでに、ガザの若者によるパルクール動画共有、オンラインゲームにおけるコミュニティと規範の形成、オンライン教育に見る新しい繋がり方の事例を見てきた。これらの事例に共通している事柄は、インターネットという場を通じて、これまでにない空間・時間・言語を越えたアクターの繋ぎなおしが生じている点である。

本章の冒頭でみたように、現代におけるインターネットの効果は、エコーチャンバー現象にみるように、むしろ社会的分断を助長する方向に進みやすい。しかし、本章では、インターネットを介して生じる「繋ぎなおし」の現象をあえて強調するような形で注目してきた。ここで挙げてきた事例群は、これまでは所与とされてきたような時間的・空間的・言語的な境界を越えるようアクターの繋ぎなおしである。そのような新しい繋がり方の萌芽に、社会的分断を超克する「越境」の可能性を見ようとしたからである。論点先取の形で述べたように、我々はこのような事例を、「人々・モノ・情報・行為・想像といった多様なアクターを巡るネットワークの新たな繋ぎなおし」の顕れとして捉え、今後の期待される越境の特徴であると見ている。このような視点を是とするならば、今後における課題は、グローバルとローカル、現実世界とサイバー世界とが入り混じった社会をどのように記述・把握し、また「越境」の実践として組み替えていくことができるかという問いに集約される。

ラトゥールが「社会学とは、参与子が集合体の組み直しに明確に取り組めるようにする学問分野である」(Latour 2005=2019, p.467) と述べる時、彼がもっとも組み替えたいのは社会学そのものであるのは明白である。しかし、ていねいな記述からネットワークを浮かび上がらせ、何が未接続なのかを明確にすることで、新たなネットワークの組み直しの可能性を拓くことができるというラトゥールの議論は、現代におけるサイバー空間におけるミクロな実践、それによるコミュニティの変容、そして社会的分断を超克する「越境」における「人々・モノ・情報・行為・想像といった多様なアクターを巡るネットワークの新たな繋ぎなおし」が日常のなかで生じていく状況を描き出す視点を提供するものでもある。

このような視点からの記述の蓄積を益々行うことが、今後の「繋ぎなおし」のあり方、そして、分断を超えたコミュニティの組み替え、「越境」の実践への教訓とヒントを我々に与えてくれるだろう。

注

1 本章で想定している「グローカル」概念は、本書第 3 章で有元が論しているものと軌を一にしている。同時にこのことは、場所性に規定されたグローバル／ローカルという二項対立的な観点や、依然として冷戦構造的な視点に基づいた「グローカル」の議論(e.g. 上杉 2014)とは相入れないものである。むしろ、多様なアクターによるネットワークとして立ち現れてくる現代を透徹するための視点として、「グローカル」の視点を再構築することが目指される。

2 なお、アパデュライは、続く著書である『グローバリゼーションと暴力―マイノリティの恐怖』のなかで、グローバリゼーションが持つ負の側面について正面からの検討を試みており、少数者が晒される暴力的状況を「イデオジェノサイド(理念の殺戮)」といった概念を用いて分析・批判をしている(Appadurai 2006=2010)。

3 アパデュライは、想像力の作動は、「個人と集団とが自らの近代的な実践にグローバルなものを取り込んでいこうとする係争(contestation)の空間」であり、この状況を電子メディア(化)が推し進めることを指摘している(Appadurai 1996=2004, p.22)。

4 「歴史的、言語学的、政治的に状況付けられた多様な行為者―国民―国家や多国籍企業、ディアスポラの共同体に始まり、(宗教的であれ、政治的、経済的であれ)サブショナルな集団や運動や、村落や近隣、家族といった親密で対面的な集団にいたるまで」と述べている(Appadurai 1996=2004: 69-70)

5 アンダーソンは、「想像の共同体」が出版と人々のリテラシー向上によって駆動されることを指摘した。パルクールの事例を見るならば、動画の作成・視聴は、現在のネット社会におけるリテラシーに深くかかわる事柄であるとも言える。そのようにして作成された動画で共有されていくものは何か。それは「構築された民族性という問題こそが、間違いなく、この物語にとって決定的に重要な要素である」（Appadurai 1996=2004, p.60）という指摘と重なる事柄である。

一方、アパデュライがインドにおけるクリケットの土着化の事例の分析から、「クリケットというのは、それ自体が変容するというよりも、むしろ、そこへ社会化していく人々の方を容姿に変容させる、ハードな文化形式なのだ」（Appadurai 1996=2004, p.165）と指摘する。ここで見てきた、ガザの若者におけるパルクールの事例は、このアパデュライが論じる土着化の事例とは逆説的な含意を我々にもたらすものである。

6　木村（2018）は、ヴァーチャル・エスノグラフィーの特徴は、そのフィールド自体がエスノグラフという行為による介入により構成されるものであり、またメディアを介した調査が行われることからインフォーマント含めてその没入する時間・空間は共に間欠的（interstitial）・断続的なものとなり、それゆえに必然的に断片的（partial）なものとなると指摘している。これは文化人類学がこれまでに目指してきたような全体論的な志向性とは相容れない。

7　本章でくり返しているように、場所性に規定されたグローバル／グローカルという視点では（e.g. 上杉 2014）、現在生じている現象を分析することは困難になりつつある。

8　デモンズソウル（Demon's Souls）とダークソウル（Dark Souls）は異なる世界として設定されているものの（ダークソウルシリーズはある程度共通の世界設定が敷かれている）、基本的なゲームシステムが共通していることなどから、ソウルシリーズと一まとめで呼ばれることも多い。

9　例えば、キャラクターの装備から防御力が低いことを判断した場合、協力プレイヤーのなかで耐久力が高いキャラクターを操作しているプレイヤーが自然と前衛や防御役を担うようになるなど、ホストや他のキャラクターを活かす形のプレイが自然発生することも多々ある。また敵対キャラクターの観察から、そのプレイスタイルや戦略を見抜き、それに順次対応する形などの動きも頻繁に見られる。

10　この背景には、ゲーム自体が、プレイステーションなどの据え置き型ハードを前提としたゲーム消費構造から、オンラインゲームが前提となったという変化がある（高田 2019）。

11　2010年3月23日　朝日新聞夕刊

12　2017年9月23日　朝日新聞朝刊

参考文献

Anderson, Benedict. (1983) *Imagined Communities*. Verso.　白石さや、白石隆（訳）『増補

想像の共同体ーナショナリズムの起源と流行』NTT 出版、1997 年。

Appadurai Arjun. (1996) *Modernity at Large: Cultural Dimension of Globalization*. University of Minnesota Press.　門田健一（訳）『さまよえる近代―グローバル化の文化研究』平凡社、2004 年。

Appadurai Arjun. (2006) *Fear of Small Number: An Essay on the Geography of Anger*. Duke University Press.　藤倉達郎（訳）『グローバリゼーションと暴力―マイノリティーの恐怖』世界思想社、2010 年。

Bakshy, Eytan., Messing, Solomon., Adamic, Lada A. (2015) "Exposure to ideologically diverse news and opinion on Facebook." *Science*, 348 (6239): 1130-1132.

Callon, M. (1986). Some elements of a sociology of translation domestication of the scallops and the fishermen of St. Brieux Bay. in Law, J. (ed)Power, Action and Belief. A New Sociology of Knowledge? 196-229.

Delanty Gerard. (2003) Community. Routledge.　山之内靖・伊藤茂『コミュニティ―グローバル化と社会理論の変容』NTT 出版、2006 年。

Deleuze, G., Guattari, F. (1987) *A Thousand Plateaus: Capitalism and Schizophrenia*. University of Minnesota Press.　宇野邦一・小沢秋広・田中敏彦・豊崎光一・宮林寛・守中高明（訳）『千のプラトー―資本主義と分裂症』河出書房新社、1994 年。

Farrell, S. (2011) The graveyard shift. The New York Times Style Magazine. <https://tmagazine.blogs.nytimes.com/2011/12/02/the-graveyard-shift/>（最終アクセス 2020 年 1 月 15 日）

Gilchirist, P. Wheaton, B. (2013) New media technologies in lifestyle sport. In: Hutchins, B, Rowe, D(eds) *Digital Media Sport: Technology, Power and Culuture in the Network Society*. Routledge, pp.169-185.

Giulianotti, R. (2004) Celtic, cultual identities and the globalization of football. Scottish Affairs, 48, pp.1-23.

Hine Cristine. (2000) *Virtual Ethnography*. Sage.

Ito, Mizuko, Kris Gutiérrez, Sonia Livingstone, Bill Penuel, Jean Rhodes, Katie Salen, Juliet Schor, Julian Sefton-Green, S. Craig Watkins. 2013. Connected Learning: An Agenda for Research and Design. Irvine, CA: Digital Media and Learning Research Hub. 伊藤瑞子（2013）岡部大介・松浦李恵・ステファニー・コーツ・村井裕実子（訳）「つながりの学習：リサーチとデザインのためのアジェンダ」。

Kahn, S. (2012) The One World Schoolhouse: Education Reimagined. Grand Central Publishing.　三木俊哉（訳）『世界はひとつの世界はひとつの教室「学び×テクノロジー」が起こすイノベーション』ダイヤモンド社、2013 年。

Kidder, J. (2012) "Parkour, the affective appropriation of urban space, and the real/virtual dialectic" *City & Community*, 11(3), pp.229-253.

Latour, B. (2005). *Reassembling the Social: An Introduction to Actor-network-theory*. Oxford University Press.　伊藤嘉高（訳）『社会的なものを組み直す　アクターネットワーク理論入門』法政大学出版局、2019 年。

Lazer, David., Pentland, Alex ., Adamic, Lada., Aral, Sinan., Barab?si, Albert-L?szl?., Brewer, Devon., Christakis, Nicholas., Contractor, Noshir., Fowler, James., Gutmann, Myron., Jebara, Tony., King, Gary., Macy, Michael., Roy, Deb., Van Alstyne, Marshall. (2009) "Computational Social Science". Science, 326: 721-723.

McCombs, M. (2014) *Setting Agenda: 2nd edition*. Polity Press. 竹下俊郎（訳）『アジェンダセッティング―マスメディアの議題設定力と世論』学文社、2018 年。

McGuire, P. (2012) The Gaza Strip cyber war. VICE Magazine. <https://www.vice.com/en_us/article/yv5kkg/the-gaza-strip-cyber-war>（最終アクセス 2020 年 1 月 15 日）

Miller, D., Slater, D. (2000) The Internet: An Ethnographic Approach.

Oldenburg, R. (1989) *The Great Good Place: Caf?s, Coffee, Shops, Community Centers, Beauty Parlors, General Stores, Bars, Hangouts, and How They Get You though the Day*. Paragon House.

Osgerby, B. (2004) *Youth Media*. Routledge.

Pew Research Center. (2019) *Public's 2019 Priorities: Economy, Health Care, Education, and Security All Near Top of List: Growing share sees 'great deal of difference' between the parties*. <https://www.people-press.org/wp-content/uploads/sites/4/2019/01/PP_2019.01.24_political-priorities_FINAL.pdf>

Pew Research Center. (2017) *The Partisan Divide on Political Values Grows Even Wider- Sharp shifts among Democrats on aid to needy, race, immigration*. <https://www.people-press.org/wp-content/uploads/sites/4/2017/10/10-05-2017-Political-landscape-release-updt.pdf>

Robertson, R. (1992) *Grobalization: Social Teory and Global Culture*. SAGE.

Robertson, R, White, KE (eds) (2003) *Grobalization: Critical Concepts in Sociology (vol 6)*. Routledge.

Solnit, Rebecca. (2009) *A Paradise Built in Hell: The Extraordinary Communities that Arise in Disaster. Penguin Books*. 高月園子（訳）『災害ユートピア―なぜそのとき特別な共同体が立ち上がるのか』亜紀書房、2010 年。

Steinkuehler, C, A., Williams, D. (2006) "Where Everybody Knows Your (Screen) Name: Online Games as 'Third Places'." *Journal of Computer-Mediated Communication*, 11(4) i 885-909.

Sunstein C. (2001) *Republic.Com*. Princeton Univ Dept of Art. 石川幸憲（訳）『インターネットは民主主義の敵か』毎日新聞社、2003 年。

Thrope, H. & Ahmed, N. (2015) "Youth, action sports and political agency in the Middle East: Lessons from a grassroots parkour group in Gaza" *Internatuional Review for the Sociology of Sport*, 50(6), pp.678-704.

Valaskiv Katja, Rantasila Anna, Tanaka Mikihito, Kunelius Risto. (2019) T*races of Fukushima: Global Events, Networked Media and Circulating Emotions*. Palgrave Pivot.

William J. Brady, Julian A. Wills, John T. Josta, Joshua A. Tucker, Jay J. Van Bavela. (2017) "Emotion shapes the diffusion of moralized content in social networks." PNAS, 114 (28): 7313-7318.

青山征彦（2011）「境界を生成する実践：情報を伝えないことの意味をめぐって」『駿河

台大学論叢』41、207-217 頁。
遠藤薫（2018）「間メディア社会におけるポスト・トゥルース政治と社会関係資本」遠藤薫（編）『ソーシャルメディアと公共性―リスク社会のソーシャル・キャピタル』東京大学出版会、19-46 頁。
伊藤瑞子（2014）「製作者 vs. 消費者のあくなきせめぎ合い　ファンサブ文化にみる『ハイブリッドモデル』」宮台真司監修・辻泉・岡部大介・伊藤瑞子（編）『オタク的想像力のリミット―〈歴史・空間・交流〉から問う』筑摩書房、287-325 頁。
カーン, S. 三木俊哉（訳）（2013）『世界はひとつの教室　「学び×テクノロジー」が起こすイノベーション』ダイヤモンド社。
岸磨貴子、エバ・ハッサン（2017）「難民のインターネット活用と異文化体験―トルコのシリア難民のライフストーリーから読み解く」日本教育メディア学会年次大会、71-74 頁。
木村忠正（2018）『ハイブリット・エスノグラフィー―ネットワークコミュニケーション研究の質的方法と実践』新曜社。
塩原良和（2017）「越境的想像力に向けて」塩原良和・稲津秀樹（編）『社会的分断を越境する―他者と出会いなおす想像力』青弓社、25-49 頁。
数土直樹（2018）「なぜ日本人は市場原理を支持するのか―社会関係資本が帰結するものの功罪」遠藤薫（編）『ソーシャルメディアと公共性―リスク社会のソーシャル・キャピタル』東京大学出版会、125-149 頁。
高田佳輔（2019）「大規模多人数同時参加型オンラインロールプレイングゲームのエスノグラフィ―仮想世界において創発的サードプレイスをいかに生み育てるか」『社会学評論』69(4)、434-451 頁。
瀧川裕貴（2018）「ソーシャルメディアにおける公共圏の成立可能性―公共圏の関係論的定式化の提唱と Twitter 政治場の経験的分析」遠藤薫（編）『ソーシャルメディアと公共性―リスク社会のソーシャル・キャピタル』東京大学出版会、63-95 頁。
西原和久（2016）『トランスナショナリズムと社会のイノベーション―越境する国際社会学とコスモポリタン的志向』東信堂。
西原和久（2017）「越境者・媒介者・コスモポリタンをめぐるリアル・ユートピア―永野・宮城・バンクーバーにおける移住者たちのトランスナショナリズム」塩原良和・稲津秀樹（編）『社会的分断を越境する―他者と出会いなおす想像力』青弓社、50-72 頁。
西原和久（2018）『トランスナショナリズム論序説―移民・沖縄・国家』新泉社。
与謝野有紀（2018）「信頼の革新、間メディア・クラック、およびリアルな共同の萌芽」遠藤薫（編）『ソーシャルメディアと公共性―リスク社会のソーシャル・キャピタル』東京大学出版会、97-123 頁。

第５章　グローバル情報社会の形成とグローカルの意味するもの

矢澤修次郎

いま私たちは、きわめて大きな、歴史的転換期に住んでいる。この歴史的変動がいかなるものであるかを明らかにすることは、社会科学の課題の一つ、しかも最も重要な課題の一つである。

現代の歴史的変動がいかなるものであり、私たちはどこに向かっているのかが明らかにされ、その成果が公共圏、言論空間において議論され、その過程が現代社会に生きる諸個人に様々な社会像を帰結する。このような全過程が、「近代」(modernity) の特徴の一つであり、諸個人が社会的行為をする支えでもある[1]。

本章は、私たちはどのような転換点に立っているのかを明らかにすると共に、グローカルの意味するもの、グローカル研究とはいかなるものか、を議論する一つの試論である。この試論を開始するにあたって、一つ止目しておきたいことがある。それは、近代を立ち上げた社会科学者の観念の強さ、広さ、深さである。彼、彼女らの観念は、現在に至るまでの深さ、西洋を越えて世界に及ぶ広さ、そして同時代に生きる人々を捉える強さを持っていた。今日に至るまで、それらの観念が敷いた軌道の上を歴史が進んだと言っても良い。再び大きな歴史の転換点にあたって、私たちが希求しているものの一つは、私たちの未来を指し示す広く、深く、そして強い観念ではないだろうか。

1　基礎視角

社会学における社会運動研究に偉大な業績を残したイタリアの社会学者ア

ルベルト・メルッチ（Alberto Melucci）は、生前 21 世紀への時代の転換を前にして、以下のようなきわめて重要な問題提起を行った。私たちは質的に全く新しい社会の登場を前にしながらポストという接頭辞のついた不十分な社会論しか持ち合わせていない。私たちは早急に理論研究、経験的調査研究両者を積み重ねて新しい概念、理論の構築を行わなければならない[2]。

こうした問題提起は、彼にとって新しいものではない。それは、認識する者の視座を転換することによって、従前から継続している運動のなかから新しい社会運動を発見し救いだした彼の一貫した方法である。メルッチは、モダニティの特徴は日常生活において最も良くあらわれると考え、それに焦点を当てる。彼によれば、現代社会に生きる諸個人は様々なシステムに所属しながら生きてゆくが、社会の断片化やシステム間の矛盾や対立に影響されてアイデンティティ・クライシスを経験する。それを克服して行為を可能にするのは、構造というよりも、知識、経験、意味、情報を含む広義の文化であり、より限定的に言うならばリフレクシビティ（自己明証）である。

さて日常生活とは、諸個人が自らの生活を再生産する過程のことである。メルッチは行為を生み出す最も基本的な構造的な要素を時間、空間、身体、言語、道具に絞って議論を開始する[3]。個人は時間と空間軸の交差するところに身体としてあり、言葉を媒介にして他の個人と社会関係を結び、さらには道具の補助を受けながら環境に働きかける。生活の再生産にかかわる要素は様々あるだろうが、先の四つが人類史の初めから今日にいたる歴史における生活の再生産に不可欠なミニマムエッセンシャルである。

時間には四つの形態が区別される。一つは、天体の運行、自然の変化に即した自然時間、二つは時計時間、三つはディジタル機器に象徴されるドットの時間、最後は、前 3 者を綜合する高次元から前 3 者を束ねる螺旋階段としての、歴史的時間である。

アルベルト・メルッチは、空間に関してはそれほど体系的な議論を残していない[4]。その議論は、限界にまで達する社会空間の形成と内的空間の拡大の議論が中心である。少しあとで述べるように、彼はグローバル化とは個人化（individuation）のことであると述べている。身体については、彼は最晩年

表 5-1　日常生活の基本的構成要素とその変化

	空間	時間	身体・言語	道具
グローバル化	グローバル空間	4 形態	グローカル	科学技術
情報化	フロー	ドット	サイバー	情報技術
個人化	内的空間	内的時間	文化	知識
地球情報社会	惑星	時間なき時間	世界像	知恵
グローカル研究	国民国家を超えるグローバルとローカル、パラダイム転換			

に不治の病といわれた疾病にかかったこともあり、多くの考察を残している。とりわけ彼が重視したのは諸観念、諸対象の身体化、内面化の重要性である。例えていえば、ノートルダム寺院が写真と同じように見えるのではなくて、それが身体、内面化されて、自らの情感、認知によって自分のものとして見えることが重要である。それは文化化と呼んでも良いだろう。エコロジーも文化になることによって、社会を変えてゆく力を発揮するのである。メルッチは言葉に関しては、はじめに言葉ありきの立場を貫いている。言葉は本来的に他者によって共有されるものであるゆえに社会関係を前提にしている。言葉は社会関係を組織するコードである。道具は人間の身体の延長として、諸個人が環境に働きかけるに欠くことのできないものである（**表 5-1** を参照）[5]。

さて、私たちが直面している現代の社会変動は、グローバル化、情報化、個人化（individuation）の複合として理解できる。メルッチは勿論、グローバル化が重要なものであることは認める。しかしグローバル化がもたらす新しい質的変化を注視するために、既存の社会の論理の延長上にある状態を意味する性格の強いグローバル化という概念を使わない。彼はそれを惑星化（planetarization）と呼んだ。多くの人々は、人、モノ、金の地球規模での移動、運動をグローバル化と呼んでいる。グローバル化が物理的空間の拡大を意味するだけでも大きな変化であり、これまでに確立されている身体と物理的空間との距離の計測方法を工夫したり、体験などとそれを比較したりして、何とか身体とグローバルの距離を確定しなければならないし、その空間の利用方法を工夫しなければならなくなる。もっともそれだけならまだグローバル化という用語を使用しても良かったかもしれない。しかし現在の社会変動はそこに留まらない。情報提供、メディア、マスコミュニケーションの発達の影響を受けて、物理的空間の変容だけではなくて空間のイメージも大きく変容すると同時に、情報テクノロジーの発達は空間をごく小さな範囲へと圧縮することを可能にした。その結果、諸個人は空間を定義する方法を失い、自分と空間との距離、関係をよく理解することができなくなっている[6]。その結果は諸個人の行為の仕方にも様々な影響を与えている。ここまで認識を深めたメルッチは、もはやグローバル化という用語を使うことができず、惑星社会化という概念を用いたのである。そうすることによって、空間は物理的な空間だけではなくて、象徴的空間とも考えられ、象徴的空間と物理的空間との関係、諸個人と空間との関係を理解できるようになる。空間が文化的な構築物であることが認識されれば、空間が準拠するものは、風景の地理から精神の地理になり、かつまた宇宙のリズムの影響も考慮に入れることができるようになる。

個人化 (individuation) は、メルッチが通常使われている意味での個人化 (individualization)、個人主義などと誤解されないように用いた概念である[7]。それは、従来システムに依存し、それから様々なものを与えられていた個人がシステムから自律し、それらを自分自身で作り出すようになることを意味する、現代におけるシステムと個人の関係の特徴を上手く捉えた概念である。したがって individuation は、これからは個体化、ないしは単独化と訳して個人化とは区別した方が良いかもしれない[8]。この概念は、他分野における単独性 (singularity) を強調する議論に通ずるものを持っている[9]。

グローバル化、情報化、個体化に関連して最後に触れておかなければならないのは、国民国家である。なぜならばそれは、時間、空間、身体を吸収し[10]、グローバル化、情報化、個体化に大きな影響を及ぼすからである。国民国家は、領域国家は、多くの場合、グローバル化、情報化、個体化とは反対の方向を志向するが、それが環境問題、移民問題、貧困問題をはじめとする多くの国際的な問題を解決することができず、その限界が指摘されていることもまぎれもない事実である。

さて成立した惑星社会、グローバル情報社会とはいかなる社会なのだろうか。

グローバル情報社会は、宇宙とのインプット—アウトプットを持ちながら、相対的に自律したシステムであり、人間にとってそのシステムは内側だけがあり、外側はない。

グローバル情報社会は、個人もネットワーク形態でしか存在できず[11]、日常生活、労働もネットワーク形態を取って行われるところから作られる、様々なネットワークのネットワークとして存在している。社会科学においては、これまでにもネットワーク社会としてのグローバル情報社会を捉える多くの試みが提出されている[12]。そこで以下ではそれらを使いながらグローバル情報社会の諸特徴を明らかにしておくことにしよう。

M. カステル (Manuel Castells) は、グローカル研究にとって重要な意味を持つので後で詳述するが、「フローの空間」−「場所の空間」という二分法的概念を使ってグローバル情報社会を分析する。グローバル情報社会は、フローの空間である。そこでは、人が移動し、情報が伝達され、資本が動き回る、全てのモノがフローする空間である。他方それと区別されるのが場所の空間である。カステルは場所を「物理的近接性の境界を持ち、その形態、機能、意味をその内部に含み持っているローカル」[13]と定義しているから、依然として多くの人が場所としての空間に住み、生活しているのである。そうした場所、ローカルなしには人間の生活は成り立たない。

場所とフロートとは対極的なものであると同時に、相互影響、相互浸透すると考えるカステルはさらに、フローの空間をサポートする三つのレイヤーを指摘する。

一つは、物質的なサポート (電子回路のような物質的、技術的サポート)、二つは、戦略的に重要な機能の位置やコミュニケーションネットワークの中心としてのノードである。そして三つ目は、経営エリートの組織である。前二者は当然、明瞭であるから、カステルの議論においては最後の点に注目しなければならない。カステルによれば、彼がここに注目するのは、それが人的ネットワークのミクロ―マクロリンクを作り、それがネットワークの機能を格段に高めるためである[14]。経営エリートなどは、情報テクノロジーを駆使してその機能を果たすことができ、権力への扉を開ける文化的コードを持っている。それは権力への扉であると同時にエリートの組織をガードするものでもある。

このようなカステルのグローバル情報社会論は、ある場合にはある部分をネットワークから排除し、ある場合にはある部分をネットワークのなかに迎え入れるといった、全部分を包括するのではない、パティキュラーな理論にし、ネットワークの部分はネットワーク全体、システム全体の目的を達成するために機能すると考えるようにさせたのである[15]。

アントニオ・ネグリ（Antonio Negri）とマイケル・ハート（Michael Hardt）も、資本主義的生産と交換のグローバル化によって、資本主義社会はネットワーク社会という、質的に全く新しい社会へと変化したことを確認している。その上で彼らは、ネットワーク社会としての世界秩序が何かを検討する。それは、自然にでき上がったものでも、強大な権力者や世界を超越したものが上から押し付けて作られたものではない。今までの歴史的文脈を考慮に入れて、国際連合を思い浮かべることから出発してみよう。国際連合は言うまでもなく、国民国家主権を体現したものであり、それをもって、新しい国際主権の問題をとりあつかおうとして、悪戦苦闘している。しかしもちろん、それは新しい国際主権を確立して妥当な世界秩序を確立したとは到底言えない。一方現代資本主義は、生産と交換のグローバル化、ネットワーク化の過程のなかで結果として、新しい経済、政治、文化的形象としての帝国の構成を持った。ネグリとハートによれば、それは「普遍的な共和国」「境界のない、包括的、内包的なアーキテクチャーによって構造化された、権力—反権力のネットワーク」[16]であり、中心もなければ周辺もない、さらに顔もないネットワークである。差異をも総括し、単純化してネットワーク化するネットワークの結果が権力であり、権力の在り方を作るのである。より具体的に言えば、それは超国家的な組織を結び合わせる共通の論理なのである。それは、あらゆる社会形態、物質形態を包括する普遍的な包括性の論理である。それはまた、ミッシェル・フーコー（Michael Foucault）の言う生政治の管理の論理によって、たえず稼働し、運動する。

ここで注目すべきことは、このネットワークが資本主義社会における一般的な形態になったことである。それは、資本が中心に置いた情報やサービスの生産を行う非物質的な労働も同じネットワーク形態を取ったことを通じて、社会のなかで制度化されていった。またその形態は、発展途上国にも導入されていった。ネグリとハートの理論は、こうした事態を良く反映した理論になっている。

ネグリとハートは、資本に対立・対抗する側も、資本の形態変化と共通して変化すると考えている。資本に対抗するものは「ネットワークがもたらす共通性、リンケージを強調する」「社会的なもの」[17]であり、それはマルチチュードと呼ばれている。

何よりもまず注意しなければならないことは、マルチチュードは、帝国の構成の結果ではなくて、その原因であることである。ネグリ＝ハートによれば、マルチチュードの運動は、新しい生の時間の脈動、成熟であって、それに対応すべく帝国の構成が行われたのである。

マルチチュードの構成は、何よりもまず、無限の場所に、マルチチュードが自らを構成すべく、空間的に移動することである。その移動が例えば労働力商品としての移動であっても、移動先の空間を再領有し、新しい空間を切り開き、その周辺に自由をもたらす。勿論、帝国からの抑圧がかかることは必定である。しかし帝国はマルチチュードを完全に葬ることはできないだろう。何故ならば帝国はマルチチュードの力を必要としているからである。帝国は「マルチチュードの強さの逆立ちした表現」[18]である。したがって、移動した空間において、国際的な市民権を確立する方向性が考えられるのである。

マルチチュードは、個体性、単独性と複数性を同時に統合する矛盾した性格を持っている。それは、エルネスト・ラクラウ（Ernesto Laclau）によって、「各部分がお互いを接合する試みを必要としない任意の集積体」[19]と呼ばれたものである。

ここでネグリ＝ハートのネットワーク論に大きな影響を与えたジル・ドゥルーズ（Gilles Deleuze）とフェリックス・ガタリ（Felix Guattari）のネットワーク論をごく短く検討しておくことにしよう。注目すべきは、樹木―リゾームという対極的なネットワーク原理である。前者は樹木のように、株から幹が成長し、それが太く、高く発達するような、ルーツから順序だって進行する階統的な原理である。それに対して後者は地下茎のように、他のどんなものでも結び付く、運動の論理である。彼らは、資本主義を，樹木の原理によって作られた、欲望をその内部に閉じ込めて分裂症を作り出す機関だと考え、資本主義の発展した部分とその背後にある根本的問題点を明らかにすると同時に、資本主義変革の可能性を探求した。そしてさらに、資本主義以前の世界は、リゾームの原理によって作られたリゾーム成層社会であることを発見した。したがって世界全体は、リゾームの上に資本主義が作り上げた多くの成果が乗っかったものだと明らかにしたのである[20]。

その他にも検討されるべきネットワーク論は多い。しかしここではこれ以上検討することはできない。そこで、その名称だけでも書き留めておき、人々の注目を喚起しておきたい。social network分析は イギリスの社会人類学者アルフレッド・レジナルド・ラドクリフ＝ブラウン（Alfred Reginald Radclife=Brown）に端を発し、その後イギリスにおいて展開されてきた分析である。またそれは、アメリカにおいてマーク・グラノベッター（Mark Granovetter）などによって発展させられ、現代社会学を代表するネットワーク分析になっていった。もう一つは、従来の権力概念を批判し、むしろそれを『相互作用の一つのプロパティ」と考え、権力や社会はわれわれを結び付けるのではなくてわれわれがそれらを作り、絶えず変化させてゆくとして、ラディカルな社会関係主義の立場を取ったActor-Network Theoryである。それは、関係にあるいかなるものもなんら特別の意味や属性を持っておらず、反対にシステムにおけるノード同士の関係によって規定される、と考える[21]。

さて、いささか議論が複雑になったので、これまでのグローバル情報社会に関する議論を以下のように整理して先に進むことにしよう。

(1) グローバル化、個体化、情報化によって、人間の日常性を構成する基本要素、時間、空間、身体、言語、道具も大きく変化した。

(2) 私たちは三つの時間形態を総合する新しい時間形態を持ちうる可能性を与えられた一方で、ディジタルなドットの時間に捉えられ、未来を失っている。

(3) 空間は極限にまで拡大され、グローバルスペースが作られ、グローバル社会は外部の無い内部だけを持つシステムになった。そしてそのシステムと宇宙との間のインプット－アウトプット、そのシステム全体を見るような新しいパースペクティブを要請されている。

(4) 身体は時間と空間を内面化し、それによって作られた内的空間もさらに拡大され、ますます重要な役割を担うことになる。外的な空間と内的な空間がどのような関係になるのかが、今日における重要問題の一つである。

(5) これまでは人間は、身体に基盤を置いた言語によって、コミュニケーションをし、社会関係を形成してきたが、機械に基盤を置いた言語を使ってそれをするようになる。

(6) 道具は、第三次科学技術革命によって、かってなかったほどに精緻化され、身体の延長であることをはるかに越え、多くの点で人間を凌駕するかの如くになっている。

(7) これらの要素によって作り上げられたグローバル情報社会は、外部を持たない内部だけのシステムである。それは、システム全体として見ると、地球上の多くの地域が近代化に離陸、ないしはその途上にあることによって、地球全体を養えるほどの富の蓄積に成功したシステムであり、その意味ではこれ以上の成長は見込めない平衡システムである。しかし現実的にはこのシステムは、国民国家、領域国家をはじめとする様々な要素によって分断されており、多くの人々の生命の再生産さえ不可能な状態にあり、人々は近代の極限状況に生きながら、未来を失い、不安のなかで生きている。そこで、今求められていることの一つは、高原に立って、このシステムの状況を見定め[22]、私たちが直面している問題解決の方途を発見し、かつまた私たちのゆくべき方向を見出すことにある。

2　グローカルの意味するもの

これまで私たちは、時間と空間が私たちの日常性を構成する重要な要素であることを幾度か確認してきた。イマニュエル・カント（Immanuel Kant）の哲学が時間と空間を私たちの持つ主要な感覚の一つとしたように、これまでの社会理論は、時間と空間が密接に関係していることを明らかにすると同時に、時間が空間に優位することを前提にしてきた。そのことは、時間の短縮が近代社会の重要な目標の一つであることを見れば、想像がつくだろう。先に検討したメルッチの議論においても、そうした前提の名残を見ることができるかもしれない。彼は時間の変化には早くから敏感で、独立して時間論を展開したが、空間論の展開はそれよりも遅れ、しかも空間論は独立して展開することはなかったのである。

しかし 1990 年代後半以降、科学技術の革命の影響を受けて、時間と空間の形態変化が起こり、両者とりわけ空間の形態変化に多くの研究者の注目が集まるようになった。そうした研究者の一人で注目される研究者の一人が M. カステルである。彼は都市社会学、都市社会運動研究の第一人者であったから、科学技術、社会、空間、三つの間の弁証法的関係を研究するのにうってつけの研究者と言えよう。彼は、新しい先端サービス産業、世界都市、新しい産業空間、情報都市、サイエンス・パーク、の経験的研究を行い、それらを踏まえて新しい空間論の確立を準備した。

彼は、空間を社会の表現と考える。空間は社会の単純な機械的反映ではなく複雑な表現であると考える。彼にとっては空間は社会であると言い換えても良い。空間形態や空間過程は、全体的、包括的な社会構造のダイナミズムを表現し、さらに社会過程も人が既成の環境に働きかけることによって、空間に影響を与える。利害対立から起こる社会的対立や矛盾も空間に影響を与えるのだ。そこで、空間の複雑な社会における表現の仕方、空間形態、空間過程に底在する空間の論理を把握するのが、空間論の重要な課題になる。そしてカステルはまた、私たちは社会のあらゆる側面で時間の短縮、圧縮が行われた結果としての時間なき時間を生き、また他方ではあらゆる文脈において死が否定された新しく作り出された空間において生きているという意味で、「時間は結晶化された空間である」と考えていることも、忘れない様にしよう[23]。

カステルは、空間は社会的実践との関係なしにはありえないとの立場をD. ハーヴェイ（David Harvey）と共有しながら、空間を「時間を共有する社会的諸実践の物質的な支援である」と定義する。すなわち空間は、領域的近接性を共有する社会的実践を可能にする、電子サーキット、交通システムなどの社会的支援、社会的実践を結び付け組織化するもののことである。この定義で注意されるべきことは二つある。一つは、物質的支援は、象徴的意味なども密接に関連していることである。そして二つは、時間を共有するということは、これまでの物理的近接性だけではなくて、様々な情報機器に支えられたその範囲をはるかに越えた社会的諸実践が結び合わされることが含意されていることである。

カステルは、社会はフローの空間だと言う。フローとは、「社会の経済的、政治的、シンボリックな構造における、社会的行為者によって占められた、しかも物理的に切り離された位置の間で行われる相互作用や交換」のことである。技術、相互作用、イメージ、サウンド、シンボルなどの交流である。社会はフローを巡って組織されると考えられる。したがって、社会は何よりもまず、フローの空間である。生活を構成する支配的な過程、フローを支え、様々な社会的実践を結び付け、支えるのが、空間である。その意味で社会は、フローの空間と言える。フローの空間とは、「フローを通じて作動する時間を共有した社会的実践の物質的な組織」[24]である。

さらにカステルは、このフローの空間を三つの層に区分する。第一の層は、エレクトロニックな交換のサーキットによって実際に構成されたものである。

具体的には　マイクロエレクトロニクス装置、テレコミュニケーション、コンピューター処理、放送システム、高速輸送システムなどである。重要な機能の接合は、この層の支援によって構成された空間形態、ネットワークにおいて行われる。したがって、これまでの産業社会において組織や都市が果たした役割は、空間形態によって取って代わられる。従来の場所（place）はなくなりはしないものの、その論理と意味はネットワークに吸収されてしまい、変化する。

フローの空間の第二の層は、その空間のノードとハブとによって構成される。直前にも触れたように、フローの空間、ネットワークは、その構造的論理としては場所を必要としない。しかしそのネットワークは、具体的な社会的、文化的、物理的、機能的特徴をもった場所をリンクするものでもある。それらの場所のうち、「ある場所は、ネットワークのあらゆる要素がスムーズに相互作用しネットワークの内部に統合されるように、諸要素間の調整の役割をつかさどる」「交換とコミュニケーションのハブ」[25]である。またある場所は、「主要な機能を遂行する活動や組織群を作り上げる」「戦略的に重要な機能のロケーション」[26]ノードである。ノードにおけるロケーションは、ローカリティをネットワーク全体へと結び付ける。

フローの空間の第三の層は、経営、管理エリートの組織である。それは情報主義の精神という文化的なコードを持つことによって、その組織の一員になり、フローの空間における様々な機能を結び付けて空間の機能を極大化するのに務めると共に、大衆の側を分断・統治する。この場合、エリートはコスモポリタンであり、大衆は彼らの歴史、文化、場所にしばられるという矛盾があり、エリートがどのようにこの矛盾を解決してゆくかが問題になる。近年大きく問題になっているポピュリズムは、エリートがナショナリズムを振りかざして大衆を獲得することを特徴とするが、それもこの矛盾の解決方法のひとつかもしれない。

フローの空間が場所に取って代わるようになると、社会、建築、デザインは、その形態、機能、過程、意味などの根本的な変化を経験することになるだろう。規則やルールといったコードに縛られるモダニズムは個別の社会環境、文化、経験と結びつき、それを社会において、建築、デザインにおいて表現したが、ポストモダニズムは、特定の環境、社会、文化、経験から切り離され、それらを超越し、コード破りをコード化して、様々な要素をミックスする。ポストモダン建築は、フローの空間を表現したものであり、究極的には、歴史からの超越、歴史の終焉を体現したものかもしれない。

しかし勿論、フローの空間が完全に場所の空間に取って代わることはありえない。カステルもフローの空間と場所の空間を対比している。カステルによれば、場所とは「その形態や意味や機能が物理的に連続した境界の内部で自己充足されるローカル」[27]である。場所の空間は、人々が根を持ち、生活を再生産し、文化を享受・創造する場所である。それは必ずしもコミュニティではないが、豊かな社会関係が繰り広げられる場所である。

議論がここまでくれば、1970年代以降ヨーロッパを中心にして行われた地理学の再構築、これまでの地理学に取って代わるもう一つの地理学を確立する試みに触れないわけにはいかないだろう。

先にも書いたように、カントは空間と時間をあらゆる感覚の一つの次元として理解した。それを受けて社会学ではE. デュルケム（Emile Durkheim）とM. モース（Marcel Mauss）は、地理的空間を遠—近に区分すると共に空間を「原初的分類の最初の形態の一つ」と位置付けた上で、場所をあらゆる社会部門、分化をつなぎとめるものとした。また地理学、心理学は、一つの文化において受け入れられた共通の空間的感覚の論理を解明することに、関心を寄せてきた[28]。

しかしその後の地理学の歩みは必ずしも順調だったとは言えなかった。何故ならば空間という用語は、きわめて広範な意味を持たされて使われ、広大な意味論的フィールドであり、しかも認識論、存在論の「語られざる次元」の一つであるがゆえに[29]、非常にあいまいな用語になってしまい、多くの人が使用することを控えるようになってしまったからである。この閉塞状を打破する機運は、現実面では個人の行為、生活の範域の拡大、国際化、グローバル化であり、理論面では、H. ルフェーブル（Henri Lefebvre）、P. ブルデュー（Pierre Bourdieu）、M. フーコー（Michel Foucault）等の理論が展開されたことである。

空間論の再構築を担った一人 R. シールズ (Rob Shields) は、空間的なものの社会的構築を「社会空間化」とよび、それをルフェーブル、ブルデュー、フーコーの理論を使って明らかにしようとした。彼はまず、ブルデューのハビトゥス (habitus) 理論を取り上げる。ブルデューによれば、ハビトゥスとは「身体化された歴史」である。すなわち行為主体は、経済構造、社会構造、文化構造など様々なものを身体化しながら生きているのであるが、この身体化された構造、その意味で主観的構造を客観的な構造にするものが、ハビトゥスである。ブルデューは、空間的なものを文化構造、ハビトゥスの部分として考え、ハビトゥスが空間的実践を作り出すと考えて、理論化しようとした最初の社会学者である。ブルデユーは、経験はシステムであり、客観的世界はリアリティに文化的カテゴリーを課すことによって構築されるという E. カッシラー (Erunst Cassirer) の構造主義的認識論に立つ。したがって彼は、感覚は、人を取り巻く環境の事実性とは区別される価値フレームを媒介して生起すると考えた。この考え方を用いれば、ハビトゥスが感覚、実践感覚、空間実践、空間、を生み出す過程、空間化、空間形成過程を説明できる。さらにシールズは、ブルデューの認識論によれば、認識主体の実践こそがその主体に固有の形で対象をもたらし、対象を認識するのであるから、その認識は部分的、断片的なものであるので、どうしても部分、断片を結び付ける組織化の過程を必要不可欠なものにすることを明らかにする。

つまりブルデューにとって社会空間の形成は、ハビトゥスに依拠する組織化、組織形成であることを明確にしたのである。

以上のような社会空間の把握の試みは、ブルデューだけによってなされたのではない。ルフェーブルやフーコーによっても行われた。**表 5-2** は、ブルデユー、ルフェーブル、フーコーの空間論をシールズが比較したものである。ルフェーブルは、空間が地理学によっては領域 (teritory) と捉えられたり、経済学では財産と捉えられたり、建築学では居住環境と考えられたりする、つまり個々バラバラに捉えられる現状を批判し、空間を統一的に捉えることを試みた。そのために彼は、三つの空間概念を用意した。一つは社会的実践、

表 5-2　ルフェーブ、 ブルデユー、フーコーの空間の定義の比較

ルフェーブル	ブルデユー	フーコー
空間の弁証法	ハビトゥス	装置
空間の表象	組織化行為	戦略
日常実践	ハビチュアル状態	司法
表象の空間	性向	適当な行為かどうかの判断

（Rob Shields, Place on the Margin-Alternative Geographies, p.59。一部省略）

諸活動の空間である。二つは、欲求に応答するように形成された理論や科学や哲学といった意味での「空間の表象」である。そして三つは、伝統的な空間理解を妨げる抽象的な社会像を意味する「表象の空間」である。彼はこの三つの空間の複雑な弁証法的関係として、空間を統一的に理解したのである。フーコーは、装置の考古学を展開した。彼によれば、社会はその安全を確保するために、「実践のシステム」を内側と外側両方から統制する。それを担うのが装置である。「実践のシステム」には様々なものが含まれるが、主要なものの一つは法律である。権力は法律を基準として適切な行為を判断し、適切でない行為を犯罪として処罰する。権力は具体的にはそれを、監獄に閉じ込めるという、空間をコントロールする形で行う。社会の安全にとってきわめて重大な問題をコントロールするためには、多くの権力関係を結び付け総合する「戦略」をもって事に当たるのである。社会空間の形成、コントロールこそが、最も重要なものに他ならない。

本章の文脈では、これ以上の空間論の展開は不要であろう。むしろここで指摘する必要があると思われるのは、空間において場所が表象される、想像される、イメージされること、空間、空間のシステムが限界にまで拡大されること、それに伴って場所の表象、イメージ、センスがどのように変化するのかを問うことである。

以上の議論から、情報グローバル社会におけるグローバルとローカルの関係、その意味するものについて、様々な理解を得ることができるだろう。

(1) フローの空間の第一の層は、空間の論理を提供、支援しており、グローバルである。これを狭い意味でのグローバルと定義しておく。
(2) フローの空間の第二の層、ハブとノードは、グローバルとローカルである。
(3) フローの空間の第三の層、エリートは、場所の空間とフローの空間において、グローバルとローカルである。
(4) フローの空間の第四の層、大衆は、社会運動において見るとグローバスとローカルである。
(5) フローの空間と場所の空間との関係は、グローバルとローカルである。

グローバルとローカルの複雑な関係をグローカルと呼んでもいいだろう。グローカル研究というのは、グローバル情報社会の研究、とりわけ (1) から (4) に焦点を当てたグローバル情報社会の研究である。グローカル研究は、グロバル化のインパクトをうけるローカルの研究にとどまらない。グローバルのなかに個人の経験を位置付けなおし、諸個人が既存の規範やルールを超えて、社会空間を形成し、社会関係を組織し、社会、文化を発展させる、その過程の研究である。

グローカルを以上のように考えるのなら、それはグローバル化の研究で事が足りるのではないかと、考える人が多いかもしれない。なぜならばグローカル研究は、グローバル化のローカルへのインパクトを得て、研究が始まったと考える人が多いからである。しかし実態をみればそれは逆である。実際はローカルでネットワーク化が進んだからこそ、グローバル化が進展したのであり[30]、グローバル社会運動も、ローカルに現象する。あくまでもローカルが考察の中心にならざるを得ない。

3　グローカルとパラダイム転換

以上のようなグローカルの意味は、これまでの行論からも明らかなように、社会変動、社会発展、社会変動論、社会発展論のパラダイム転換によって明らかになったものである。

そこで、このパラダイム転換に関して、立ち入った考察を巡らせておくことにしたい。そうすることによって、グローカル研究が、社会科学の大きな流れのなかにおいてどのような位置を占めるのか、グローカル研究はいかなる方法を用いるのか等の点が明らかになるだろう。

まず繰り返して指摘しなければならないことは、グローカルの意味は、パラダイム転換によって明らかになった、ということである。それでは、パラダイム転換とはどういうことか。この点を先のメルッチのエコロジーの議論を使用して説明することにしよう。もう一度表5-1を参照されたい。

表5-1は、メルッチが人間の日常生活のミニマムエッセンシャルな次元を取りだし、それを用いて人間の行為を議論したものを、筆者が整理し、メルッチの議論から論理必然的に導き出されるものを若干付け加えてできたものである。この見方は、従来の見方とは異なるものである。旧来のものの見方に囚われると、そのものの見方の範囲内でしか変化によってもたらされる現実は捉えることができない。そこで大きな変動が起こっているにもかかわらず、古い概念で捉えられる側面のみを捉えて、ポスト・インダストリアル社会などと称することになるのである。新しいパースペクティブ、概念、理論によってこそ、新しい社会変動の現実を捉えることができるようになる。パラダイム転換を行ってこそ、新しい現実を把握することができるようになるのである。

メルッチは、空間に関しては、グローバルな空間と内的空間に関して議論を展開している。グローバルな空間とは、私たちの生活、行為が覆い尽くしている世界の空間のことである。内的空というのは「生物学的、情動的、認知的な構造」[31]のことである。自然環境などの外的問題が政治問題化している状況のなかで、内的空間がこれからの人間と地球の可能性と危険性に大きな影響を及ぼすものと考えられている。メルッチは、エコロジーを例にとって、パラダイム転換の意味を説明している。メルッチは、エコロジーが現代世界において重要なイッシュ—になるのは、私たちの精神や情動を通じての世界の経験のされ方が質的に変化した結果であると理解する。その上で、エコロジー（内的空間）の特徴や意味を次のように説明している[32]。第一に、エコロジーはシステミックな問題である。つまりエコロジー問題は、外的表層の背後に地球規模での相互依存関係が存在していることを明らかにしている。第二にエコロジー問題は、「人間行為の文化的次元」の重要性を強調する。すなわち私たちの生存のカギを握るのは「目的合理性に基礎付けられた手段の体系」ではもはやなく、それと同等に、人間の意識と行為の新しいフロンティア、社会関係、象徴システム、情報の循環にあるということである。私たちは、現実が文化的構成物であり、私たちは知覚によって選び取られた現実を手にしているのである。第三にエコロジーの問題は、階級や国家によって制約された個人の問題ではなく、個人としての個人の問題であるということである。そして最後にエコロジーの問題は、「コンフリクトの複雑・複合体系」の問題であり、日常生活のなかにおける差異、可能性、制約を可視化して、交渉できるようにし、そうした努力の結果としての連帯によって、支配的コードへの挑戦によってのみ解決することができる[33]。

メルッチは、エコロジーの新しい意味に注目するためには、内省によって既成の見方をすることをやめ、私たちのものの見方を変える必要があると主張する。例えばなによりもまず問題解決を優先させ、その問題解決がどのような結果をもたらすのかなどを考えるのを無視する立場に立って、問題を外科的に解決するよりも、身体の発する兆候を慎重に聞き取り治療する内科的なアプローチを重視するというように。

メルッチは、今日あらゆる事象、出来事は、グローバルな空間、外的空間と内的空間の境界に位置する身体上で起こると言っている。この発言は、一聴した場合には奇妙な発言のように思われるかもしれない。しかしこの発言は、現在における若者の気候変動に反対する運動や若者の審美化に根差した文化活動[34]などをよく見てみると納得がいくかもしれない。グローバルな空間と「生物的、認知的、情緒的構造」としての内的空間が上手く結び付けられれば、肯定的な情動が働き、適切な認識も可能になり、様々な問題の解決方法も見出すこともできるようになり、人々は未来を見出して前に進むようになる。また人々は、音楽、漫画、アニメといったグローバル文化に見られるように、社会的なものの審美化に基づいて、世界像を共有することも可能になる。反対にそれができない場合には、人々は否定的情動に捉えられ、正確な認識を欠き、結果として未来を失い、過去に帰ろうとする。またシステミックな問題を国民国家の枠組み内部で解決しようとする愚を犯してしまう。後者がポピュリズムといったものの土壌かもしれない。

4　理論のグローカル

パラダイム転換を必要不可欠にする文脈は多々あるだろう。グローバル化、情報化によって、人間の行為が地球全体を覆い尽くすようになったこと、それに伴って人間が意識の新しいフロンティアを持つようになったこと、今まで検討してきた諸点に加えて、モダニティの大変容という全てのものを包括する文脈に留意することも、私たちに課せられた課題と考えられる。

カナダの哲学者チャールス・テーラー（Charles Tayler）は、モダニティを(1)近代道徳的秩序、(2)社会的想像（Social Imaginary）、(3)理想主義、(4)個人の離床、(5)市場経済、(6)公共領域、(7)公私の区別、(8)人民主権、等の順に考察した。勿論これは記述の順序であって、モダニティがこの順序で成立、発展したということではない。しかし彼がモダニティの成立・発展にとって、道徳的秩序、社会的想像、観念の力、個人の自立・独立、といった次元の重要性を重視したことは、きわめて重要なことである[35]。

テーラーのいう道徳的秩序とは、人民が相互利益を得ることのできる、しかもそのための手段を人民が手にすることを期待できる秩序、さらには人民に自由、平等、人権などを保障する秩序である。テーラーの重視する社会像とは、人民が持っている、私たちの社会はどのようなものであり、私たちはどこから来たのか、私たちはどこに行くのか、に関するイメージのことである。テーラーは、この次元を大いに重視していると考えられる。そうだからこそ、彼はモダニティを説明した本のタイトルに、「現代社会像」というタイトルをつけたのであろう。また自由、平等、友愛、人権といった観念や理想によって突き動かされた人民があってこそ、そして何よりもまず、個人が伝統的な共同体から解放され、自律・自立・独立したがゆえにモダニティが発展したしたのである。テーラーのモダニティに関する分析、記述は、当たり前と言ってしまえばそれまでだが、モダニティのその後の発展・展開のなかではしばしば忘れ去られがちであるので、重要な指摘として留意する必要があると言わなければならない。

以上のような前提に支えられながら、モダニティは自己言及的に自らを作り変えながら、展開されていった。その結果、モダニティは人々がポスト・モダニティとか再帰的近代とか後期近代とかと呼びならわす段階にまで到達した。しかしその過程は、工業化・産業化、イデオロギーなどをはじめとして多くのものが終焉する過程であると共に、もう一つ別の、例えばカントの判断力の次元のモダニティが発見される過程でもあり、さらに言えば、モダニティを支えてきた道徳的秩序が当たり前化すると同時に力を削がれ、観念の力も失われるようになり、テーラーの重視した社会像も失われてしまった過程でもある。その意味では、ポスト・モダニティ、後期近代と呼ぶよりは、モダニティの終焉と言った方がむしろ現状に近い感覚に囚われる場合さえある。現在必要なことは、明らかに、モダニティを支えてきた道徳の再生、社会像の新たなる構築、観念の力の再活性化の課題だと言えるかもしれない。

現段階のモダニティは、S.N. アイゼンシュタット（S. N. Eisenstadt）の文明分析に基礎をおいて、マルチプル・モダニティ[36]という理解を容認するところまで来ている。これは後発国の発展を考慮すれば、当然であろう。しかし「欧米においてのみ」という認識は影をひそめたものの、多系的発展を理論化するまでには至っていないのではないか。この課題は依然として課題として残されたままである。

テーラーは、「近代社会像」の最終章を、「ヨーロッパの地方化」と題して、この課題を提起しているが、問題提起だけであって、ほとんど実質的な内容はない。この課題は、欧米と同時に、後発発展国とその社会科学が担う問題であろう。だとするならば、欧米以外ではじめに現代化の歩みを始めた日本と日本の社会科学の役割は大きなものと考えられるだろう。

5　グローカル研究としての内発的発展論

日本の社会科学は明治維新以降、「欧米の地方化」、理論のグローカル、の課題に、意識するかしないかにかかわらず取り組んできた。したがってこの観点から日本の社会科学史を解明することは、重要な課題として私たちに残されている。

天皇制に制約され、いつかは主人になってやろうという意識に突き動かされて破滅の道を歩んだ戦前の経験を踏まえて、第二次世界大戦以後の日本の社会科学は、改めて、いやより妥当な文脈において、この課題に向き会うことができたはずである。

この課題に、意識的に、真摯に、生涯、取り組むことになった社会学者の一人として、鶴見和子をあげることができる。鶴見和子は戦前アメリカに留学したが、太平洋戦争の激化によって帰国、その後は批評家、活動家として活躍したが、1962年から64年にかけて再びアメリカに渡り、社会学を研究した。こうした鶴見の経歴は、彼女が理論のグローカル化の課題に意識的に取り組むことになった要因の一つであることは間違いない。

鶴見は博士論文の研究テーマとして、第二次世界大戦以前の日本社会から第二次世界大戦以後の日本社会への社会の大変動のなかで、日本の個人は如何なる変化を経験したのかという問題を選んだ[37]。理論はタルコット・パーソンズ（Talcott Parsons）、マリオン・リーヴィ（Marion Joseph Levy Jr.）の構造機能主義、バリントン・ムーア（Barrington Moore Jr.）の葛藤システム論、シルヴァン・トムキンズ（Silvan S. Tomkins）の心理学を組み合わせて作られた。ここでは理論の詳細には立ち入ることはできないが、葛藤システム論とは、システムをコンフリクトの管理を行うシステムと考えるシステム論である。トムキンズは、情動、情緒、感情などと認知、イデオロギーなどとの関係を心理学的に解明した[38]心理学者である。

鶴見はこの論文において、「死にがい」ではなくて「生きがい」が追求できる社会の到来のなかで、個人の情動姿勢は怒りや不安といった否定的な姿勢から安心などといった肯定的なものに変化し、この変化と関連して、認知、イデオロギーも、特殊主義的な認識から普遍主義的、合理的認識へと変化したことを明らかにした。鶴見が変化を把握しようとして用いた具体的な方法は社会、文化、パーソナリティなどの型を作り、その型の変化を分析するパターン変数分析であったから、分析がいささか形式的にならざるをえなかったが、とりわけ認識は理性などの合理主義によって進められると考えられていた常識を、むしろ情動姿勢が強く関連していることを実証した点などは、今日にもつながる成果として評価できるのではないだろうか。

鶴見のこの論文のなかには、鶴見のその後の研究で育てられるいくつかの芽がすでに現れている。例えば鶴見は、戦後社会への転換を肯定的な形で体現した者は、1960年代初頭までの学生運動への参加者であったことを明らかにし、彼らは自己教育の成功者だと結論付けている[39]。また鶴見は、戦後は折衷主義、プラグマティズムの立場に立って、マルクス主義の多様化が進んだことを評価している。鶴見は生涯、社会・文化の分析においては、どんな問題であっても社会運動との関連が重要であるとの立場を持ち続けた。またマルクス主義が日本社会・文化の伝統を問い詰めるところに行きついたことを発見し、西欧産の合理的な理論と日本社会・文化の関係の問題をより一層自分の内在的な課題として行ったのである。

テーラーの議論に照らしてみた場合、西欧においてモダニティの発展に寄与した近代道徳秩序、理想主義、個人はあったのかどうか、何がその役割をはたすのかこの問題が鶴見を捉えたのである。この問題への回答の出し方が異なるが、問題は丸山眞男をはじめとする多くの知識人と同じだったと考えられる。しかしその回答を実際に出しえたのは、それほど多くはない。鶴見はその一人だった。

鶴見は、自分の内発的発展論は、リーヴィの近代化論と、南方熊楠の曼荼羅論、柳田国男の民俗学の三つによって可能になったと言っている[40]。リーヴィからは、徹底的に理論に関する訓練を受けると共に、対立する理論への接し方を学んだ。南方の曼荼羅論からは、南方が科学方法論においては因果論、偶然性論、カオス論を含めて世界の最先端をゆくものであったことを発見すると共に、彼の理論が明確な概念と曖昧な内念、形式論理と古代論理を対決させ、両者の違いを明らかにした上で、両思考を再構成して結合したものであることを見て取った。柳田の場合も南方とほぼ同じであるが、両思考の違いを認めながら、両思考の違いの対決を回避して融合させ、一つの体系のなかに異なった思考の存在を認める方法を柳田が取ったことに留意している。

要するに鶴見は、南方の曼荼羅も柳田の民俗学も、「時間も空間も異なる二つの文化を心の中で格闘させ、やがて結合させようとした過程のなかから生まれたもの」であり、外来思考と土着の思考の関係も同様であることを発見したのである。この過程において、個人の持つ意識、とりわけ無意識の重要性も強調されている。ここに鶴見の内発的発展論の礎が据えられた、発見されたと言って良い。

鶴見は内発的発展を、近代化がもたらす「弊害を癒し、あるいは予防する社会変化の過程」[41]と定義している。近代化論が先進国とりわけアメリカをモデルとして作られ、ややもすると抽象的な一般理論になりがちであるのに対して、内発的発展論は後発国、発展途上国の経験に基づき、比較的抽象度の低い理論を目指すものである。

この定義に対して、鶴見はいくつかの注釈を付けている。その中心は、内発的発展論が先進国をモデルにしてそれに追い付くことを目指すのではなくて、後発国、途上国の経験に依拠することの意味を展開することに置かれている。内発的発展論は、近代化論とは異なり、どちらかというと、物質的側面や技術の発展の側面よりも精神的覚醒の側面を重視する。しかし先進国には全く通用しないということではない。先進国には、「進歩の貧困」（ヨハン・ガルトゥング、Johan Galtung）、すなわち精神的貧困や第三世界状況が作り出されているからである。自助努力という考え方も含めて精神的覚醒を強調する内発的発展論は、地球社会全体に提案できる理論である。

近代化論が全体社会を単位とするのに対して、鶴見和子は、内発的発展の単位を地域に置く。鶴見がここでいう地域とは、国民国家よりも小さい区域のことであり、必ずしも一つの国家の下位体系ではない区域も含まれて使われている。鶴見はこの地域をコミュニティに置き換え、コミュニティ論を援用して、コミュニティの構成要素を、人々が生活する「場所」、「共通の紐帯」、「社会的相互作用」の三つとし、コミュニティ論を場所の限定を省くコミュニティ論と省かないそれに区分し、いずれのコミュニティ論も有効であって捨てがたいと評価している。その上で鶴見は、コミュニティ内部の人々の相互作用と、コミュニティ内部の人々と外部の人々との相互作用とを同等に重視し、それらが内発的発展にとってきわめて重要であることを強調している。この定住と漂泊の問題は、鶴見が柳田に学んだものに他ならない。

また鶴見は、内発的発展論は、政治権力としての第一システム、経済権力としての第二システムとは異なる第三システムの建設を目指すものだと主張する。したがって「それは社会運動でもあり、運動としての社会科学を作る課題を持っている」ことを指摘する。だがこの運動は、権力の掌握を目指すものではないことに注意を促している。

さらに鶴見は、内発的発展にとって、伝統の再創造がきわめて重要であることを主張する。伝統とは、ある地域や集団において、世代から世代へと継承されてきた「型」「構造」のことである。伝統をかたくなに固守したり、逆に伝統を一方的に拒否するだけでは、内発的発展は行えない。新しい状況に対応して伝統を適切な形に作り変えてゆくことが必要不可欠なことなのである。

南方を基礎理論とし、柳田を日本文化の原型論とする以上のような内発的発展論を、理論のグローカルという視点から考え、発展させようとする場合に重要になるのは、鶴見の日本の土着文化と外来文化の関係に関する議論である[42]。日本の土着文化は、『古事記』、『日本書紀』の段階で確立された。しかしその土着文化も、それまで日本に流入してきた外来文化を土着化することによって確立されたものである。そしてその後の日本文化の発展は、確立された土着文化を基盤としながら、その後流入してきた様々な外来文化を受容、変形する形で土着化することを通じて、発展してきたのである。したがって私たちに課せられた重要な課題は、土着文化と外来文化の複雑な関係、流入してきた外来文化をどのようにして土着化させるのかそのメカニズム、過程を明らかにすることである。

鶴見はこの課題に挑戦し、そのメカニズムを「正面衝突を回避しようとする態度……そのために、矛盾、対立しそうな宗教や、価値や、イデオロギーを、なるべく接触させないように切り離して、別々の用途に使いわける。また矛盾律という原則そのものを気にしない態度」[43]と表現し、その態度を多重構造型と命名した。そしてさらに、自らの議論が静態的な類型論であることに気が付き、その議論の動態化に努力した。

鶴見は最終的に、外来文化の受容だけではなくて、日本の土着文化の普遍性、土着文化の外化の重要性を主張する。鶴見は日本文化の普遍性を、アニミズムに見出した。したがって鶴見は、研究の最終局面において、アニミズムのエコロジーを究め、主張することになったのである。

6 グローカル理論の再構成

鶴見の内発的発展論には、様々な問題点が含まれているだろう。それらを克服して内発的発展論をさらに発展させるのは、重要な課題である。しかしここではこの点を深めることはしない。むしろ、これまで展開されてきた社会科学全般に関係する大きな根本的問題を提起して、本章の結びとしたい。そのためには、私たちは再びA. メルッチに戻らなければならない。

メルッチは、私たちが直面している社会の大変動は、誰の眼にも、これまでの近代化—産業化論と資本主義論両パラダイムでは社会を十全に捉えることができないことを明らかにした、と言う。それだから、脱とか、後期とかの接頭辞を付けた社会論は不十分である。

そこで多くの研究者は、旧来の概念を用いて、一つの社会の個別の側面を捉えようとして、その概念とリアリティとの往復運動を行うことになる。こうした経験的研究は、勿論、これまでの社会科学が明らかにしてこなかった空隙を埋めるのには貢献できるかもしれない。しかしメルッチは、次のように主張する。この往復運動を行い、それを明らかにすると共に、その限界を自覚し、その背後にある社会が如何なるものであるかを鋭く意識、自覚することが、運動と共に重要である。この自覚、明識は単に方法論的な道具として重要だけではなくて、知識、情報、科学技術などによって、行為の象徴次元の発展、強化、支援が重視される情報社会における権力の形態、社会的対立の形態に関する倫理的、政治的立ち位置の選択肢を涵養するものとしても重要である[44]。

それでは以上のような理論的立場に立った場合、古い概念とリアリティとの間の経験的な往復運動から、何が分った、あるいはどのようなコンセンサスが作られているのだろうか。メルッチはそれを次のように述べている[45]。

第一は、情報が社会の主要な資源となる情報社会が成立し、その結果、社会の反省的、人工的な、構成された側面が活性化されたことである。したがって私たちの経験や意味も、情報によって構築された文脈において起こるのである。その結果、個人はリアリティを従来とは異なる形で認識するようになり、それはサイン、イメージとして内面化、身体化されることになる。

第二は、惑星化が進行したことである。惑星化とはシステムがその限界まで到達したことである。その限界の外側には、もはや時間もなければ空間もない。また惑星化は、別の角度から見れば、脱場所（dislocation）である。そして他方では、過去、未来というよりは現在に生きる「現在化」をも意味する。したがってこの惑星化は、リアリティの知覚、感覚、リアリティの定義の仕方に大きく影響するものである。

第三は、社会の主要な資源となった情報は、本来的に反省的、自己準拠的なものであり、それを取り扱うこと、コントロールすることはきわめて難しいということである。情報が社会の主要な資源になったということは、社会において人間の主要な基本的欲求は充足されているということを意味するが、他方その情報を取り扱うのは高度な能力を必要とする。こうしたことから、情報社会には新しい差別、不平等、対立の問題が潜んでいることを忘れてはならない。

以上のような基本的視点を踏まえて、内発的発展論、理論のグローカルを再構成、発展させることが、私たちに課せられた課題の一つであろう。

注

1　Taylor Charles, Modern Social Imaginaries, 2004, Duke University Press, Durham and London. 上野成利訳『近代—想像された社会の系譜』岩波書店、2011 年。

2　Melucci Alberto, "Individual Experience and Global Issues in a Planetary Society" Social Science Information, 35(3) pp.485-509, Sage Publications.

3　Melucchi Alberto, Playing Self, 1996, Cambridge University Press, Cambridge. 新原道信・長谷川啓介・鈴木鉄忠訳『プレイング・セルフ』2008 年、ハーベスト社。第一章、011-034 頁。

4　この点は、私が山之内靖氏と共にメルッチにインタビューした際に質問したことがある。それは今後の課題だと回答した。この部分は、『思想』掲載時には省かれている。アルベルト・メルッチ「現在の遊牧民」（聞き手、 山之内靖・矢澤修次郎）『思想』1995 年 3 月号。

5　アルベルト・メルッチ、 前掲書、第一章、 011-034 頁。

6　アルベルト・メルッチ、前掲書、035-037 頁。

7　アルベルト・メルッチ、前掲書、043 頁。

8　柄谷行人は、単独性（singularity）という用語を使用している。柄谷行人『探究 II』、1994 年、講談社学術文庫、第一章。

9　例えば、Readings Bill, University in Ruin, 1996, Harvard University Press, Cambridge, Mass. p.115, 141.

10　この点は、N. プーランザスから B. ジェソップへと展開されたマルクス主義国家論の主要論点の一つであった。Smith J. Mark, Rethinking State Theory, 2000, Routledge, London, Chap.5.

11　Wellman, Barry ed., 1999, Networks in the Global Village, New York, Routledge

12　Cavanagh Allison, Sociology in the Age of Internet, 2007, Open University Press, Berkshire.　この本は、グローバル情報社会論の簡潔にして適切な紹介になっている。以下のグローバル情報社会論の記述は、この本に負うところが多い。

13　Castells Manuel, The Rise of Network Society, Second Edition, 2000, Blackwell, London, p.453.

14　カステルのこのような議論は、彼の議論が保守的であるとの印象を与えている。しかしこれは論理的な議論であって、彼がこれまで研究してきた都市社会運動などの有効性を否定するものではない。

15　Cavanagh Allison, 前掲書 , pp.38-40.

16　Hardt Michael and Negri Antonio, Empire, 2000, Harvard Univer5sity Press, Cambridge, Mass.　水嶋一憲・酒井隆史・浜邦彦・吉田俊実訳『帝国』以文社、2000 年、33-38 頁。

17　マイケル・ハート、アントニオ・ネグリ、前掲書、400 頁。

18　マイケル・ハート、アントニオ・ネグリ、前掲書、401 頁。

19　Laclau E. 2004, Cavanagh Allison 前掲書から引用。

20　G. Deruze, F. Gautari, Mille Plateux, 1994．　宇野邦一他（訳）『千のプラトー』河出文庫、2006 年。

21　Cavanagh Allison, 前掲書, pp.32-37.

22　見田宗介『現代社会はどこに向かうか―高原の見晴らしを切り開くこと』岩波新書、2018 年。

23　マニュエル・カステル、前掲書、440-443 頁。

24　マニュエル・カステル、前掲書、442 頁。

25　マニュエル・カステル、前掲書、443 頁。

26　マニュエル・カステル、前掲書、443 頁。

27　マニュエル・カステル、前掲書、453 頁。

28　Shields Rob, Place on the Margin-Alternative Geographies of Modernity, 1991, Routledge, London and New York.

29　Shields Rob, 前掲書、30-31 頁。

30　マイケル・ハートとアントニオ・ネグリは、マルチチュードの力の強まりが帝国を生んだと理解している。またシリコンバレーでネットワーク化が進行したのは、その地域でローカルにネットワーク化が進行し、それがグローバルにつながったのである。矢澤修次郎「情報主義の精神とは何か―その生成・構造・動態・イデオロギー」庄司興吉編『情報社会変動の中のアジア』東京大学出版会、2004 年。

31　アルベルト・メルッチ、前掲書、081 頁。

32　アルベルト・メルッチ、前掲書、080-087 頁。

33　Melucci Alberto, Challenging Codes‒Collective Action in the Information Age, 1996, Cambridge University Press, Cambridge, UK.

34　Shujiro Yazawa, “Cltural Contradiction and Social Change” in Vincenzo Chiccery and Sylbie Octobre, pp. 315-318.

35　チャールス・テーラー、前掲書。

36　Eisenstadt, S. N. Comparative Civilizations and Multiple Modernities, 2003, Brill, Leiden and Boston.

37　Tsurumi Kazuko, Social Change and the Individual-Japan Befor and After Defeat in World War II, 1970 Princeton University Press, Princeton, NJ.

38　Tompkins, Silvan, S. Affect, Imagery, Consciousness, 1992, Springer, New York.

39　鶴見和子「自己教育の場としての学生運動」『鶴見和子曼荼羅Ⅲ　知の巻　社会変動と個人』1998 年、藤原書店、246-314 頁。

40　鶴見和子「序説　南方曼荼羅―未来のパラダイム転換に向けて」『鶴見和子曼荼羅Ⅵ　環の巻　内発的発展論によるパラダイム転換』1999 年、藤原書店、8-26 頁。

41　鶴見和子「内発的発展論の系譜」鶴見和子・川田侃編『内発的発展論』1989 年、東京大学出版会、43 頁。

42　鶴見和子「土着文化の普遍化への道―『土着文化と外来文化』総説」『鶴見和子曼荼羅Ⅳ　土の巻　柳田国男論』1998 年、藤原書店、43-79 頁。

43　鶴見和子、同論文、70 頁。

44　アルベルト・メルッチ、前掲論文、486 頁。

45　アルベルト・メルッチ、同論文、486-488 頁。

参考文献

Castells Manuel, 2000, The Rise of Network Society, Second Edition, Blackwell, London.

Cavanagh Allison, 2007, Sociology in the Age of Internet, Open University Press, Berkshire Blackwell, London.

Deruze, G. Gautari, F. 1994, Mille Plateux, Editions de Minuit. 宇野邦一他訳『千のプラトー』河出文庫、2006 年。

Eisenstadt, S. N. 2003, Comparative Civilizations and Multiple Modernities, Brill, Leiden and Boston.

Hardt Michael and Negri Antonio, 2000, Empire, Harvard Univer5sity Press, Cambridge, Mass. 水嶋一憲・酒井隆史・浜邦彦・吉田俊実訳『帝国』以文社、2000 年。

Laclau E. 2004, “Can Immanence Explain Social Struggle” in Passanvant and J.D. Dean, (eds), 2004, Empire’s New Clothes: Reading of Hardt and Negri, Routledge, London.

Melucci Alberto, 1996, “Individual Experience and Global Issues in a Planetary Society” Social Science Information, 35(3) pp.485-509, Sage Publications.

Melucci Alberto, 1996, Playing Self, Cambridge University Press, Cambridge. 新原道信・長谷川啓介・鈴木鉄忠 訳『プレイング・セルフ』2008 年、ハーベスト社。

Melucci Alberto,1996,Challenging Codes-Collective Action in the Information Age, Cambridge University Press, Cambridge, UK.

Readings Bill, 1996, University in Ruin, Harvard University Press, Cambridge, Mass.

Shields Rob, 1991, Place on the Margin-Alternative Geographies of Modernity, 1991, Routledge, London and New York.

Smith J. Mark, 2000, Rethinking State Theory, Routledge, London.

Taylor Charles, 2004, Modern Social Imaginaries, Duke University Press, Durham and London. 上野成利訳『近代―想像された社会の系譜』岩波書店、2011 年。

Tompkins, Silvan, S. 1992, Affect, Imagery, Consciousness, Springer, New York.

Tsurumi Kazuko, 1970, Social Change and the Individual-Japan Before and After Defeat in World WarII, Princeton University Press, Princeton, NJ.

Wellman, Barry ed., 1999, Networks in the Global Village, New York, Routledge.

Yazawa Shujiro “Cultural Contradiction and Social Change” in Vincenzo Chiccery and Sylbie Octobr, 2019, Aethetic Cosmopolitanism and Global Culture, Brill, Leiden, pp. 315-318.

柄谷行人、1994『探究II』講談社学術文庫。

見田宗介、2018『現代社会はどこに向かうか―高原の見晴らしを切り開くこと』岩波新書。
アルベルト・メルッチ 、1995「現在の遊牧民」（聞き手、山之内靖・矢澤修次郎）『思想』1995 年 3 月号。
鶴見和子、1989「内発的発展論の系譜」鶴見和子・川田侃編『内発的発展論』東京大学出版会。
鶴見和子、1998「自己教育の場としての学生運動」『鶴見和子曼荼羅Ⅲ　知の巻　社会変動と個人』藤原書店。
鶴見和子、1998「土着文化の普遍化への道―『土着文化と外来文化』総説」『鶴見和子 曼荼羅Ⅳ　土の巻　柳田国男論』藤原書店。
鶴見和子、1999「序説　南方曼荼羅―未来のパラダイム転換に向けて」『鶴見和子曼荼羅Ⅵ　環の巻　内発的発展論によるパラダイム転換』藤原書店。
矢澤修次郎、2004「情報主義の 精神とは何か―その生成・構造・動態・イデオロギー」庄司興吉編『情報社会変 動の中のアジア』東京大学出版会。

第II部　実践編

第６章　「生」と「災」を巡る構造とその諸相

標葉隆馬・新倉貴仁・俵木悟

はじめに

日常の「生」がどのように営まれるのかの分析は、文化実践とその日常的「生」を取り巻く社会構造、ミクロとマクロの二つの視点を横断しながら進められる必要がある。本章では特に、ローカルな日常に根ざした文化実践がグローバルな制度構造に巻き込まれていくなかで生じる相剋と矛盾、生活者を形成する構造とその歴史経緯、そして災害などの日常的「生」の破壊に伴い生じてくる構造的暴力などへ関心を向けることにしたい[1]。

これらの分析視点を例示的に概観していくために、本章ではまず日本社会において「生」が「能率」という観点の下で変容してきたことに注目する。この「能率」は、様々な管理を促す権力の基盤となっている。続いて、このような「生」を取り巻く構造の変化とその暴力性について災害資本主義の観点を導入することでアプローチする。そして、最後に、日常における文化実践の民俗誌的記述から、日常的な「生」に根差した文化実践が、グローバルな構造のなかで陰に陽に受けてしまう影響とその課題について描画する。これらの作業を通じて、本章では、「生」の諸相に注目したグローカル研究、その視点の多様性について概観していきたい。

1　日本社会における「生」の能率化とミドルクラスの歴史

本章では、まず日本全体の社会構造の変容に目を向けたい。とりわけ、ミドルクラスの「生」を巡る歴史と現在に注目することで、人々の生の様態＝文化をめぐる問いに応える道筋が見えてくる。そして、この作業は、陰に陽に日常に埋め込まれていく社会構造的課題の背景を理解する一助となるだろう。

近代日本においてミドルクラスが社会的な集合性として浮かび上がってきたのは、第一次大戦期である。「中産階級」、「中間階級」、「中堅階級」といった概念で、資本家と労働者の間に位置付けられたこれらの人々は、「腰弁」や「俸給生活者」とも呼ばれたように、毎月の俸給を受けながら、生活を営み、消費生活を営む存在であった。

このようなミドルクラスの可視化の背景には、第一次大戦を通じた日本の産業構造の変容がある。特にヨーロッパの各国が戦時体制を敷いたことにより、輸入が途絶すると共に輸出が増大し、工業が高度化する。また生産の増大に伴う管理業務の増大は、高等教育を受けた人材を必要とする。1918年に成立した原敬内閣のもとで行われた大学の拡充政策はこのような産業の要請に対応するためのものであった。

だが、輸出の代価としてもたらされる資金の流入と国内の物資不足は、国内に急激なインフレーションを引き起こした。そして、ミドルクラスの人々は、このような生活の窮乏に対して、集団的行動を起こし、社会集団として認識されるようになる。同時期、労働争議が頻発していたこと、さらには1917年にロシア革命が発生していたことを忘れてはならない。労資協調が叫ばれ、ミドルクラスは階級対立の緩和材であると同時に、その没落を防がなければならない存在とみなされた。

他方、私鉄の開発と郊外住宅地の整備などと並行して、都市では、電気、ガス、水道といった都市生活のインフラストラクチャーが整備される。例えば現在成城学園前として知られる街もまた、1927年の小田急電鉄の開通と共に代表的な郊外都市となった空間であった。毎月の俸給を得て、そこからライフラインの費用を支払う。第一次大戦後、このような私たちにとってなじみのある日常生活が、まったく新しい生活として登場しつつあったのである。

ミドルクラスの生活の 1 つ、当時うたわれていたものが「能率」である。無駄を排して最大限の効果をあげるという大量生産の原理は、限りある給与のなかで生活をいとなむミドルクラスの生活原理となる。「能率」の概念は、第一次大戦期に翻訳・導入された科学的管理法の核となるものであり、同時に大量生産技術の核心に位置するものであった。ミドルクラスの生は、産業技術の変容と複雑に絡まりあいながら、興味深い歴史を描いていくことになる。

それでは、このミドルクラスの生は、昭和から平成へと移り変わるなかでどのような様相を呈すことになったのだろうか。2004 年に出版された『希望格差社会』のなかで、山田昌弘はかつて多くの人々に到達可能であると信じられていた「豊かな家族生活を築く」という夢が失われ、生活の不安に晒され、「将来に希望がもてる人と将来に絶望している人に分裂していくプロセス」が進行しつつあると論じる。他方で、2000 年代において郊外社会論が広がっていく。格差社会論がミドルクラスの崩壊を主張するのに対し、郊外社会論は、ミドルクラスのライフスタイルが遍在し、単調で味気のない生活が広がっていることを強調する。このことは素朴な疑問を引き起こす。現代社会において、ミドルクラスは不在になっているのであろうか、それとも充溢しているのであろうか。

「一億総中流」の言説が登場したとき、その根拠とされたのが、「国民生活の世論調査」の数字であった。1973 年の調査で、「お宅の生活程度は、世間一般からみてこの中のどれに入ると思いますか」という問いに対して、「中の上」「中の中」「中の下」を合算した合計が 9 割を超えた。このことを指標として、日本は「一億総中流社会」であると論じられてきた。

「国民生活の世論調査」は現在まで継続している。2018 年の調査では、「生活の程度」についての結果をみるならば、上 (1.6)、中の上 (13.6)、中の中 (58.0)、中の下 (21.1)、下 (4.2)、わからない (1.4) となる。さきほどのように「中」を合算すると 90%を超えている。2000 年代に入りグローバル化の進展を通じ、「格差社会」と呼ばれる言説が隆盛した。しかしながら、この「国民生活の世論調査」の数値からみるならば、「格差社会」の言説にもかかわらず、日本はいまだに「一億総中流社会」である。他方で、大きく変動しているものが、「生活の見通し」についてである。「良くなっていく」という回答と、「悪くなっていく」という回答が、1990年代に逆転し、後者が、2000年代以降、30%近い数字で推移している。もう一つ興味深い推移を示すのが、現在の生活に対する満足度である。2010年代以降、「満足」の合計が上昇し、「不満」の合計が減少している。

「平成」において、多くの人々は中間の意識を維持している。だが、生活の見通しについての不安は多い。他方で、生活については一定の満足を得つつある。このとき、「中間層の空洞化」とは、中間層の量的減少という以上に、将来への不安と生活への一定の満足とを共に包含する「生」のあり方に依拠しており、その質的な変容に関係していると考えられる。

2 「能率」と人間性の変容

「自己責任」という言葉が瀰漫したことは記憶に新しい。この言葉は、個々の行為の決断が個人に帰属し、その結果が個人へと委ねられるということ以上に、あらゆる存在がむき出しのプレイヤーとして、結果が数値化されるゲームの参加者とみなされることを意味している。プレイヤーは、あらゆる資源と戦術を動員して指標の向上をめざし、評価や監査の文化がこれを補強する。こうして、実質よりも、外見として現れるものが重視される。しかし、それは皮肉な事態に思える。そもそも「効率」の概念は、ストップウォッチや映画などの技術が人間の労働や運動を測定してきたように、それまで数値化できなかったものを数値化する技術の発達と共に登場してきたものであった。だが、現在では、数値化されないものは「エヴィデンス」としてみなされず、鑑みられない傾向すら生じている。

さらに強調されなければならないことは、このような「効率」の技術が、大量生産を可能にする技術の中核にあることである。その技術の延長線上に、情報技術と企業化が位置する。「ガバナンス」の基にある統治 govern という用語は、ギリシア語の「舵取り」を意味する「キュベルネテス」に語源をもっている。この語は、ジェームズ・ワットの蒸気機関の制御機構である調速機（ガバナー）の名をなし、さらに、第二次大戦期にノーバート・ウィーナーがサイバネティクスという用語へと発展させたものである（Wiener 1948=2011）。現代社会において、「制御と通信の理論」が、電子計算機と共に、人々の生と社会を貫く原理となる。

ミドルクラスとの関連では、情報化社会とは「能率」を原理とする大量生産技術の高度化とそれに伴う身体の変容として考えることができよう。ミシェル・フーコーは、1978年から79年にかけてコレージュ・ド・フランスで行われた講義『生政治の誕生』のなかで、新自由主義の主題を扱っている。フーコーはそれを「社会体の内部における「企業」形式の一般化」、「社会領野全体の経済化」であると考える（Foucault 2004=2008）。

ウェンディ・ブラウンが論じるように、新自由主義は、存在のあらゆる領域を経済的なものへと再編成していく（Brown 2015=2017）。ガバナンスやマネジメントといった言葉に導かれ、国家や個人といった、それまで経済の外部や内部に位置していたものが、「企業」へと作りかえられる。生産性、投資収益率、信用格付け、ポートフォリオといったビジネスの用語が、ごく自然に国家の活動や個人の生に適用される。同時に、私たちが見落としてはならないことは、このような人間性 humanities に生じつつある変容が、人文知 humanities における大きな地殻変動を引き起こしつつあることである。人々の生の痕跡は収集されるものではなく、生の痕跡自体が常にデータを生成するように変容する。「ビッグデータ」と呼ばれるもののなかで、従来の「批評」のような人文学の営みも変わりつつある。だが、生活にかかわる資源そのものが変わっていることは、私たちにあらためて人間や歴史、文学や芸術といった表象を考え直す重要なきっかけとも考えられるのではないだろうか。

3 「能率」構造の埋め込みと、オリンピック

「能率」を測定する科学的管理法が用いたのはストップウォッチである。また、フレデリック・テイラーの弟子のひとりである能率技師ギルブレイス

は、労働者の運動を撮影して最適な動線を探索しようとした。このような能率の探求と運動の解析の歴史をみていくとき、ランニングをはじめとするスポーツは、一つの興味深い対象として浮上してくる。

すでに戦前の陸上競技に関する本のなかに、コマ撮りされた選手の動きの写真が掲載されていた。スポーツは最適なフォームを求める。視覚化された「フォーム」は、身体の最適な運動——「能率」的な運動——であった。それは、「極小の疲労により、極大の効果をあげる」ものなのである。

このような運動と能率の歴史を踏まえるとき、1964年の東京オリンピックにおいて、日本IBMが「オリンピック・テレプロセシング・システム」を導入したことは興味深い。それは、競技記録の報道と公式記録集の作成を補助し、無数の会場で同時並行して行われる競技の情報を集約し、データ化するものである。このような試みはそれ以前の大会でも試験的に行われていたが、競技数も選手も少ない冬季大会で、バッチ処理するものであった。「リアルタイム」による処理はこの大会が初の試みとなる。

だが、より重要なことは、このシステムが、電子計算機と通信技術の融合のひとつのかたちであり、いわば今日の情報化社会のはじまりの重要な段階に位置することである。1964年にIBMは、システム／360を発表する。これは、それ以後のコンピュータのアーキテクチャを水路づけ、1980年代にいたるまでIBMの隆盛を支えたものである。この年、日本IBMは新聞に、このシステム／360と「オリンピック・テレプロセシング・システム」の一面広告を出している。それは、時間と距離の制約を超え、各企業の業務を抜本的に改善させる。リアルタイムでの情報処理は、航空券の予約、ホテルの予約や、証券会社、金融の業務に導入され、人々の生活の情景を変えていく。

他方、東京オリンピックで銅メダルを取得した円谷幸吉を招いて開催された1967年の青梅マラソンは、1970年代に入り急速に参加人数を伸ばしていく。また、1970年代前半には皇居前に時計塔が設置され、皇居周辺をランニングする人々の姿が報じられている。このようなランニングブームは、世界的な現象であり、その背景には消費社会化の進行があった。ランニングは健康の維持のための実践であるが、ボードリヤールが論じるようにそれ自体、純粋な消費活動でもあった（Baudvillard 1990=1991）。

このような高度成長期における、情報社会化、消費社会化に注目するとき、2000年代のランニングブームは興味深い比較対象となる。東京へのオリンピックの誘致の布石として、東京マラソンが開催され、皇居ランナーたちの姿に再び注目が集まる。ランナーの群れには、女性が加わり、皇居ランナーたちはビジネスパーソンの一つのライフスタイルとなる。彼ら、彼女らの多くが携帯して走るのが、スマートフォンやGPS付腕時計である。自らの身体のパフォーマンスを測定し、その数値を管理し、SNS等を通じて外部とつながっていく。

4 オリンピックと日常の「生」への災害資本主義の埋め込み

前節でもふれたオリンピックに関連して、小笠原・山本（2019）は、ジェールズ・ボイコフの議論を補助線としながら、「復興オリンピック」として位置付けられた2020年東京オリンピックが、結局は「祝賀資本主義」の発露として多くの問題をないがしろにしたまま突き進んでいく様を痛烈に批判している。オリンピックの実施には、会場整備に伴う様々な社会的排除、そして経済的効果の不均衡・不平等な分配をはじめとした多くの問題がこれまでにも指摘されてきた。しかしながら、このような課題は解決されないことに加え、「復興オリンピック」と謳われる2020年の東京オリンピックが、2013年の開催決定以来、（ただでさえ時間と共に低下傾向にあった）東日本大震災への復興への関心を奪い、さらには様々な資源が東京オリンピック開催のために投下されていくことで、復興の速度を阻害してきたと言わざるを得ない。東北地方の津波被災地、とりわけ福島第一原子力発電所事故による避難区域内となった近隣の沿岸地域（例：福島県浪江町の請戸地区など）の復興作業などをはじめとして、これらの地域における作業は人的資源配分による影響を大なり小なり受けることになってしまった例と言える。

小笠原・山本（2019）は、オリンピックを「社会的災害」とすら表現するが、東日本大震災から東京オリンピックへと至る道筋、緊急時から平時へと移行してきたかに見える道程は、「災害資本主義」の発露、そして日常的な「生」への災害資本主義が埋め込まれていく形態として捉えることができる。

ナオミ・クライン（Naomi Klein）は、その著書『ショック・ドクトリン―災害便乗型資本主義の正体を暴く』において、災害状況における権力の行使、政治・経済システムのラディカルな再構成、そしてその結果として拡大・固定されていく格差構造に注目している（Klein 2007=2011）。彼女は、スマトラ沖地震・津波で被害を受けた漁村に対する行政・企業の土地の収奪（住宅再建の禁止とリゾート建設）、アメリカのハリケーン・カトリーナ後における公的教育の空洞化・急速な民営化といった事例に注目する。そして、そこに共通する問題を、ショック・ドクトリン[2]ならびに災害資本主義（あるいは惨事便乗型資本主義）[3]というコンセプトの下、災害的状況を利用して行われる各種政治・経済システムの急速な変化と権力構造からの人々の疎外として捉え、批判を展開している（Klein 2007=2011）。

このような災害資本主義の発露は、危機的状況において社会の関心という貴重なリソースが集中している状況にスタートし、厄災からの「復興」という緊急時から平時へと至る必要不可欠なプロセス下で形作られていくものである。そして、過去の厄災状況において、このような「改革」がまさしく「復興」の名の元に行われ、格差の拡大がもたらされてきたことは見逃してはならない。ウルリッヒ・ベックは、現代社会を「近代化過程の延長というかたちで、『富を分配する』社会の状況とそこでの争いに加えて、新たに『危険を分配する』社会の状況とそこでの争いが発生する」（ベック 1986=1998: 26）と表現し、加えて富や教育の分配に応じた不平等なリスク再分配の在り様について指摘した（ibid: 48-49）。災害資本主義の発動とは、災害とその後の復興状況において平時からの社会構造的な弱みに付け込むかたちでこのリスク再分配のあり方を大きく変動する展開である（標葉 2016）。

このような災害資本主義の発露は、日本においても見ることができる。例えば 1995 年 1 月 17 日に発生した阪神・淡路大震災では、6,434 人もの死者、3 名の行方不明者、全壊ないしは半壊以上住宅が 249,180 棟、また地震後に生じた火災によって 7,035 棟が全焼するなどの大きな被害が発生している。

この阪神・淡路大震災以降、神戸市は「奇跡の復興」を遂げることとなるが、「創造的復興」というスローガンの下で展開されたこの復興の内実は、功罪相在する開発的復興であり、様々な課題が指摘されている（塩崎 2014）。神戸市長田地区の調査事例では、震災後の再開発にともない、各種の集合住宅も再建され、それに応じて家賃なども値上がりしていったといった経緯から、経済的に弱い立場に置かれている層の人々が移動を余儀なくされていった様子が指摘されている（岩崎ほか 1999, 田中・塩崎 2008）。塚原（2011）は、この状況に、災害後の復興事業とそれにともなう区画整理や経済プログラムによる地域コミュニティの破壊と住民疎外を見出し、災害資本主義発動の一端を見てとる。また塩崎（2014）は、また、復興予算の用途や流用の問題、箱モノ作成に偏った施策、復興事業の影響により個人／商店街に降りかかる経済的不利、見過ごされてきた震災障害者や孤独死などの問題について指摘をしつつ、阪神・淡路大震災と東日本大震災における巨大な開発復興事業によってもたらされる問題群を「復興災害」という言葉で表現している[4]。

「復興災害」で想定される問題群には、災害資本主義の発露によって生じる問題との共通点が見られる。ここにリスクを巡る不平等が見え隠れすることは否定しがたい。そして、そのような構造的問題が、祝祭としてのオリンピックの影に隠されるかたちで保存・固定・拡大されていく状況に目を向けなければならない。この構造的問題は、ミドルクラスは勿論のこと、より幅広い生活者の日常的な「生」のあり方に大きく影響するものであるからだ。

5　日常における「生」と文化実践――鹿児島県大里七夕踊りの事例[5]

地域共同体を基盤として継承される祭りや芸能の意味や価値は、地域社会の再編にともなって移り変わるものであり、またまさしくその地域社会の実「生活」のなかで構築されていく営為である。しかしながら、文化財や文化遺産という公共的な制度は、ややもすれば伝統文化の価値を自明視し、伝統であるがゆえに良いものであり、継承されるべきものだと見なしがちである。それに対して、現実的に伝統を受け継ぐということは、その存続にかかる金銭や労力の負担と、それに伴う責任を引き受けることを意味する。文化資源学などによって、文化遺産の政治的あるいは経済的な面に焦点を当てた議論は多くなされているが、その根底にある、開かれた公共的な立場からの価値と、実際にそれを継承する責任を負う当事者——特に民俗（族）文化的な遺産の場合、その責任を負う当事者は、専門家ではなく一般の生活者である——にとっての価値の折り合いという問題は、まさにグローバルとローカルの論理の衝突・交渉・葛藤の焦点と言えるものであろう。

このような視点から、本節では、鹿児島県いちき串木野市の大里地区に伝えられる「大里七夕踊り」のケースを取り上げる。この事例を取り上げるのは、本プロジェクトに関連して調査を行った事例のなかで、最もグローバルとローカルとの（またその中間にあるナショナルとの）価値付けの乖離が露わになった事例だと考えるからであり、そのような大きく水準の異なる価値付け（のズレ）を、一つの踊りの伝承実践を通して考えられる稀有なケースだからである。

現在、世界中の祭礼や伝統芸能の世界で最も賑々しい話題は、ユネスコが2003年に制定した無形文化遺産保護条約のリストへの記載である。その対象となるものは祭礼や芸能だけには限られないが、その最も分かりやすく典型的なものとして、多くの国や地域が自国の祭礼や伝統芸能をリスト記載に提案している。またそれに伴って、国家間の遺産獲得競争や起源論争が国際問題化していることも周知の通りである（俵木 2018）。日本でも、多くの伝統行事や祭礼が、遺産としての価値付けを欲して様々な誘致活動を展開している。

日本政府は今後の無形文化遺産への提案のロードマップを描くなかで、民俗芸能の一つのジャンルとされる「風流（ふりゅう）」を有力な候補としている。その母体となるべく2019年2月には「全国民俗芸能「風流」保存・振興連合会」が発足し、同時に「全国民俗芸能「風流」保存・振興連合会を支援する国会議員の会」なる組織まで創設された。現時点で国の重要無形民俗文化財の指定を受けている「風流」の団体（発足時点では33団体が参加[6]）を束ね、一括してユネスコ無形文化遺産の代表リストへの記載を目指すという。

大里七夕踊りは、「市来の七夕踊」の名称で、1981年に国の重要無形民俗文化財の指定を受けており、その構成団体となることを期待されていた。すでに2017年11月に、上記の連合会への参加の呼びかけがあり、2018年1月には文化庁が東京でその説明会を開催したが、大里七夕踊りの保存会は一貫してこの動向に消極的であり、結果的に連合会の立ち上げにも参加しなかった。必ずしも、無形文化遺産になることや、それを目指す連合会の活動の趣旨に反対しているわけではない。なぜ参加しなかったのか、その理由は端的に、彼らにとってそれ以上の喫緊の課題があり、「無形文化遺産になる」ということが、その生活経験と照らして何の現実感も持たなかったからである。

彼らが対峙していた喫緊の課題とは、この踊りを今後も継続的に伝えていくことが可能か否かという根本的な問題であった。大正末から昭和初期頃にこの地域では、近世以来の伝統的な若者組織である「二才（にせ）」が「青年団」に再編され、昭和20年代まで青年団は多様な活動を展開し、地域のなかで一人前の人間を育てる重要な機関だった。しかし、昭和30年代になると、郡や町の連合青年団が有名無実化し、近隣地域の青年団も解体していった。そんななかでも大里地区では、七夕踊りを主催する組織として各集落の青年団は存続した。その後も若干の曲折はあったものの、七夕踊りは、14集落の青年団がそれぞれ出し物や踊りを分担して実施する、大里地区の最重要の行事だった。

しかし平成の時代に入ると、各集落の青年団が、少子高齢化の影響で実質的に運営困難になった。この窮状への対処から、1995年には参加集落のすべてから有志を集めて大里七夕踊り保存会が結成され、各集落の青年団の支援を行ってきた。それでも、2008年に初めて踊り手を出せない集落が出ると、その後は数年ごとに離脱する集落が増えていった。長い間14集落の青年団によって伝えられてきたこの踊りは、2018年には9集落が参加するのみとなり、残った集落の間にも、これからの行く末には閉塞感が漂っていた。

本章の筆者の一人である俵木は2008年から毎年、この踊りについて現地調査を継続しており、このプロセスをつぶさに見てきた。特に2013年頃を境に、地元の有志たちが率先して改革を進め、踊りの継続に尽力してきたことについては、かつて詳細な報告を行った（俵木 2016）。このプロセスにおいて、保存会はその内部に「寄付金部」「対外協力要請部」「広報・宣伝部」の各実行委員会を設ける組織改革を実行し、外部との連携・協力によって踊りを継承していくことを目論んだ。実際に、集落ごとの人員の不足に対して、対外協力要請は目覚しい成果を上げげた。2013 年に地元の市来農芸高校の生徒 17 人が参加したのを皮切りに、2014 年には総勢 38 人（うち農高生 30 人）、2015 年には 45 人（同 25 人）、2016 年には 27 人（同 24 人）、2017 年には 49 人（同 22 人）の外部協力者が踊りに参加した。こうして、実質的に外部協力者がいなければ七夕踊りは成り立たないといっても過言ではない状態になった。

だが、ユネスコ無形文化遺産の話が舞い込むことになった 2017 年、この改革にも若干の転機が訪れた。この年の七夕踊りは、台風の接近の影響で、直前まで開催の可否が決められない状態にあった。混乱した状況下で準備を進める地元の担い手にとって大きな問題は、外部協力者への対応だった。遠方から参加する協力者も多く[7]、無理をして来られて事故でもあったらどうするのかという懸念から、保存会は、当日の開催可否が未定のまま、前日に外部協力者の全てに参加を取りやめてもらうと決定した。すると今度は、そのことを確実に全ての協力者に連絡する必要があり、彼らのために用意した弁当や送迎の手配をキャンセルするなど、ただでさえ混乱したなかで、短期間で対応に追われて奔走することになった。これが直接の原因となったか否かは定かではないが、翌 2018 年の外部協力者は総勢で 19 人（うち農高生 14 人）と、それまでの半分程度に落ち着いた。

この状況を経て、外部者に大きく依存するやり方が、結果的に、ただでさえ少なくなる地元の担い手の負担をさらに増やしているということ、そしてそのような負担が、保存会の役員など、踊りの継続に尽力する担い手の一部に、集中的に負わされていることへの認識が醸成されていったと考えられる。同じ一つの踊りに参加する者であっても、この踊りをなんとか次の世代に伝え継がなければならないという強い使命感を持った者から、依頼に応じて体験的に参加する者まで、参加の「質」には大きな差が生じていた。そのことは、参加者のなかに、面倒をみる者とみられる者のような立場の違いとなってあらわれていた。以前は、集落ごとの青年団という顔の見える関係のなかで責任と義務を分掌し、また自ら非日常の興奮と楽しみを享受するために、青年が主体的に行ってきた踊りであったことを考えれば、そのあり方は大きく変わってきてしまった。中心的な担い手の負担が嵩むにつれて、一体誰のために、何のためにそれほどの負担を背負わなければならないのかという疑問が持たれたとしても、やむを得ないことだろう。

そして2019年4月から5月にかけて行われた三度の臨時会合での議論の結果、大里七夕踊保存会は、2020年の開催をもって現在のやり方での七夕踊りを休止するという判断を下した。2019年8月の七夕踊りには、この話題を耳にしたのか、地元の新聞の熱心な取材が入っていたし、文化庁と鹿児島県教育委員会の担当者も駆けつけた。とはいえ踊りそのものは、例年と大きく変わったところもなく、外部協力者も含めて総勢250人ほどが参加して、楽しく無事に実施された。調査を始めた2008年当時は、ユネスコの無形文化遺産などという大仰な話題に巻き込まれるようなことも、また一方でこれほど近い将来に踊りの継承が行き詰まるようなことも、地元の人々はもちろんであろうし、筆者にも全く想像できなかった。彼らが最後まで存続のために奔走したのは、この踊りが無くなったら、大里地区全体が参加する行事が一つも無くなってしまうという理由からであって、それが国指定の文化財であるとか、ユネスコ無形文化遺産の候補であるなどというのとは全く別のことである。いずれにせよ、この決断とそれに至る合意形成の過程はまだ現在進行形のプロセスである。

結　論

本章で垣間見たものは、日常的な「生」とその背景にある社会的構造の間における相互作用の積み重ねであった。その積み重ねの結果は、時に構造的な負荷やリスクとして不均等にもたらされうるものであり、「生」を眼差すグローカル研究とは、その日常実践と構造の両面を見据えたものでなければならない。それは、「実践」、「構造」、「権力」といった人文・社会科学がかねてより分析を重ねてきたテーマであり、その蓄積の新しい活用を目指す活動でもある。

最後になるが、「生活資源」に注目したグローカル研究は、畢竟、「生」を取り巻く構造と実践への視線を基盤とした研究活動となる。本章では、紙幅の関係もあり、その視点の一部を提示するにとどまったものの、その内実は本章で触れた視点に留まらず、現代社会において「生」が資本化されていく過程の検討（標葉 2019）や、性的マイノリティを巡る研究活動の諸相（大塚 2017, 大塚・標葉 2019）など、さらに幅広い広がりを持つものでもあったことを付記しておくことにしたい。

注

1　本章は、私立大学研究ブランディング事業「持続可能な相互包摂型社会の実現に向けた世界的グローカル：研究拠点の確立と推進」における生活資源研チームの活動報告をベースとしている。生活資源研チームの活動は、複数の研究者が関心を持ち寄りつつ、ゆるやかに連帯する形で進められてきた。

2　戦争や大規模災害後のショック状態こそ政治・経済システムのラディカルな再構築のチャンスであるとする考え方、特に新自由主義経済的な志向性を指している。

3　ナオミ・クラインが批判する Disaster Capitalism は、災害便乗型資本主義または災害資本主義という訳語があてられている。岩波書店より出版された邦訳では「災害便乗型資本主義」が採用されている。一方、塚原（2011）では「災害資本主義」という訳語が採用されているが、同じ言葉の訳語である。本稿では、「災害資本主義」という訳語を採用する。

4　ここでのまとめは、標葉（2016）に依拠している。

5　本プロジェクトの成果を含むものとして、大正時代の青年組織の再編からの 100 年間を視野に収め、大正及び昭和戦前期、高度経済成長期、そして平成 20 年以降の改革期という三つの時代の比較を通して、それぞれの社会的文脈において、七夕踊りが青年にとってどのような意味をもったものであったか、その変遷を論じた拙稿をすでに寄稿した（俵木 印刷中）。本章はその一部をまとめたものである。

6　2018 年の時点で、国の重要無形民俗文化財に指定されたもののうち、「風流」に分類されるものは 36 件。

7　市来農芸高校は、一年間の研修入寮を義務とする寮制の農業高校で、学生は離島を含めた鹿児島全域から集まる。七夕の開催時期は夏休みであり、帰郷している学生も多かったため、「地元の高校」とはいっても、当日はかなり遠方から参加予定の者もあった。

参考文献

Baudrillard, Jean, 1990, La Transparence du mal : essai sur les phénomènens extremes, Paris : Galilée.（=1991, 塚原史訳『透きとおった悪』紀伊國屋書店.）

Beck Ulrich. 1986. *Risikogesellschaft - Auf dem Weg in eine andere Moderne*: Surkamp Verlag（U. ベック［東廉・伊藤美登里訳］『危険社会――新しい近代への道』法政大学出版 , 1998）.

Brown, Wendy, 2015, Undoing Demos: Neoliberalism's Stealth Revolution, Zone Books.（＝2017, 中井亜佐子訳『いかにして民主主義は失われていくのか――新自由主義の見えざる攻撃』みすず書房.）

Foucault, Michel, 2004, "Naissance de la biopolitque" Cours au Collège de France 1978-1979, Seuil/Gallimard.（＝2008, 慎改康之訳『生政治の誕生――コレージュ・ド・フランス講義　1978-1979 年度』筑摩書房.）

Naomi Klein. 2007. *The Shock Doctrine: The Rise of Disaster Capitalism*: Metropolitan Books（N. クライン［幾島幸子・村上由見子訳］『ショックドクトリン――惨事便乗型資本主義の正体を暴く』岩波書店 , 2011）.

Wiener, Norbert, 1948, Cybernetics : Control and Communication in the Animal and the Machine, The MIT Press.（＝2011, 池原止戈夫他訳『サイバネティクス――動物と機械における制御と通信』岩波書店.）

俵木悟（2016）「大里七夕踊の改革を通して考える コミュニティの再編」岩田一正・阿部勘一編『グローカル時代に見られる地域社会、文化創造の様相』成城大学グローカル研究センター

俵木悟（印刷中）「大里七夕踊りと青年団の関わりの一〇〇年」『変貌する祭礼と担いの仕組み』（仮題）学文社

岩崎信彦・伊藤亜都子・大原径子・徳田剛（1999）「激甚被災地における住宅再建の現状と課題 : 阪神大震災 4 年目の復興区画整理事業：鷹取東地区の事例」神戸大学都市安全研究センター研究報（3）、313-322 頁。

新倉貴仁（2017）『能率の共同体』岩波書店。

新倉貴仁（2018）「情報社会化のなかの東京オリンピック――都市、情報、身体」『1964年東京オリンピックは何を生んだのか』（石坂友司・松林秀樹編）、45-64 頁。

新倉貴仁（2019）「中間層の空洞化」吉見俊哉編『平成史講義』筑摩書房、219-244 頁。

大塚薫（2017）「LGBT についてどのような質問がなされてきたのか：性的マイノリティについての研究動向」『グローカル研究』4、37-67 頁。

大塚薫・標葉隆馬（2019）「日本の社会学分野学会におけるセクシュアルマイノリティ差別対策の現状」『グローカル研究』6、1-50 頁。

小笠原博毅・山本敦久（2019）『やっぱりいらない東京オリンピック』岩波ブックレット。

標葉隆馬（2016）「災害資本主義を日常化するもの」『グローカル研究』3、45-57 頁。
標葉隆馬（2019）「科学技術社会論における生 - 資本論」『科学技術社会論研究』17、37-54 頁。
塩崎賢明（2014）『復興〈災害〉- 阪神・淡路大震災と東日本大震災』岩波書店。
塚原東吾（2011）「災害資本主義の発動――二度破壊された神戸から何を学ぶのか？」現代思想 39(7)、202-11 頁。
田中正人・塩崎賢明（2008）「用途混在地区の復興区画整理事業における転出実態とその背景――神戸市御菅西地区におけるケーススタディ」日本建築学会計画系論文集 73(629)、1529-36 頁。
山田昌弘（2004）『希望格差社会』筑摩書房。

第７章　ローカルアイデンティティを生み出した米軍基地

──占領期横浜の音楽文化を手がかりとして──

東谷護

はじめに

柳ジョージ＆レイニイウッドのボーカルの柳ジョージ（1948-2011）の歌に耳を傾けてみよう。

AREA ONE の角を曲がれば　お袋のいた店があった
白いハローの子に追われて　逃げて来た PX から
今はもう聞こえない　お袋の下手な BLUES
俺には高すぎた鉄の FENCE
「あばよ」の一言もなく　消えうせたあの頃
　（略）
高い FENCE　越えて観た AMERICA

《FENCE の向こうのアメリカ》（1979 年）[1]

ここに描かれた風景は神奈川県横浜市本牧界隈である。本牧には、戦後まもなく米軍に接収された地区が横たわり、人々は「アメリカ」と向き合って暮らしていた。米軍に接収された本牧地区は、引用した歌詞の冒頭にあるエリア１とエリア２と名付けられた。この近くにある根岸台は、エリアＸと名付けられた。これらはおもに米軍人用の居住地だった。フェンスの向こうには鮮やかな芝生の緑が広がっていた。これらの他にも、日本人の立ち入りが禁止された空間が横浜には数多く存在した。居住地以外にも米軍基地としての機能を持った「アメリカ」も数多く存在した。フェンスの向こうの「アメリカ」は、どのように誕生したのだろうか。

第2次大戦によって横浜は焦土と化した。日本国民が玉音放送に聴き入った日からほぼ2週間後の1945年8月30日、午後2時をまわった頃、連合国軍最高司令官ダグラス・マッカーサー（1880-1964）は厚木飛行場（神奈川県）に降り立った。マッカーサーは特別車に乗り、乗用車25台、トラック10台に分乗した部隊1200人を従え、午後4時頃に横浜入りした。後続部隊も翌日到着し、横浜は占領色に染まった（服部・斎藤1983、横浜市総務局市史編集室1999）。

横浜地区占領軍受入設営委員会は、占領軍司令部に横浜海運局（後の横浜税関）を、占領軍首脳の宿舎にホテル・ニューグランドを用意した。アメリカ軍は、焼け残ったビルや土地の多くを接収し、それらを軍施設、軍人用の住宅地に作り替えた[2]。接収区域の境にはフェンスや日本人の立ち入り禁止を明示した標識が立ち並んだ。日本人の立ち入りが禁止されたこれらの場所は、オフリミットと呼ばれた。オフリミットは、日本にもかかわらず、日本人が立ち入ることが出来ない特異な空間となった。

オフリミットとの境界となったフェンスは、「アメリカ」と日本を分かつ国境の役割を果たした。物資豊かな国の象徴としてのアメリカは、政治、経済、文化などあらゆる領域で、その圧倒的な強さを日本人にみせつけた。世代によっては、アメリカは憧れの存在となる。このフェンスの先にある「アメリカ」で、戦後日本のポピュラー音楽の基盤が形成された（東谷2005）。横浜では、フェンス向こうのオフリミットでの音楽実践にとどまらず、日本人の生活空間においても戦後日本ポピュラー音楽史にその名を刻んだ美空ひばり（1937-1989）の活動、ジャズ喫茶などにみられる音楽実践もあった。1954年には、クラシックの演奏場所を提供した神奈川県立音楽堂の設立もあった。

本章では、占領期における横浜の音楽文化を概観し、当時の音楽文化の歴史的意義を探ることを通して、米軍基地が地域に与えた影響の一つとして、ローカルアイデンティティ（地元愛）を強めた契機となる可能性について検討したい。

1　突如、現れたYOKOHAMA

マッカーサー率いるGHQ（連合国軍最高司令官総司令部）は、1945年10月上旬までに横浜から東京・日比谷に拠点を移した。連合国軍が日本を占領することになったが、実質的にはアメリカの占領だった。米第8司令部は横浜に残ったため、横浜には米兵が溢れていた。その総数は絶えず変動していたが、日本側の推計によれば、1945年12月末までに9万4千人だった。これは進駐軍兵士総数の約25%に相当するものであった。同時期の横浜市の総人口は62万5千人だった。土地の接収面積は、1946年9月末で278万坪に及んだ。これは横浜市全体の2.3%を占め、接収地の4割が、市中心部の中区に集中していた。ついで、神奈川区、西区と続く（服部・斎藤1983）。

これら3区は戦災がひどく接収地の大半が焼け野原だった。さらに、港湾施設があったことも接収対象として都合がよかった。接収された焼け跡には、短期間のうちに瓦礫などが整理され、あちらこちらにカマボコ兵舎と呼ばれたプレハブ兵舎が建てられた。

接収面積も広く、米国人の数も多かった横浜は、アメリカに関わりのあるものが瞬く間に氾濫した。それは英語で書かれた看板や標識にも表れていた。1946年9月1日から翌月22日までの『神奈川新聞』には、「街のABC」「時事略語集」（**資料7-1**）というタイトルで、街でよく目にしたであろう英文とその訳語を紹介するコーナーが、30回ほど掲載されている[3]。

接収された土地には米軍関連施設や米軍関係者の居住地が作られ、街の随所で英文表示がみられた。通りの名前もケンタッキー・アヴェニュー（KENTUCKY AVE./中区・加賀町警察署北交差点〜善隣門〜西の橋交差点付近）、テキサス・ストリート（TEXAS ST./中区・山下橋交差点〜谷戸橋〜西の橋交差点）のように、米軍が名付けたものもあった（横浜市総務局市史編集室1999）。

横浜で比較的接収面積が大きかったのは、先述した本牧地区のエリア1、エリア2と根岸台のエリアXだ。おもに米軍人居住地だったこれらの地区には、ハウスが立ち並び、芝生の緑が鮮やかに映えていた。戦後復興のただ

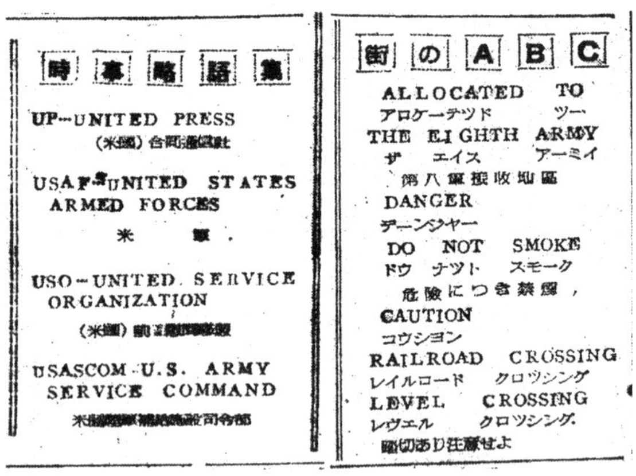

時事略語集

UP--UNITED PRESS
(米國) 合同通信社

USAF--UNITED STATES ARMED FORCES
米　軍

USO--UNITED SERVICE ORGANIZATION
(米國) [illegible]

USASCOM--U.S. ARMY SERVICE COMMAND
[illegible]

街のABC

ALLOCATED TO
アロケーテツド　ツー
THE EIGHTH ARMY
ザ　エイス　アーミイ
第八軍接收地區

DANGER
デーンジヤー
DO NOT SMOKE
ドウ　ナツト　スモーク
危險につき禁煙

CAUTION
コウシヨン
RAILROAD CROSSING
レイルロード　クロツシング
LEVEL CROSSING
レヴエル　クロツシング
踏切あり注意せよ

資料 7-1　神奈川新聞に掲載された「街の ABC」(1946 年 9 月 16 日)と「時事略語集」(同年 10 月 17 日)

なかにあった日本とは、あまりにも対照的な光景だった。

2　オフリミット内での音楽実践

(1)進駐軍クラブの登場

日本各地に突如現れた特異な空間、「アメリカ」には兵士のための娯楽施設も設けられた。その一つがクラブである。クラブは軍人の階級に応じて OC (Officers Club、将校クラブ)、NCO (Non Commissioned Officers club、下士官クラブ)、EM (Enlisted Men's club、兵員クラブ) のようにランク分けされ、黒人兵士や、女性兵士専用のクラブも存在した[4]。これらはすべて米兵相手のものであり、日本人は入ることが出来ないオフリミットの空間だった。こうしたクラブは全国に 500 ほどあった。

クラブでは、酒や食事だけでなく、バンド演奏やショーが提供された。ショーの内容は、軽音楽、クラシック音楽、奇術、曲芸から柔道、剣道、薙刀、空手、さらには歌舞伎、文楽、人形作り、生花、変わったところでは手相、十二単のショー、模擬結婚式の実演など (占領軍調達史編さん委員会

1957)、多種多彩であった[5]。それらのなかでもジャズやアメリカで流行しているポピュラー・ソングなどのバンド演奏が多かった。

オフリミットとはいえ、クラブには許可が下りれば日本人も出入りすることが出来た。許されたのはおもに従業員、ショーやバンド演奏にかかわる芸能関係者、米兵に連れられてくる客だった。こうしたクラブは、兵士の数に見合うだけ必要とされ、同時に芸能者も求められた。占領期の終わり頃までは、アメリカ本土からの慰問が少なかったため、ショーやバンド演奏を支えた多くは日本人だった。

(2)横浜の主要クラブ所在地

占領期の横浜中心部には、クラブや米兵専用のキャバレーが30ほどあった(**資料7-2、資料7-3**)。

これらのクラブで演奏した者のなかには、その後、有名になったバンドマンや歌手たちがいた。彼らのなかには、一つのクラブと長期にわたって専属契約を結んだ者もいれば、複数のクラブで演奏した者もいた。1946年2月11日の米軍機関紙「星条旗新聞」(STARS AND STRIPES)は、横浜でキャバレーが好評だと伝えている。

横浜を本拠地としていたキャンプ横浜(CAMP YOKOHAMA)が統括したクラブは、ゼブラクラブ(NCO、山下町・加賀町警察署付近)を筆頭に、シーサイドクラブ(NCO、本牧・エリア1)、クラブ45(EM、伊勢佐木町1丁目)、クロスロード(NCO、相生町・横浜スタジアム付近)、ゴールデンドラゴン(OC、山下町・横浜スタジアム付近)などがあった。ゼブラクラブに出演していた者のなかには、雪村いづみ(歌手、1937-)、スマイリー小原(バンドマスター、1921-1984)が、シーサイドクラブの出演者には笈田敏夫(歌手、1925-2003)

資料7-2

資料 7-3 占領期の横浜市内にあった進駐軍専用クラブ

クラブ名	種類	主な演奏者、バンド名
GOLDEN DRAGON CLUB	OC	
BUND HOTEL	OC	
ZEBRA CLUB	NCO	TOMIYAMA's Blue Harmony、スマイリー小原
SEA SIDE CLUB	NCO	笈田敏夫
CROSSROAD CLUB	NCO	
SEA MEN'S CLUB	NCO	ブルーコーツ
CLIFF SIDE CLUB	NCO	神月春光、佐久間牧男、宮沢昭
400CLUB <黒人専用>	NCO	守安祥太郎、チャーリー石黒
WAC	NCO	守安祥太郎
NEW GRAND HOTEL	NCO	
2nd MAJOR PORT	EM	
CLUB45 <黒人専用>	EM	
SAKURA PORT	EM	鈴木修次とオリオン・スイング・バンド、中川公二バンド
ザンジバル CLUB	EM	CB ナイン
エンジニア CLUB	EM	
CORONIAL CLUB	CC	神月春光
三菱 CLUB	CC	
オリンピック	キャバレー	大島喜一とグランド・スターズ、原信夫、ジミー竹内
NEW YORKER <黒人専用>	キャバレー	神月春光、クラックスター、小原重徳、小島正雄
HOT MESS CLUB		
サボイ		
横浜サービスクラブ		
オクタゴン・シアター オクタゴンクラブ		神月春光
スパイク CLUB		
バンカース CLUB		
8001 CLUB		
グランド・チェリー		レイモンド服部とグランド・チェリー楽団、高野バンド

東谷護『進駐軍クラブから歌謡曲へ――戦後日本ポピュラー音楽の黎明期』(みすず書房、2005年) p100 より。なお、空欄は不明事項。

がいた。ジャズバンドのシャープス＆フラッツの原信夫（バンドマスター、1926-）もグループ結成前にオリンピック（キャバレー、常磐町4丁目）に別のバンドのメンバーとして出演していた。後に名を成す若者たちが歌い、演奏していたのだ。

黒人専用では、クラブ45の他に400クラブ（NCO、長者町1丁目交差点付近）、ニューヨーカー（キャバレー、山下町・横浜市立みなと総合高＝旧・横浜市立港商業高校付近）があった。400クラブには日本ジャズ史にその名を残す不世出のピアニスト守安祥太郎（1924-1955）が、ニューヨーカーにはベース奏者の小原重徳（1912-1993）、陸軍軍楽隊出身者でメンバーが組まれたクラックスターが出演していた。

3　限られた者たちの「アメリカ」での体験

(1) どうやって「アメリカ」へ入ったのか

日本のなかにある「アメリカ」は、一般の日本人にとってその存在は目にしても、立ち入ることが出来ない、いわば手に届くようで届かない場所だった。クラブに勤めた従業員は縁故や求人によってオフリミットに足を踏み入れた。歌手やバンドマンは、仲介業の事務所から仕事を得る以外にクラブが独自に行ったオーディションを通じて、「アメリカ」に通った。今日のようにインターネットなどの情報が飛び交っていない分、仲間同士や口コミによる情報交換が盛んだった。

彼らが「アメリカ」を初めて体験した時、どのような衝撃を受けたのだろうか。ゼブラクラブの従業員だった金山二郎（1928-）は、1946年に初めて勤めたときのことを述懐する。

> 食べ物が豊富ですよね。（略）そりゃあもう、日本人の生活とはダンチですね。終戦直後っていったら、酷かったんですよ。（略）そこをいきなりそういう所へ飛び込みましたもので……。要するに物資が豊富だってことが、一番、印象に残っていますよね（東谷 2003: 209-210）

占領期末、仲介業の大手にまでなったGAY（ゲイ）カンパニーの社員であり、歌手の松尾和子（1935-1992）のデビューを後押しした鈴木功（1929-2005）は、戦後まもなくアルバイトでバンドボーイを始め、バンドに付き添って出入りしたのがEMクラブだった。初めてクラブに入ったときのことをこう振り返る。

> カマボコ兵舎みたいに簡単なのをクラブにしてて、EMクラブね。（略）一番最初に嗅いだ臭いが床のワックス（略）と洋モクの煙草の匂いとビールとコーク。その匂いが全部ごっちゃになったところにヤンキーの体臭ですよ。（略）そんな、まとまったものが鼻のなかに入ってくるわけですよ。
>
> これが、僕はアメリカの「におい」だと思った。（略）遠い国で、遠いところで弾打ちやってたのに。手のさわれるところでアメリカを実感した（東谷 2005: 68）

従業員、芸能者、仲介業に携わる者たちは、当初、生計を営む手段としてオフリミットに入り込んだが、「アメリカ」の刺激はあまりに強かった。前述したように、クラブでは米軍兵士向けに多種多様な芸能が提供されたが、それらのなかでも人気だったのがジャズバンドの演奏だ。そのため戦前からのジャズメンだけでは数あるステージをまかないきれず、学生やアマチュアにも演奏の機会が広がった。

ビブラフォン奏者の杉浦良三（1932-2002）は「需要と供給のバランスで供給（演奏家）が追いつかなかった。だから引く手あまただったんですよ（東谷 2005: 39）。」と振り返る。杉浦は大学在学中にクラブで演奏を始め、一時期休んだが、晩年まで横浜を拠点に音楽活動を続けた。

終戦後のインフレという状況で、クラブの仕事は演奏家にとって大きな魅力だった。陸軍軍楽隊出身の高澤智昌（1922-2015）は「安い人でもふつうの社会人の倍はもらっていた、もうけた人はもうけた（東谷 2016: 143）」と指摘する。軍楽隊からジャズに転向した演奏家は多く、高澤もその一人だった。管楽器を中心とした軍楽隊の編成と、米兵が好んだビック・バンドの編成が似ていたことが転向を促した。演奏技術は長けていてもジャズ演奏の経験のなかった彼らは、当初、ジャズ独特のアドリブをマスターするのに苦労した。

占領期のごく初期、クラブ・マネジャーたちは、日系将兵のつてや戦前からの芸能関係事務所を使ってバンド演奏やショーに出演する日本人芸能者を集めた。彼らへの報酬は食事や煙草などの物品だけのことも多かったようだ。米軍側が、クラブの芸能提供にかかわる制度を整えると、芸能者の提供や出演料の支払いは日本政府に任された。日本側は出演料支払いの事務処理担当を終戦連絡事務局としたが、芸能提供を扱う部署については特に定めはなかった。このような状況を背景に、クラブへの芸能斡旋を専門とした仲介業者が増加したのである。占領期後半にもなると、仲介業の事務所は170ほどにまで増えた（占領軍調達史編さん委員会1957）。横浜のクラブに芸能者を斡旋したのは、サクラポート（EMクラブ、西区・紅葉坂付近）内にあった仲介業の事務所と都内にある複数の事務所だった。

(2) ゼブラクラブ再構成

先述したように横浜には米兵が溢れていた。彼らの娯楽面での要求を満たすためにクラブの数が多かったのも理にかなう。ここでは、こうした新たな音楽実践の場となった事例としてゼブラクラブを再構成したい。

1946年2月16日、米軍は加賀町警察署向かいの東京銀行ビル（中区山下町176番地・面積111坪［約370㎡］、建物420坪［約1400㎡］）を接収した。ここを改装し約3ヶ月後、ゼブラクラブという名のNCOクラブを開設した（東谷2005: 102）。

ゼブラクラブは、1955年9月9日の返還まで営業し、その後、現在、神奈川県民ホールがある場所（中区山下町3）に移転した。移転するまでのゼブラクラブは、日本人ばかりか黒人にもオフリミットの空間だった。

金山二郎は、進駐軍のクラブで働いていた叔父に誘われ、開店当初からゼブラクラブに従業員として勤めた。18歳のときである。米軍に勤務する形であったため、かなり厳しい身辺調査や思想チェックを受けた。

ゼブラクラブは開店の午前11時から閉店の午後11時近くまで、食事や酒、バンド演奏やショーなど、米軍下士官のために飲食と娯楽を提供した。比較的規模の大きなクラブだったため、通訳、経理、総務、バーテンダー、コック、ウェイター、ウェイトレス、ボイラーマン、チェックルーム（クローク係）、キャッシャー（レジ係）、ジャニター（雑用係）、ガードマン、ドライバーなど、従業員の職種も多様だった。これらの仕事すべてに日本人が就いていた。他に彼らを統括する、日本人とアメリカ人のマネジャーがいた。

ゼブラクラブのあった場所は、現在では駐車場に様変わりし、かつての面影は見当たらない。あるのはそこに集った人々の記憶と写真だけだ。幸いにも、ゼブラクラブを収めた13枚の写真が、金山の手元に保存されていた。

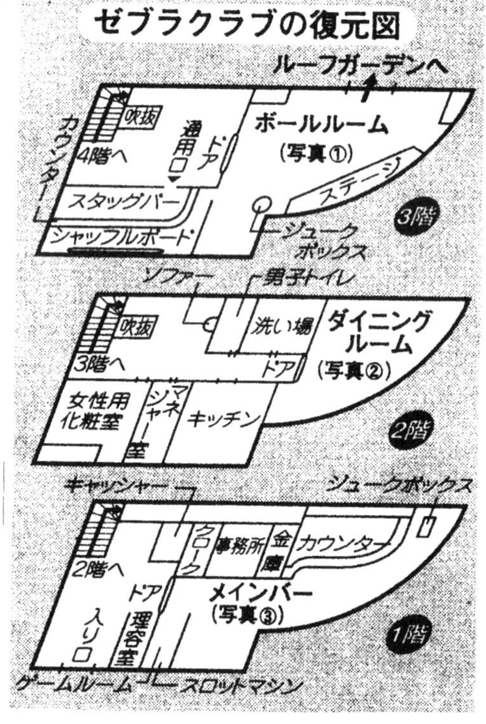

資料7-4

これらの写真と金山の記憶をもとに、クラブ内部の間取り図を復元した（**資料 7-4**）。

資料 7-5

開店当初から従業員としてゼブラクラブに出入りした金山二郎は、「まだ復興もしていないのに、（ゼブラクラブの）中だけは立派でね。だから別世界ですよ（東谷 2003: 210）。」と語るように、当時の驚きをいまだに忘れられないようだ。クラブと自身のバンドが専属契約を結んでいたバンドマン富山実（1927-）も「凄い高級感があった。（略）誇りを持てるような仕事場だった（東谷 2005: 103）」と思い起こす。この「別世界」とは、果たしてどのようなところだったのだろうか。

終戦後の焼け跡が残る街並みに目が慣れていた日本人にとって、クラブの玄関はまさしく、「アメリカ」への入り口だった。玄関を入ると、まずシマウマ（ゼブラ）の絵柄の絨毯が客を迎えた（**資料 7-5**）。

ゼブラクラブという名は、下士官の階級章がシマウマのようだったことに由来するという。入り口正面にはキャッシャーがあった。開店当初は、金銭の代用として軍票が使われ、兵士はここで酒や料理のチケットを買った。軍票が使われなくなってからは、席に着いたまま勘定を済ませるアメリカンスタイルとなったが、チップを支払う必要はなかったという。キャッシャーのそばのドアから中に入るとメインバー（Main Bar）があり、酒を提供する場所としては一番広かった。二階にあがると、ダイニングルーム（Dining Room）が客を待っていた。食事を出すのが主だったこともあり、この階にキッチンもあった。富山は「僕らもよく中へ入って、『コーヒー頂戴よ』なんて言ってね（東谷 2005: 104）」と当時を懐かしがり、復元した間取り図に太鼓判を押してくれた。三階には男性専用のスタッグバー（Stag Bar）とバンド演奏やショーが催されたボールルーム（Ball Room）、シャッフルボードというゲームが置いてあり、にぎやかだったという。夏には、隣の建物の屋上に出ることも出来た。ルーフガーデン（Roof Garden）と呼ばれ、そこでもバンド演奏が行われた。

ゼブラクラブは、華やかな空間として米軍兵に愛された。この空間で日夜、日本人バンドマンや歌手たちによって、音楽が奏でられていた。

4　オフリミットの外での音楽文化

ここまで、オフリミット内での音楽文化をみてきたが、多くの日本人が生活をしているオフリミットの外に目を向けてみよう。

ジャズ喫茶「ちぐさ」と「ダウンビート」の存在は占領期における横浜の音楽文化から外せない。占領期には、オフリミットに出入りしたバンドマンが、自分たちの演奏楽曲を増やす目的でレコードを聞きに勉強しに来店している。ジャズ喫茶ちぐさには、戦後日本のジャズ史に名を残す者たちが店に通っていた。そのなかには、若かりし頃のジャズ・ピアニストの穐吉敏子（1929-）の名もあり、彼女は頻繁に出入りしていた。

オフリミットでの音楽実践は多くの日本人に縁がなかったといってもよいだろう。焼け跡に暮らす大衆にとって娯楽として歌謡曲は欠かせない。テレビの登場する以前であったため、舞台や芝居小屋は庶民の憩いの場だった。横浜では戦後日本のポピュラー音楽に影響を与えた新しい動きがあった。1946 年 11 月、第 1 回オール横浜芸能コンクールでハワイアンバンドをバックに歌った美空ひばり（当時 9 歳）が入選し、話題となる。彼女はその後、着実に人気をつかみ 1949 年 1 月 31 日の『神奈川新聞』では「横浜國際劇場のオシャマ娘美空ひばりちゃん（12）は念願かなって 1 日から藤山一郎、二葉あき子、池真理子、川路竜子らと有楽座“春のヒットパレード”に出演する」と報じられるほどだった[6]。美空ひばりの活躍は一芸能人としての活躍を越え、戦後日本のポピュラー音楽、戦後日本を語る上で欠かせない存在にまでなる。

美空ひばりは、地方巡業だけにとどまらず、映画に出演することで人気を博した。1953 年のテレビの本放送開始によって、彼女のみならず、多くの歌手がテレビに出演する。オフリミットで歌い、演奏していた歌手やバンドマンも出演した。オフリミットとは無縁の日本人はテレビで彼らの歌声や演奏に触れたのである。音楽文化、とりわけポピュラー音楽は、マス・メディアの発達と共に発展した。テレビの登場は、戦後日本の生活史の上でもその影響は計り知れない。

占領期の終結によって接収された土地や建物は相次いで返還されたが、横浜の接収解除は全国的にみれば遅れた。接収解除が進むにつれ、オフリミットであるクラブの数も減った。仕事を失った芸能者や仲介業者、従業員は次の職場を探さなければならない状況となった。「アメリカ」とは縁を切り、オフリミットの外、つまり日本社会に今までとは違う職を求めた者や、日本人向けのナイトクラブやテレビ関係の仕事に移った者もいた。テレビの音楽番組に出演する歌手を手配した事務所や歌手の伴奏をするバンドマンのなかには、オフリミットで「アメリカ」相手に奮闘していた者たちがいた。オフリミットでの経験を活かした者や彼らの影響を受けた後の世代によって、戦後日本のポピュラー音楽は支えられてきたのである。

横浜の音楽文化は、戦後日本の音楽文化に多大な影響を与えたという点で、横浜というローカルな場所に限られてしまうものではなく、今後、多角的に検証していく必要があるといえよう。

おわりに

戦後40年弱、本牧は「アメリカ」と共に暮らしてきた。この街には、「アメリカ」から多くの刺激を受けた若者たちがいた。なかでも、本牧で輸入衣料雑貨店を営む野田栄（1954-）の語りが興味深い。

> 私らは囲まれるわけ。フェンスに。その広大な敷地のところに本牧ですよ。芝生のとこに、ハウスが、ポン、ポン、ポンとあって……ここの通りで遊んでて。……外人さんが着てて、カッコよく私ら見てたわけですよ。……あのう、ちょっと真似したいなあと。でもその商品がないじゃない（「横浜ミストリー：フェンスの向こうのアメリカ」イッツコ

ムチャンネル2013年5月放映)。

まず、アメリカに囲まれているという発想が何よりも面白い。発想、いや錯覚させられたと言ったほうが正しいだろう。そして、カッコいいアメリカ商品を手にすることができないという現実が、ここは日本だという現実に引き戻されるのだ。

だが、すぐそこに「アメリカ」なるものが存在し、フェンスの向こうからは人、モノが自分たちの目の前にやってくるだけに、全く未知の世界ではなかったのだ。だからこそ、アメリカ的な雰囲気を日常的に楽しむ土壌が生まれ、実際、それを謳歌する者たちが現れたのだろう。これは、本牧で暮らす人たちだけの特権ではなかった。再び、野田の紡いだ言葉に耳を傾けてみよう。

> 第三京浜下りてきてさ、そのまま来るとみんな本牧っていう、それを目がけて来るわけさ。まず、元町通るじゃない。そうすると麦田のトンネル……そこを抜けると一気に、おおっ、違うぞ、ちょっと雰囲気が。……一気にトンネル抜けて、本牧に来て、本牧の地名が出ると、ウワッとアメリカになる(「横浜ミストリー：フェンスの向こうのアメリカ」イッツコムチャンネル2013年5月放映)。

東京から横浜に車を走らせて来たときのことを想定した語りだが、文字を読んでいるだけでも次に何が出てくるのかが気になることだろう。かつて、本牧に遊びに行くことは、「アメリカ」を味わいに行くことだったのだ。

こうした横浜・本牧へ足を運んでみたいと思う者が増えれば増えるほど、横浜・本牧に住む者たちが地元への愛着(ローカルアイデンティティ)を高めた。そこでは、舶来よりも“カッコイイ”という言葉がお似合いとなっていたのかもしれない。

これほどまでに人々に影響を与えた「アメリカ」ではあったが、日本人が立ち入ることの出来ないオフリミットという特異な空間であったことは、時を経ても変わらなかった。フェンスの外で普通に生活を営む者にとって、「アメリカ」の実態を知るには、フェンスの向こうを覗き込んだり、したり顔で話す事情通に聞き入ったりするしかなかったのが現実だ。

こうした点において、オフリミットに入り込むバンドマンをはじめとした芸能関係者たちが、オフリミットの外へ持ち出したポピュラー音楽はテレビのない占領期では貴重な存在だったにちがいない。テレビの本放送開始以降は、米軍クラブでの仲介システムが芸能事務所設立に役立った。米軍基地に入ることが出来なかったフェンス越しに「アメリカ」を見ていた周辺住民にとっても、米軍基地の存在に対する感情がいかなるものであっても、自分の住む地域を見つめ直す契機になったことだろう。時にそれは、強烈なローカルアイデンティティ（地元愛）として現れたこともあったにちがいない。

付記

本稿は、東谷（2007）に新たな解釈を含む加筆修正を加えたものである。

注

1　《FENCE の向こうのアメリカ》（1979 年）は作詞：トシ スミカワ、作曲石井清登。アルバム「Y.O.K.O.H.A.M.A.」に収録されている。

2　占領期の横浜の状況は、横浜市の企画による《市政の歩み》という動画（制作は社団法人神奈川ニュース映画協会、1954 年）の「第一部 接収解除編」に詳しい。この動画は横浜市の公式ＨＰで公開されている。公開先は以下の通りである：https://www.city.yokohama.lg.jp/city-info/seisaku/torikumi/kichi/sesshu/eizo-rekishi.html#mov1［最終閲覧日：2020 年 2 月 23 日］

3　「街の ABC」は、1946 年 9 月 7、8、10、11、12、13、14、16 日に、「時事略語集」は、1946 年 9 月 18、20、21、22、24、26、27、28、10 月 2、3、4、5、8、9、12、13、15、16、17、20、22 日に掲載された。

4　比較的大きな規模の基地、キャンプには、三種類のクラブが全て設けられていた。これらの他に CC（Civilian Club、民間クラブ）、AM（Air Mens club、空軍兵クラブ）、Service Club（サービス・クラブ）、WAC（Women's Army Club、軍婦人部隊クラブ）などを設置した基地やキャンプもある。横浜では、本文で紹介した OC、NCO、EM の他に Service Club、WAC があった。なお、全国のクラブの経営方法などについての詳細は、東谷 2005 を参照されたい。

5　クラブで披露された多種多様な芸能のなかから、女子プロレスが誕生する。このいきさつについては、東谷護「女子プロレス興行にみる音楽の使われ方」

小田亮、亀井好恵編著『プロレスファンという装置』青弓社、2005年、に詳しい。

6 美空ひばりの初舞台は、アテネ劇場（横浜市）となっているが、実は杉田劇場（横浜市）なのではないかという見解も出ている。これらについては、高田久美子「ひばり初舞台の謎」神奈川新聞、2005年2月6日、小柴俊雄「ハマとひばり第1回」神奈川新聞、2005年4月3日、に詳しい。

参考文献

植田紗加栄 1997 『そして、風が走りぬけて行った——天才ジャズピアニスト・守安祥太郎の生涯』講談社。

内田晃一 1976 『日本のジャズ史＝戦前・戦後』スイング・ジャーナル社。

内田晃一 1995 「ゲイ・カンパニー物語」『Jazz World』6:2, ジャズワールド。

内田晃一 1997 「米軍ショーに登場したショー・アーティスト」『Jazz World』8:2, ジャズワールド 。

大森盛太郎 1987 『日本の洋楽2』新門出版社。

奥村泰宏・常磐とよ子 1996 『戦後50年横浜再現——二人で写した敗戦ストーリー』[写真集] 平凡社。

占領軍調達史編さん委員会（編著） 1957 『占領軍調達史—部門編I—』:5-10, 調達庁総務部総務課。

東谷護 2003 「いつもみていたアメリカ」東谷護（編著） 2003 『ポピュラー音楽へのまなざし——売る・読む・楽しむ』: 206-229, 勁草書房。

東谷護 2005 『進駐軍クラブから歌謡曲へ——戦後日本ポピュラー音楽の黎明期』みすず書房。

東谷護 2007 「横浜の音楽文化——占領期・戦後復興期を中心に——」『郷土神奈川』45: 17-32, 神奈川県立図書館。

東谷護 2016 『マス・メディア時代のポピュラー音楽を読み解く–流行現象からの脱却』勁草書房。

服部一馬・斎藤秀夫 1983 『占領の傷跡 — 第二次大戦と横浜』有隣新書。

横浜市総務局市史編集室 1999 『横浜市史II 第二巻（上）』横浜市。

横浜市， 横浜の空襲を記録する会 1977 『横浜の空襲と戦災5 接収・復興編』横浜の空襲を記録する会。

【テレビ番組】

「横浜ミストリー：フェンスの向こうのアメリカ」イッツコムチャンネル 2013年 5月放映

第８章　グローバル化する時代における民族舞踊のあり方

――インドネシア・バリ島の舞踊の事例――

國寶真美

はじめに

「民族舞踊」とは、その名の通りあらゆる民族の舞踊を指す言葉である。かつてヨーロッパの舞踊に対して「プリミティブ」な社会の舞踊のことだと捉えられていたこともあるが、今日ではそのような限られた舞踊ではなくあらゆる民族の舞踊を指す言葉として使われる[1]。実はどの時代のどの民族にも舞踊は存在しているという説[2]があるほど世界中にはそれぞれの民族や地域ごとの舞踊、民族舞踊が存在している。そしてその民族、地域の文化や価値観が様々であるように舞踊の特徴も多様である。特に舞踊はもともと宗教儀礼との関わりが深いものが多いため、当該地域の宗教観が反映されていると共に、踊る際に身に着ける民族衣装や装飾の影響もあり、民族アイデンティティがより強化される文化の一つと言えるだろう。また、その振付には踊っている本人たちも気が付かないようなその民族特有の身体技法が潜んでいることもあり、当該地域の文化を知る上で舞踊を知ることは大変重要なことと言える。

ところで、現在グローバル化が進むことにより、それまで限られた地域のみで踊られ引き継がれていた民族舞踊が地域外の人々の目に触れる機会が増え、また当該地域の民族舞踊にのみ接してきた人々が海外の舞踊を見る機会も多くなった。その結果、それまでの民族舞踊に何らかの変化が起こる場合がある。例として当該地域が観光地化し、民族舞踊を観光資源とする場合に起こる観光化変容が挙げられるだろう。観光客に受け入れられやすいよう舞踊に手を加えることで結果として元の舞踊の独自性が失われることや、観光客用に新たな舞踊が誕生することもある。現在インターネットを通じて簡単に海外の舞踊映像を視聴できるため、新たな演出を加える際にそういった海外の舞踊の影響を受けることも多い。特に世界の多くの地域で踊られ舞踊人口や映像数も多いバレエやヒップホップダンスは、現在多くの民族舞踊に取り入れられつつある。

しかし前述の通り、舞踊は民族アイデンティティが色濃く出る文化であり、手を加えることでその独自性、民族性が失われるのではないかと抵抗感をあらわにする声も多い。民族舞踊に新しい可能性を求める人々と、あくまでも伝統を重んじる人々、という対立構造は多くの地域でみられる問題だろう。

本章ではそういったグローバル化が進展する時代において、民族舞踊のあり方や抱える課題について考察することを目的とする。またその際に、民族舞踊として独自性を守りながらも新たな挑戦を多く行っているインドネシア・バリ島の舞踊を事例に考えていきたい。

1　バリ舞踊の発展と変容の歴史

インドネシア共和国バリ州（以下バリ）は芸能の盛んな島として知られる。特に舞踊は古くから人々の生活に欠かせないものとして、宗教儀礼の場等で踊られ引き継がれてきた。現在も変わらず宗教儀礼として踊られているが、それと同時に観光客にも多く披露されており、バリにとって舞踊は重要な観光資源の一つとなっている。2015年にはユネスコの無形文化遺産に登録され、世界でも認められる舞踊となった[3]。しかし現在のように世界に認められるまでに発展を遂げたのには、海外の国との関わりやバリ人たちが常に海外からの視線を意識し柔軟に対応してきたことが大きい。よって本項ではバリと海外の国との関わりとその際の舞踊への影響について述べる。

バリが海外の国から文化的な影響を大きく受け始めたのは20世紀初め、オランダの植民地になったことがきっかけである。何度かの征服戦争の末、最後まで抵抗したもののバリは1908年にオランダの植民地となった。しかしオランダ政府はバリを統治するにあたり、バリ文化の価値をたたえ保護したという（永渕 1998: 34-40）。文化人類学者の永渕康之によるとそれは、バリ文化にはヒンドゥー文化が生きているため、オランダ人はその高い文明に憧れる気持ちが強かったこと、そして「バリ文化へ配慮を示すことは、ジャワでの民族運動拡大の阻止、高まりつつあるバリ人の統治体制への不満の緩和、原住民の代表を頂点にすえる間接統治体制の樹立、といった政治的要求を同時に満たすことのできる便利な方策と考えられた」（永渕 1998: 63）からだという。統治されることで現地の文化が禁止されるおそれもあるなか[4]、政治的思惑があったにせよ文化的価値を認められ保護されたことはバリ文化にとって恵まれたことだったと言えよう。

そして文化保護と同時にバリで始まったのが西洋人による植民地観光である。この頃世界的に汽船での観光が盛んになっており、バリも植民地政府によって観光ルートに組み込まれた。1924 年にはオランダ王立郵船会社がシンガポール、スラバヤ、マカッサル、バリを結ぶ定期便を就航させ、観光客たちは船がバリについて再びバリに入港するまでの間、バリ観光を楽しんだのである（山下 2007: 43）。手つかずの自然にヒンドゥー文化の息づくオリエンタルな雰囲気、いつしか「最後の楽園」[5]というキャッチフレーズのもと、人気観光地となったバリには多くの西洋人たちが訪れた。訪れた人のなかには芸術家も多く、彼らはバリの文化、特にバリ芸能、芸術に大きな関心を抱いた。カナダ人音楽家のコリン・マックフィー（Colin McPhee）、メキシコ人画家のミゲル・コバルビアス（Miguel Covarrubias）、ドイツ人画家のウォルター・シュピース（Walter Spies）らである。バリ芸能は彼らによって価値を認められると共に、彼らの文化の影響を受けながら発展を遂げていく。そして生まれたのが、現在バリを代表する舞踊の一つとなっているケチャ（Kecak）である。ケチャはバリの宗教儀礼サンヒャン・ドゥダリ（Sanghyang Dedari）[6]の男声合唱にラーマヤナ物語のストーリー性を加え、観賞用に改良し創作された舞踊である。バリ人たちにとってそれまでサンヒャン・ドゥダリは外国人観光客に見せる対象ではなかった舞踊であるが、シュピースに考案されたことで、それを見せるための舞踊として作り変えたのである。まさに外国人からの視線を意識しなければ生まれなかった舞踊である。

また、第二次世界大戦後、バリがインドネシア共和国バリ州となった後も、バリ舞踊は観光業、つまり海外から訪れる観光客の視線を意識し状況に合わせ変化しながら発展した。

初代大統領スハルト政権の下、1969年に第一次五カ年開発計画において観光開発が外貨獲得の手段として進められ、バリはその重点地域の一つとなった。そしてバリ州政府はバリの観光を「文化観光」として、「バリを観光に供する、差し出すのでなく観光をバリの発展のために活用するという姿勢で、観光による文化の『汚染』を防ぎとめ、観光からの利益を文化の発展に供していく」(鏡味 2000:114-115) という理念の下、バリ文化を守りながらも観光資源として扱っている。また、そのバリ文化発展のために1967年には国立舞踊アカデミー (Akademi Seni Tari Indonesia、通称ASTI) が設立され、のちにインドネシア国立芸術大学デンパサール校 (Institute Seni Indonesia、通称ISI) となった。現在ISIはバリ舞踊家を目指す者にとって一つの目標であり、現在活躍しているバリ舞踊家や振付家のほとんどがISIの卒業生である。それまではもちろんバリ舞踊を学ぶのに教育機関などはなく、舞踊手になるべく選ばれた子どもが先輩舞踊手によって指導され舞踊を伝承してきた。しかし教育機関を作ることでバリ舞踊の担い手は増え、さらに観光用公演に対応する人材育成や、新たな舞踊作品作りに力を入れることとなった。観光化に対する対策であったが結果としてバリ舞踊のさらなる発展につながったと言える。

このようにバリ舞踊は常に海外の文化と関わり、観光化変容等その時代に応じて舞踊に手を加えられながら発展してきたことがわかる。しかし大切なのはそういった舞踊の変化が無理を強いられて行われたものではなく、バリ人自身もそれによりバリ人としてのアイデンティティを再確認しながら文化を創り上げていったというところだろう。文化人類学者の山下晋司は「バリの素晴らしさは、バリが西洋近代文明に毒されていない本質的世界を今日まで存続させてきたところにあるのではない。むしろ外界の刺激にたいし、柔軟でしたたかな対応のなかにこそある」と述べる (山下 2007:14)。バリ舞踊の現在のような発展にはこの海外との関わりや影響はなくてはならないものなのである。

2　現在のバリ舞踊

(1) 3つの分類と無形文化遺産登録の舞踊

前述の通り現在バリ舞踊は重要な観光資源でありつつも、宗教儀礼としての役割も変わらず引き継がれているが、通常この両方が上手く成り立つのは容易なことではない。しかしバリ舞踊の場合、儀礼要素の高いものから三段階に分類され法令化されていることにより、この両方が上手く成り立っている。この分類は 1969 年からの観光開発により、観光資源としての側面が年々大きくなり、その結果混乱が生じてくることとなった際にできたものである。1971 年にバリ州教育文化省の芸術部門のなかに組織された「バリ文化の保護と創造プロジェクト」という組織が主催した「舞踊における神聖な芸術と世俗的芸術に関するセミナー」にて提案され、その後「観光者および一般に対する宗教的な舞踊と儀礼的な舞踊の上演禁止に関する法令」として法令化された (梅田 2003:79-82)。これはその名の通りバリ文化の保護のため、観光用の演目を宗教用のものと区別するために作られたものである。そして 2015 年に無形文化遺産に登録された際には各カテゴリーから 3 演目ずつが「伝統的舞踊」として認定されている。以下その分類の詳細をバリの音楽、舞踊研究者イ・マデ・バンデム (I Made Bandem) の著書 (Bandem 1995) を参考に述べる。

①ワリ (Wali)

ワリは神聖な宗教的な舞踊という意味を持ち、三つの分類のなかでも最も神聖とされる舞踊のカテゴリーである。宗教儀礼のなかで行われる、それ自体が供物とも言える踊りで、行われる場所も寺院の一番奥にある最も神聖とされるスペースとなっている。その身振りやポーズはジャワのヒンドゥーの要素も見られるが、バリ特有の土着の要素を持つものだと思われる。高度な技術やトレーニングが必要とされない踊りも多く、プロの舞踊手ではない一般の村の人々によって踊られる場合もある。このカテゴリーのなかからトランスを伴う舞踊サンヒャン (Sanghyang)、女性たちが列をなし踊るルジャン (Rejang)、男性たちが槍を持って踊る戦士の踊りバリス・ウパチャラ (Baris Upacara) が無形文化遺産に登録されている。

②ブバリ (Bebali)

ブバリは儀礼的な舞踊という意味を持ち、ワリよりは神聖さの度合いが下であるが、重要な宗教儀礼において踊られるものである。行われる場所も寺院の一番奥から一つ手前のスペースとなっている。そしてワリとの大きな違いは物語性があることで、よってワリよりはエンターテイメント性が高いといえる。これは祭りや儀礼のなかで神をもてなすと共に、参加者をももてなし楽しませるという考えがあってのことである。

このカテゴリーからは、ジャワの宮廷を舞台にした舞踊劇ガンブー (Gamboh)、仮面劇トペン (Topeng)、ワヤン・ウォン (Wayang Wong) が無形文化遺産に登録されている。

③バリバリアン (Bali-balihan)

バリバリアンは世俗的な舞踊という意味を持ち、ワリ、ブバリの要素と基礎に基づいてはいるが純粋に娯楽のために行われる舞踊である。舞踊団がチケットを販売し、観光用の舞台で踊られたり、観光用ではなくても宗教的な意味合いの少ないイベントや行事で踊られる。時に寺院で行われる場合もあるが、その場合は寺院でも一番手前のスペースとなる。高い舞踊技術を要する演目も多く、3つの分類のなかで最も芸術性の高い舞踊のカテゴリーといえる。また日々舞踊団ごとに新たな演目も増えつつある。

このカテゴリーのからは、ラーマヤナ物語などを題材にした女性の宮廷舞踊レゴン・クラトン (Legong Kraton)、バロンと呼ばれる聖獣が舞うバロン・ケット (Barong Ket)、男女がペアになって踊るジョゲッ・ブンブン (Joged Bumbung) が無形文化遺産に登録されている。また、無形文化遺産には登録

写真 8-1 レゴン・クラトン

写真 8-2　パニャンブラマ

されていないものの、毎年新しい舞踊演目が増えるこのカテゴリーにおいては歓迎の踊りプニャンブタン（Penyambutan）のガボール（Gabor）やパニャンブラマ（Panyembrahma）、中性的な舞踊ブバンチアン（Bebancian）のマルガパティ（Margapati）やパンジ・スミラン（Panji Semirang）、バリス・ウパチャラを娯楽用に作り直したバリス・トゥンガル（Baris Tunggal）などは新しい創作作品と比較すると「定番」とされ定着している。

このように現在バリ舞踊は儀礼要素の高さで分類がなされており、各カテゴリーから 3 演目ずつが無形文化遺産に登録されている。この分類ができたことにより、観光と儀礼の間での混乱は減り、バリバリアンに分類される娯楽性の高い舞踊はこれまで以上にたくさん作られるようになった。そしてそれは無形文化遺産となった後も変わらず、毎年積極的に新しい作品が創作され披露されている。

(2) バリ舞踊のコンテンポラリー作品

バリ舞踊の創作作品は現在タリ・クレアシ（Tari Kreasi）[7] インドネシア語で

創作舞踊、もしくはコンテンポラリー[8]と呼ばれている。そういった創作作品が多く披露される場の一つがバリアートフェスティバル（Pesta Kesenian Bali、通称 PKB）である。PKB は州都デンパサールで毎年 6 月から 7 月にかけ 1 か月間にわたって行われるイベントで、2019 年で 41 回目を迎える。その名の通りバリの舞踊や音楽をはじめとするあらゆる芸能が披露される祭典であり、バリ内で開催される芸能のイベントのなかでも最も規模が大きく、質の高いパフォーマンスが見られる場といっても過言ではない。バリ島内の各地域から代表として選ばれたグループが集まり、バリバリアンに属する無形文化遺産の演目や定番として挙げた演目ももちろんだが、ISI の学生や卒業生を中心にして創作作品が積極的に披露される。

ところで、この新しい創作作品（以下新作品）は、無形文化遺産に登録された演目をはじめとする定番となっている演目（以下旧作品）と比べどういった特徴があるのだろうか。筆者が調査を始めた 2011 年から 2018 年に見られたものを中心に特徴をまとめると以下のような点が挙げられる。

（1）共通点

旧作品と新作品の共通する点、つまり新しくなっても変わらずバリ舞踊に求められている特徴ともいえる点である。それはまず使用する音楽は必ずガムラン（gamelan）[9]だということが挙げられる。これはほぼ全ての新作品に当てはまり、ガムランでなければバリ舞踊ではないというのは共通の認識のようである。また衣装も共通の点が多く、女性は金色の模様が施された布（サロン）を腰から下に巻き、上半身は金色の模様が施された帯（サブック）を巻く。髪飾りの金のかんざし（プンガ・マス）や、金の革製の首かけやベルトなど、新作品のほうが華美であるものの基本の装飾は共通な部分が多い。

（2）相違点

旧作品と新作品での相違点として踊る人数とフォーメーションの工夫が挙げられる。かつてバリ舞踊では選ばれた子どものみが舞踊手として訓練を受けていたこともあり、一つの作品で踊る人数は 1 ～ 3 人のものが多かったが、新作品では複数人で踊り、そのフォーメーションに工夫が凝らされている。これは現在バリ舞踊の担い手が増えていることが影響していると考えられる。また照明や影を用いての演出が多いのも新作品の特徴と言えるだろう。

(3)共通点であり相違点

共通点であり、相違点でもあるのは動きに関する部分である。新作品では旧作品同様アグム (agem)[10] をはじめとしたいくつかのバリ舞踊特有の動きを入れることを重要視しており、これは旧作品と共通の点だが、新作品は旧作品にはない自由な動きも多く取り入れられているため、相違点でもある。バリ舞踊にない動きをどの程度取り入れるのかは新作品の振付家にとって大変慎重になる部分であり、例えば女性の踊り方の場合、足を高く上げる、ジャンプをする、などの動きは旧作品にないが、過去そういった動きを取り入れた振付家が「バリ舞踊らしくない」と批判を受けたということがある。この動きに関する「バリ舞踊らしさ」は非常に曖昧な部分があり、バリ人で共有される暗黙知とも言える。ただ、動物の動きということならあまり批判対象にならない傾向があり、新作品には動物をモチーフにした作品も多い。鳥やシカをモチーフにした作品は旧作品でも見られ、その場合も同様だが「動物だから」ということで今までのバリ舞踊にはない動きが許されている、ということがある。

しかし、この動きに関する「バリ舞踊らしさ」は先述の通り非常に曖昧な上に、その認識はそれまでのバリ舞踊をたくさん見ている人なら判断がつくが、バリ舞踊初心者の子どもたちや外国人にはどの動きがバリ舞踊らしいのか、判断が大変困難である。特にバリ舞踊を引き継いでいく子どもたちへの指導現場ではこれは重要な問題と言える。しかし、近年ある一人の指導者によってバリ舞踊の基礎の動きをまとめた新しい指導法が提案されたことでこの問題を解消しつつある。

(3)基礎指導法の提案

バリ舞踊の基礎の動きをまとめたこの指導法は「ダサール」と呼ばれる基礎指導法である。正式にはタリ・ダサール (Tari Dasar)、インドネシア語で基礎の踊り、を指す。詳細は**表 8-1** (202-203 頁を参照) にある通りである。

まず膝の曲げ伸ばしや脚の運びから始まり、バリ舞踊で頻繁にみられる動

表 8-1
ダサールの詳細[11]

	動きの名称	動きの詳細
1	エエド/ンゲード (eed/ngeed)	①つま先を90度ほど外側に向けたシラン・パダ(sirang pada)という足のポジションで立ち、徐々に膝を曲げ重心を落としていく。同時に胴体は胸部を前へ、臀部を後ろへ突き出すチャンケット(cengked)の状態になる。→②踵が地面から離れない程度まで膝を曲げたら、また徐々にひざを伸ばし、もとに戻る。 このシラン・パダ、チャンケットで重心を下げていく動きをエエドというと共に、この姿勢をエエドと使う場合もある。
2	ピレス/ミレス (piles/miles)	①シラン・パダで立ち、ひざを曲げると同時に片足づつ踵を地面から離し、前へと押し出す。その時重心は踵をついている足に乗るため、臀部は重心の乗っている脚の側の斜め後ろに突き出す。→②膝を伸ばすと同時に踵を地面につけ、もとの姿勢に戻る。→③左右逆の足も同じように行う。
3	タユンガン・カキ (tayungan kaki)	①2のピレスから踵をさらに反対の足の膝に向けて持ち上げ、足は完全に地面から離れる。→②膝を伸ばすと同時に足を地面につけ、元の姿勢に戻る。→③左右逆の足も同じように行う。 著書によればタユンガン・カキはかわるがわる足のかかとをもう片方の足の膝へと持ち上げること(Arini, 2012:73)とされているが、その足の動きはピレス→バティス・トゴ(batis togog、ピレスの状態から持ち上げる為、実践ではインドネシア語で「持ち上げる」を指すアンカット(angkat)と呼ばれるほうが多い)→タル(taruh、「置く」を指すインドネシア語)である。
	・ ・ ・	
9	アデ・アデ (adeg-adeg)	①肘をまっすぐ伸ばし腕を肩の位置まで上げる。→②肘と手首を曲げ、手の平を正面に向けて指を細かく動かす。→③腕をその位置に置いた状態で1の動きを行う。 アデ・アデが指す動きは③であるが、③に到達するまでの動きも音楽に合わせて行う。また、これ以降特筆しない限り上腕は肩の位置に上げたままである。
10	コンビネーション (1)ピレス→アンカット→ソゴ(sogok)→アグム(agem)→スレデット(seledet)	①足はピレス、手はピレスの時に上げた足と同じ側の手を顔の横に、逆の手を胸の横に置く。→②アンカット。→③アンカットで上げた足を地面につき、重心をその足に移動する動きソゴを行う。同時に手の平を上に向ける。→④逆の足を地面に置き直す(タル)。置き直した時にアグムというポーズになる。→⑤目と顔(首)を左右に動かすスレデットを行う。 ピレス、アンカットは足の動きの名称であり2、3、8では足の動きのみ行っていたが、これ以降は全て同時に手も動かす。手の動きはオンバック(ombak)という手首を動かし手の平の向きを変える動きをである。
	・ ・ ・	

『Teknik Tari Bali』(Arini, 2012)をもとに國寶が作成

動かす部位	写真
胴体、脚	
胴体、脚	
胴体、脚	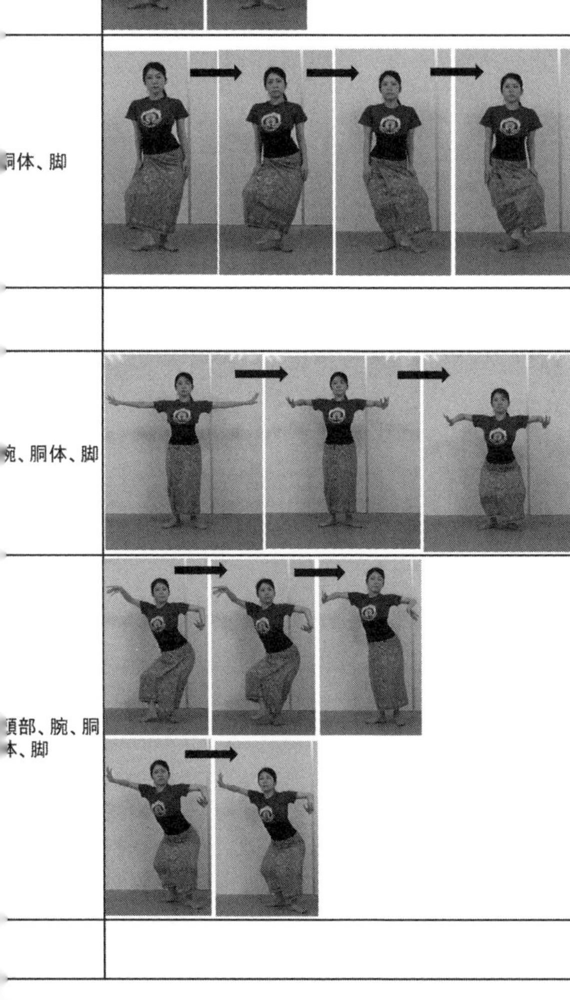
腕、胴体、脚	
頭部、腕、胴体、脚	

きを簡単なものから行っていく流れとなっている。その際に全身の動きを同時に行うのではなく、混乱がないように脚の動き、その次に手の動きと脚の動きを同時に、という分習法が用いられているのもこの指導法の特徴である(國寶 2019)。この指導法が提案されるまで、初心者への指導は伝統的指導法と呼ばれる「完成された熟練者の踊り、舞台上で観客に披露される1つの舞踊演目を見よう見まねで初心者が模倣することだということである。動き1つ1つを学び習得したのちにその動きの含まれた舞踊演目を覚えていくのではない。いきなり舞踊演目を模倣しそしてそれを踊れるようになるまで指導者に修正されながら何回も繰り返すことで舞踊を体系的に習得していく」という指導法が主流であった(國寶 2019)。特に無形文化遺産に認定されたレゴン・クラトンに登場するチョンドン(Condong)という役柄はバリ舞踊の動きの基本が全て入っていると言われ何度も練習することが求められた。しかし現在のバリの子どもたちの舞踊を学ぶ環境は「見て真似をして覚える」という伝統的指導法では通用しない部分も多い[12]。そして3(2)で述べた通り、バリ舞踊の新作品にはもともとバリ舞踊にない動きも多く取り入れられている。そんな新作品が増えるなか、また冒頭に述べた通りインターネットを通じて海外の舞踊映像を見る機会の増えた現在のバリの子どもたちにとって、動きを一つ一つ分けて学んでいけるダサールはとても適した指導法と言えるだろう。

また、ダサールができたことによりバリ舞踊における「基礎の動き」とは何なのか初心者にもわかりやすく提示したという点が重要である。これまでの指導のなかにもチョンドンに対して言われるように「基礎の動き」という概念は存在している。またバリ舞踊の動きについてはバンデム(Bandem)らによってまとめられており(Bandem 1983)、さらにジャユス(Djayus)の著書ではバリ舞踊の基礎の動きとして八つの動きが挙げられている(Djayus 1980)。しかしそれらが基礎指導法として指導現場で用いられることはなく、あくまでも初心者は伝統的指導法でバリ舞踊を習得してきた。このダサールを初心者が学ぶことにより、バリ舞踊経験の浅いうちからその踊りの動きの特徴を理解し、新しい作品を作る際にもそれを理解した上で批判の対象になることなく作品を作ることができるだろう。

そしてダサールは今後世界にバリ舞踊を拡める可能性についても示唆している。現在世界の多くの地域で行われているバレエはもともとイタリアで発祥しフランスで基礎を作られ、ロシアで完成した後世界中に広がった。その世界中に広めることができた理由の一つとして基礎指導法がしっかりとしていたことが挙げられるだろう。バーレッスンと呼ばれるその基礎指導法はプリエという膝の曲げ伸ばしから始まり、脚の動きへと続いていく[13]。つまりダサールがあればさらにローカルなもの（バリ舞踊の指導）をグローバルに発展させていくことができるのである。

3 「バリらしさ」の追求

ここまで、バリ舞踊の新しい試みについて述べてきたが、無形文化遺産となりながらもなぜバリではこのように新しい作品作りに力を入れるのだろうか。また、新しい舞踊作品を作るのであれば、バリ舞踊という枠にこだわらず新たなジャンルの舞踊として作品を発表すれば、さらに表現の幅が広がるようにも思えるが、そういったことは行われていない。つまり新しい作品を積極的に生み出しながらも常に「バリ舞踊らしさ」や「バリらしさ」を追求し、バリの民族舞踊であるということを重要視しているのである。

これにはいくつかの要因が関わっていると考えられる。まず新作品にはISIの関係者が多く関わっているが、ISIの舞踊科では民族舞踊の授業しか実施されていない。インドネシアの他の島の民族舞踊の授業はあるものの、あくまでもバリ舞踊が中心であり、ましてやバレエ等西洋の舞踊やその他の舞踊を学ぶクラスはない。そして舞踊科の卒業時には卒論か卒業制作を選択できるが、卒業制作を選んだ場合必然的にバリ舞踊の創作になる。つまり新しい創作作品を生み出す人材にとって舞踊＝バリ舞踊なのである。ISIができた経緯はすでに述べた通り、文化観光、そしてバリ文化発展のため設立されており、民族舞踊に特化していることは当然ではあるが、現在もそれが貫かれており、バリ舞踊の枠組みにこだわらず新しい舞踊や作品を作るという動きは現在のところ見られない。

そしてやはり、バリが常に時代と共に舞踊も変化させながら発展してきたという1930年代からの歴史的経緯の影響が大きいだろう。そのため、新しい創作作品に関して、その動き等がバリ舞踊らしいかどうかという批判はあっても、そもそも新しい作品を生み出すことに関しての批判はない。若い世代はもちろんのこと、年配者であっても新しいものを取り入れることに抵抗がないようで、これはバリのこれまでの歴史があるからこそではないだろうか。彼らにとって時代に合わせて変化させていくこともバリ舞踊を引き継ぐ大切な部分だと言える。しかし大切なのは同時に「バリらしさ」とは何なのかを常に模索し再確認しながらの変化であるということだ。再び山下の「バリの素晴らしさは、バリが西洋近代文明に毒されていない本質的世界を今日まで存続させてきたところにあるのではない」(山下 2007: 14) という言葉を挙げるが、ここで新作品に対して言われる「バリ舞踊らしさ」「バリらしさ」は必ずしも昔から変わらず守られているものではく、その都度彼らバリ人が考える「バリらしさ」だということである。

無形文化遺産に登録されながら、新しい作品作りに力を入れることは一見矛盾しているように感じるが、時代と共に積極的に新しくし「バリらしさ」について再構成しながら文化を守り伝えていくのが彼らのやり方なのである。つまり新しい作品を作ることはバリ人の大切にしているバリ文化、これまで受け継いできたものを伝えていく手段なのである。それが文化を守ることであり、バリ人にとってそのまま引き継ぐことはその文化を廃れさせ時代から取り残してしまうことなのかもしれない。

バリ舞踊に見る民族舞踊のあり方、まとめ

このように、バリ舞踊の場合これまでの舞踊が発展してきた歴史的経緯、儀礼要素の高い舞踊とそうでない舞踊を分ける分類、基礎指導法の導入、によって、新しい試みを取り入れながらも独自性を失わず民族舞踊が成り立っている。さらにバリの例からわかるのは常に「バリらしさ」について考えて

工夫を凝らすことが重要だということだ。結局バリらしさはイギリスの歴史学者エリック・ボブズボウム（Eric Hobsbawm）らがいう「創られた伝統」（ボブズボウム 1992）に過ぎないが、自分たちのアイデンティティを忘れないようにと思う気持ちがあるからこそどれだけ新しい作品を作ったとしても独自性を失わずにいられる、もしくは独自性が失われたと批判されないために大切なのではないだろうか。もしかするとその時代時代に「バリらしさ」はあり、共通のものを引き継いでいるというのは幻想にすぎないのかもしれない。しかしその時代に合わせていかなければ逆にその文化が廃れてしまう可能性がある、常にその時代の人々と共にあってこそのバリ舞踊なのである。民族舞踊は伝統を重んじ守らないといけない、のではなく生きた状態で引き継いでいくことが大切、という考えのバリ舞踊はグローバル化する現在の民族舞踊のあり方として一つの成功例と言えるだろう。しかしそれにはバリのようにこれまでもそれを受け入れ発展してきたという歴史があるからこそ成り立つのかもしれない。

グローバル化して他のダンスの要素が入ること、発展していくこと、それは民族舞踊にとってはすでに避けては通れないことだろう。そしてそれを拒んで伝統的なものをそのままの形で守ろうとすることも決して悪いことではない。しかしそれは並大抵の努力では難しく、また守ることにこだわることで、すでに当該地域の人々がその民族舞踊にアイデンティティを感じられない、つまり舞踊が時代に取り残されてしまっては必然的に引き継ぐ人も減少しその舞踊自体の消滅へとつながるだろう。柔軟に対応しながらもなお、引き継ぐ人々がその舞踊にアイデンティティを求められるかどうか、は重要である。バリのような歴史的経緯に関しては今から他国の民族舞踊が真似できることではないが、分類を作ることや基礎指導法の確立はどの民族舞踊でも同様のことが実施可能であり、問題解決の糸口となり得るだろう。民族舞踊を引き継ぐ解決策としてこういった手段を取り入れながら少しでも多くの民族舞踊が消えることなく人々に愛され引き継がれ続けていってほしいと考える。

注

1　社会学者の遠藤保子は「地球上のさまざまな地域の社会や文化が異なっていることによって、舞踊の意味が異なっていると考えられる」ことを指摘し「あらゆる民族の舞踊を民族舞踊ととらえるほうがより今日的である」と述べる（遠藤 2001: 17-18）。

2　「舞踊なき民族」の存在が報告されたこともあるが、音楽学者クルト・ザックス（Curt Sachs）は、舞踊を持たないように見えたのはその民族が舞踊を神聖なものとしていたため外部の者には見せなかったのではないか、と反論した（石福 1974: 14）。

3　正しくは「伝統的舞踊」ということでバリ舞踊のなかから 9 つが選ばれ認定されている。9 つの舞踊の詳細は後述で述べる。

4　ハワイの民族舞踊フラの場合、アメリカからのキリスト教宣教師によって土着の神々を讃える異教的なもの、また淫らなものとして禁止された時代がある（井上 2011）。

5　1930 年代に出版された旅行記や映画のタイトルに使われたことにより、今日まで「最後の楽園」はバリのキャッチ・コピーとなっている（山下 2007:39）。

6　男女の合唱と共に、成人前の少女がトランス状態になって踊る奉納舞踊。

7　インドネシア語で tari は舞踊、kreasi は創作を意味する。

8　コンテンポラリーダンスというと一般的に 1980 年前後、新たなジャンルの舞台芸術が世界各地で同時多発的に誕生したダンスで、「既存の身体技法（「メソード」）、あるいは、「再現」「メッセージ性」「造形性」「メディアの純粋性」などの従来型美学にとらわれ「ない」という否定的特性」（貫 2012: 230）のあるダンスを言うが、バリではあくまでもバリ舞踊にこだわったものであることは後述の通りである。そのため単純に英語の contemporary、「現代の」という意味と捉えたほうが正しい。

9　ガムランとはインドネシアで広く演奏される打楽器を中心にした音楽のことである。現在バリ・ガムランの場合ガムラン・ゴン・クビャール（gamelan gong kebyar）という青銅製の楽器による演奏形態が多いが、竹の楽器を使う演奏形態等複数のガムランがある（皆川 2010: 223-232）

10　バリ舞踊で頻繁にみられるポーズのことである。表 8-1 参照。

11　國寶の著書（國寶 2019）より一部修正し抜粋。

12　現在バリ舞踊を学ぶ子どもたちの環境は練習時間の短さや継続への強制力のなさ等様々変化し、伝統的指導法では伝承が難しくなっている（國寶 2019）。

13　ワガノワ・メソッドをはじめ複数のバレエメソッドにおいてバーレッスンではプリエから始まりバットマン・タンジュ（battement tendu）という脚の動きへと続く（川路 1995: 3-21）。

参考文献

Arini, Ni Ketut 2012 *Teknik Tari Bali*, Denpasar: Yayasan Tari Bali Warini

Bandem, I Made (ED) 1983 *Gerak Tari Bali : Laporan Penelitian*, Denpasar: Akademi Seni Tari Indonesia

Bandem,I made and Fredrik Eugene deBoer 1995(1981) *Kaja and kelod;Balinese dance in transition*, Kuala Lumpur :Oxford University Press

ボブズボウム、エリック・テレンス・レンジャー編（前川啓治・梶原景昭他訳） 1992 『創られた伝統』 講談社現代新書

Djayus, I Nyoman 1980 *Teori Tari Bali*, Denpasar: CV. SUMBER MAS BALI.

遠藤保子　2001 『舞踊と社会』 文理閣

井上昭洋　2011（2004 年初版）「キリスト教徒ハワイ人の現在一伝統的宗教文化についての会衆派信徒の語りを中心に」後藤明他編著『ハワイ研究への招待』 関西学院大学出版会

石福恒雄　1974 『舞踊の歴史　生きられた舞踊論』 紀伊国屋書店

鏡味治也　2000 『政策文化の人類学』 世界思想社

川路明　1995 『バレエ・レッスン例題 300 選』 東京堂出版

國寶真美　2019 「インドネシア・バリ島における舞踊指導法―伝承場面の変容とダサール指導法の導入―」寒川恒夫研究室編『スポーツ人類学の世界～早稲田の窓から～』虹色社

皆川厚一　2010 『インドネシア芸能への招待　音楽・舞踊・芸能への招待』 東京堂出版

永渕康之　1993 『バリ島』 講談社現代新書

貫成人　2012 「コンテンポラリーダス」鈴木晶編著『バレエとダンスの歴史』平凡社

山下晋司　2007（1999 初版）『バリ観光人類学のレッスン』 東京大学出版会

梅田英春　2003 「バリ舞踊の聖俗論議セミナーの答申をめぐる一考察」 Mousa No.4

第９章　共有山林の活用に見るグローカル状況

——広島県の共有山林管理団体の事例から——

髙木大祐

はじめに

通常、市町村合併が行われると、合併前の市町村が持っていた共有林は新たな市町村の共有林へと統合される。しかし、これを避けるために財団法人を設立して旧市町村の範囲に共有林を残したケースが各地に見られる。これらの財団法人は、かつての市町村の共有林を管理し、利益を上げ、蓄積する。一方、かつての共有林であるから、その利益を貯めることを目的とするのではなく、地域に還元していくことが求められる。そこで、財団法人としての活動目的は、山林整備のほか、地域振興や自然環境保護ということが挙げられることになる。法人の成り立ちから、その範囲は自ずと旧市町村の範囲に限られる。それと同時に、その使途、地域への還元の仕方にも、多くの住民が共有できる性質が求められる。この構図のなかには、国家的要請による市町村合併、グローバルな状況による山林経営の変化、それに対する地域社会の動きが包摂され、一種のグローカルな状況が表れている事例と見ることができる。

これらの特徴から、共有林を管理する財団法人に目を向けると、グローカルな状況のなかで、山林資源を地域社会にどう活用するか、という点で環境資源と地域の関係が見えると共に、その収益の使途からも、地域社会が共有するものは、一体なんであるのか、ということがわかるのではないか、という見通しを筆者は持っている。環境資源を通して、地域社会の紐帯の一種が見えるか、本章で試みてみたい。なお、関連する研究史についてはすでに拙稿[1]にまとめており、ここでは事例の分析に留めることをお断りしておく。

1　狩留家愛林会（広島市安佐北区狩留家）

広島市安佐北区狩留家（かるが）は三篠（みさき）川沿いの住宅地と、そこから山に入っていく、緩やかに傾斜する棚田状の水田に沿った集落からなる。三篠川沿いの集落に住宅が密集するのは、中郡道の本陣もおかれた宿場であったこと、三篠川の水運で栄えた歴史を持つことによる。狩留家における水運の始まりは藩政時代のことで、広島藩主浅野氏により河川の開削が進められ、寛永12（1635）年には広島城から狩留家までの水運が通じた。狩留家の舟は豊田郡の７か村、世羅郡の３か村、賀茂郡堀村、そして高宮郡は自村狩留家村のあわせて12か村の年貢津出し米と、狩留家村の割木や柴を広島まで運んだ[2]。水運においても、城下町への割木や柴の供給という山林利用が密接に関わっていたのである。

では、その頃の狩留家の山林利用はどうであったか。広島藩では御建山、御留山、御建薮、御鷹山という藩有山林を設定していた。狩留家には２か所の御留山と、御鷹山、御建薮各１か所ずつが設定されていた。農民が利用できる山林としては野山が４か所、そのほか腰林が234か所と文政２年の「郡中国郡誌」に記録されている。『高陽町史』では狩留家と周辺の村にまたがり御建山、御留山になっている牛尾山について、元来３か村の農民が共同利用していた山林を御建山に指定し、藩用で伐採したあとは御留山としたが、農民の採草地が不足することから、藩有林への入山を柴草。下刈などの採取に限り許可してきたと推察している[3]。その上、民有の野山、腰林であっても藩の許可切手を受けてはじめて利用できた。なお、商事目的の場合は歩銀も上納した[4]。

このように、狩留家やその周辺の村々の山林は広島城下の燃料供給地として、厳格に管理されていたのである。なお、狩留家村では搾油の技術移入・改良に注力した村民がおり、以来藩の御用油所が置かれたほか、５か所の油絞屋があったという。この点でも、城下へ物資を送り込む郊外村落の特色が見られる。明治になり、年貢米がなくなっても割木輸送が盛んに行われ、この頃は人も乗せたという。広島から戻る舟は石灰、干鰯、下肥を積んで戻った。これを狩留家の肥料問屋が扱っていた[5]。

舟運が消えたのは道路の拡張により馬車に転換されたことによるが、それまでの船乗りたちが馬車引きになったものだという。また、鉄道開通後にはかつての船問屋が貨物の扱いをしていた[6]。このことからも物流は狩留家の歴史を特徴付けるものといえるだろう。

鉄道に着目すると、現在の芸備線のダイヤでは、狩留家折り返しの列車が多数設定され、狩留家・三次間の本数は広島・狩留家間に比べ激減する。このダイヤ構成からいえば、狩留家までが広島市中心部への通勤・通学圏といえそうである。もっとも、先に述べた狩留家地区の景観は、現在では都市計画上、線路・川沿いの地域が市街化区域、谷沿いの水田地帯が農業振興地域に指定されていることにもよる。したがって、広島市中心部への通勤、通学が可能な地域ではあっても、過度の住宅化は進んでいない。

では、近代の山林管理はどのように変化してきたのであろうか。明治期の市町村合併により、近世の狩留家村は、小河原村、上深川(ふかわ)村と合併し、狩小川(かこがわ)村となった。当初は近世から舟運でにぎわっていた狩留家に役場が置かれたが、明治 42 (1909) 年に小学校が狩留家と上深川の境に設置されたのをきっかけに、役場も移転した。しかし、人口比でいえば依然狩留家が半数を占めており、狩小川村の中心的な位置にあったといってよい。

共有山林については、近世以来の入会山が存続した。しかし、昭和 3 (1928) 年に転機が訪れる。狩小川小学校が火災に遭い、改築・敷地拡大の費用を捻出するために、部落有林を村有に移管することとなった。なお、それまでも県の行政指導があったことも一因である。移管にあたっては、村有林業経営地、部落民使用割当地を設定した上で、残りを特売地として村民に払い下げることとした。しかし、このときに特売地を記名共有として買い受けることで実質的な共有林として利用を続けることが行われ、特売地がそのまま個人所有になったわけではなかった。

昭和の大合併では、狩小川村は昭和 30 (1955) 年に高陽町の一部になることとなった。このときに旧村有林は狩留家と小河原・上深川に分けられ、それぞれ財団法人を設立してその所有とする対策がとられた。こうして、狩留家に狩留家愛林会が、小河原・上深川に小河原愛林会が設立され、現在に至るまでかつての共有林を所有しているのである。

この間、山林の利用の仕方も変化した。先述のように、御鷹山、御留薮が広島藩により設定されていたことからもわかるように高木が林立する山ではなかった。明治時代にはウサギが走るのが見えたくらいだと言い伝えられている。近世の村絵図でも、高所は鷹山、茅山、野山、集落に近いところが百姓銘々持ちの腰林となっている[7]。つまり、主な用途が燃料用の割木、柴、農業用の草であり、高木の植林は必要なかったのである。しかし、昭和には山仕事が盛んに行われるようになった。山陽パルプ向けの木材のほか、九州の炭坑で坑木に使われる木材を出荷していたという。戦後はスギの植林が行われて現在に至っている。

狩留家愛林会は前述のように昭和の大合併に伴い設立された。設立後は当時の趨勢に従い、やはりスギの植林を行った。その後、所有林のうち高鉢山では県行造林を行っている。前段に述べた経緯からすれば、このころに狩留家地区の山林の景観は相当変化したものと思われる。昭和 50 年代までは松林を所有していたので、マツタケの採取権の入札を行った。このような造林と採取権入札が主な収入源であった。臨時の収入としては、ワリヤマと称する田につく山を個人に販売したことがある。

ところが、松林はマツクイムシの被害に遭い、入札による収入がなくなり、植林の杉林もまだ収入になる段階ではない。現在では貸家・貸地と駐車場の賃料と、中国電力向けの電遮板用の木材の販売が主な収入となっている。土地を借りているのは農業協同組合と消防署である。もともとは交番も愛林会の土地にあったのであるが、道路拡張により立ち退くことになり、代替地に貸家を建設して貸家事業が始まった。つまり、もともとは収入になる貸地事業といえど、借り手には公共性、本章の趣旨に則していえば共有性がなければならなかったのである。

なお収入にはならない形で山林資源そのものを活用する必要があったのは、

道路の補修、すなわち共同作業の道普請であった。その補修用の土も愛林会持ちの山から取っていた。これを土取り場と称した。

支出の面の活動は住民活動の支援が主である。物品の購入では集会所への支援が目立つ。テレビは寄贈し、クーラー、カラオケなどの導入に際しては80％ほど助成している。最初から助成が決まっているわけではなく、愛林会で検討した上で支援を決める。娯楽のためのカラオケも、皆が利用できるという共有性が確認された上で助成の対象としたのである。

イベントへの支出で恒常的なものは狩小川小学校で開催される狩小川フェスタへの助成である。会場は小学校だが、実行委員会には中学校や保育園も入り、また愛林会を含む地域の様々な会の代表が集まって開催されるイベントである。この際に賞品などの費用を助成している。また、狩留家駅には使われなくなったスペースがあり、ここに社会福祉協議会が入って交流施設「夢かるが」として運営している。夢かるがの夏祭りにも景品代を助成している。愛林会も社会福祉協議会の構成団体の一つである。イベントの実行委員や社会福祉協議会に入りながら、共有資源を活用していく役割を担っているのである。

その延長線上で、狩留家ではコミュニティセンターの創設が検討されている。広島市のコミュニティセンター導入促進の動きに応じた活動でもあるが、現在の集会所が洪水地域にかかっているため、これにかわるコミュニティの拠点として考えられているものである。このための勉強会が開かれており、自治会、老人会、地域で活動する非営利法人のNPOかるがなどと共に、愛林会の代表者も参加している。

共有山林を管理し、その収益を地域の活動に還元する愛林会が、地域社会を運営する仕組みのなかに組み込まれていることがわかるであろう。したがって役員選出も、地域の代表を選ぶ方法に準じる。狩留家愛林会には理事・監事各4人と21人の評議員が置かれている。評議員は狩留家の4地区、湯坂、町、西、北部からそれぞれ投票で選ばれ、自治会長に推薦されてくる。戸数も山持ちの家も少ない西地区のみは評議員が3人だが、あと3地区は6人ずつで21人となる。一方、理事・監事は各地区1人ずつである。理事長は理事のなかから推薦で選出される。このような役員選出方法からは愛林会も地域の自治活動の一環と考えられているといえる。

役員の仕事には山仕事もある。もっとも、樹木の管理は森林組合に委託しているので、山林の境界の見回り、登山道の整備などである。ただし、かつてのように山仕事になじんでいる人が少ない難点がある。そこで、広島県森林公園の森メイトという事業で、愛林会役員から 3 人が山の手入れの仕方を学んできたことがある。現在は[8]役員のなかに森林組合の OB がいるため、当分は心配ないとのことであったが、山仕事に触れている人の減少は、今後も課題として残ることになるであろう。

2　河内浄心会（広島市佐伯区五日市町河内）

山陽本線五日市駅から八幡川に沿って山あいに入っていき、山陽新幹線、山陽自動車道の高架橋を立て続けにくぐると、河内地区に入る。ここで共有山林を管理するのが河内浄心会である。

浄心会のルーツは河内区産業組合であった。村民が均等に拠出した積立金で山林を購入して始まったものであるという。その後も湯来や廿日市からも山を購入して共有林を拡げている。そもそもが積立金で購入して始まったというルーツゆえであろう。また、このようなルーツを持つゆえに、昭和の大合併の時期に設立された事例が多いなか、大正 14（1925）年に河内村浄心会として設立されたという、古い歴史を持つ。筆者が先に取り上げた山形県の事例でも、これより古いものは 3 例中 1 例[9]、並行して調査に着手している和歌山県上富田（とんだ）町の事例は 3 例いずれも昭和の大合併に伴う設立である。河内村浄心会という呼称は平成 26（2014）年に新制度による一般財団法人に移行するまで使用された。

浄心会の活動目的は社会福祉である。設立時には教育のために資金を用意する、すなわち奨学金制度の創設が第一であった。さらに学校への図書の寄附など、教育との関わりを持っていた。給食のない戦前には学校での食事にも支援をしていた。また、医療も重要な支援対象であり、病院の資金を支援した。このため、昔は「河内にいい先生が集まった」ともいわれているという。奨学金、病院支援は現在では行っていないが、地方の教育・医療の整備が不十分であった時代に合わせた支援内容だったといえるであろう。

現在では各種団体の要請に応じる形での支援となっている。支援要請を河内地区コミュニティ推進協議会で取りまとめてもらう形をとっている。社会福祉協議会などへの支援が増えているのが近年の特徴である。河内浄心会提供の資料により、平成30（2018）年度に支援対象となった団体を挙げると、社会福祉協議会、自主防災会連合会、コミュニティ推進協議会、河内学区防犯組合、母親クラブ、青少年健全育成連絡協議会、町内会連合会である。自治活動、コミュニティ活動の支援という趣旨が明らかである。

なお、河内浄心会では現在学校への支援がないが、その背景はかつて学校林が存在したことにあったと思われる。学校に必要な資金になったときに、木材や資金にして活用していたのである。河内村時代の木造校舎は学校林の活用で建築されたものであったらしい。

収入の面では新制度の一般財団法人への移行に伴い、新たな事業に取り組んだ。それは太陽光発電である。かつては立木の販売が収入となっていたが、現在では収入として期待できない。しかし、一般財団法人への移行に際して、これからの収入の柱が必要だろうということが検討され、東日本大震災の福島原発事故以来普及が進められてきた、太陽光発電に着目したのである。現在ではこの太陽光発電が収入の柱となり、このほか土地の賃貸収入がある。これは電柱の敷地料と佐伯警察署河内駐在所の貸地料である。収入の手段ではあるが、いずれも地域に必要な公共財でもある。収入の面でも地域の共有性が反映することは、共有財産管理団体らしい特徴である。

役員の選出方法は、新財団法人制度に移行する際に変更が加えられている。それまで、役員が評議員を決め、地区ごとのバランスがよくなるように配慮されていた。しかし、新制度の一般財団法人に移行してからは、評議員の数を減らし、地域ごと地区代表に選んでもらった上で評議員から理事を選出するように改められた。このやり方では、理事選出者の地区のバランスが崩れる可能性があるが、それを許容しての変更である。

背景には山林の知識を持つ人の減少がある。河内の場合、現在60歳前後の人から下の世代になると、山林の知識が少なくなる。山を持っている家はあっても、入ったことがない人が増えるのである。もちろん、林業経営環境の悪化が影響してのことである。浄心会の仕事として共有林の境界の確認も行う理事になるには、山林の見守りに関心を持っている人が望ましく、地区のバランスよりも重視しなければならない状況がある。

浄心会では山林の管理ができているが、字単位の地区の持ち山もありその管理が河内地区の課題となっている。河内について特記しておかねばならないこととして、平成11年6月29日に土砂災害に見舞われたことがある。河内地区で本流の八幡川に注ぐ荒谷川流域で土石流が発生した。その復旧作業に際して、地区持ちの山は浄心会のように法人の持ち物とせず、地区の住人個人の登記になっていたため、持ち主探しに苦労することとなった。このような事態を防げるのも、管理団体を法人として共有山林を所有しておくことのメリットの一つであろう。

今述べた土砂災害は、河内の人々の記憶に深く刻まれたものである。荒谷地区の家屋が土石流の被害に遭い、10名が亡くなった。このときの広島県全体の死者が31名で、その3分の1近くがここで亡くなってしまったのである。

河内地区ではそれ以来、毎年河内公民会集会室で「忘れまい6.29」という集会を開催、講演会と犠牲者追悼を行ってきた。そのなかで後世に残るものの前で追悼をしようという機運が高まり、慰霊碑建立が発起された。碑には八幡川の石を、台石には災害の起きた荒谷の石を使うという念の入れようで、地域社会のために必要という思いの強さが窺える。

この費用は奉加帳方式で各戸2万円ずつの寄付金を募り、浄心会も支援して集められた。場所はやはりみんなが集まるところにしたいということで、目的外使用の許可を取り、公民館に建立された（**写真9-1**）。実は、石碑自体も、八幡川から採るには県の許可が必要であったから、この石碑のために2つの手続きが必要であったことになる。しかし、その手間も惜しくないほど、これは重要な事業であったということができるであろう。

写真 9-1　河内公民館の災害慰霊碑

必要になったときに地域のために使える財産を持っておくことは、このように重要な地域の記憶を継承していくときにも役立つのである。地域社会のために使う、というコンセプトのなかに、記憶の継承も含まれる、ということには留意しておきたい。

3　鈴林会（広島市安佐北区安佐町鈴張）

広島市北部、太田川の支流鈴張川沿いにあるのが安佐町鈴張、かつての鈴張村である。広島市中心部からバスで 1 時間から 1 時間半ほどの地域である。ここを通る中国 JR バスの路線名を広浜線という。路線名の由来は広島と島根県浜田を結んだことによる。いわゆる「陰陽連絡」を担う幹線のバス路線であった。長距離輸送の役割を高速バスに譲った現在では北広島町の大朝までの路線になっている。この高速バスが通る中国自動車道と広島自動車道を分ける広島北ジャンクションもこの鈴張のすぐ南にある。つまり、ここは古来広島と浜田を結ぶ交通の要衝であった。かつてはここに牛市がたち、また

11月のエビス講にも多くの店が立って、周辺の村々からは冬のものを用意しに人が集まった。米の収穫が終わり、現金収入を得たあとのまとめ買いの意味もあり「11月のエビス祭りまでに、米をとって金にしろ」といわれたものだという。

ここの共有林管理団体は、鈴張の一文字を採って鈴林会という一般財団法人である。昭和30（1955）年に鈴張村のほか、飯室、小河内、久地、日浦の各村が合併して旧安佐町が発足した際に、旧村有林を所有する団体として設立された。この時点で約400町歩の山林を所有し、合併前の旧村のなかでも一番広い山林を持っていたという。主要な共有山林がある堂床山（どうとこ）は藩政時代の利用法も記録がある。安永7（1778）年の「郡中村々差出帳」では、堂床山の利用は上下に分けられ、上は「村中入相」の薪山、つまり鈴張村の共同利用による薪採取地として、下は「銘々腰林」の肥草山、すなわち百姓の個人持ちで肥料の草を刈る山として利用されていた[10]。

木材の利用は建材が多く、鈴張村時代には、新制中学校の導入により鈴張中学校を設立する際に、この材料や資金を村有林の木材からとった。また、小学校や村役場の建て替えの材料も村有林の木材であった。自生のマツのほか、村として植林したスギもあった。このように建材にできる木材に恵まれた山であったから、製材所が多く、かつては10軒を数えたという。伐採を請け負う山師もいた。鈴林会でも昭和40年代までは良質な建材を伐り出し、その後に植林をしていた。発足初期の頃は伐採は山師に委託し、植林は鈴林会で日当を出して行っていた。その後は森林組合へ一括して委託するように変わっている。鈴林会での植林は一時期はスギばかりであったが、その後ヒノキも植林するようになったという。

一方、堂床山には松林が多かった。藩政期の利用法そのままに、鈴張村時代には山の上の方が村有林、下の方が個人持ちとなっていたが、個人持ちの山の松林で燃料の採取は事足りたという。また村有林から鈴林会に引き継いだ松林では、マツタケの採取権の入札を行っていた。木材の販売のほか、これも収入源であった。しかし、マツクイムシの被害に遭ったことから松林は姿を消し、マツタケ採取権の入札も行われなくなった。これはおよそ30年ほど前のことであったという。

木材価格の下落とマツクイムシの被害で主な収入がなくなった現在は、これまでの貯蓄と補助金によってコミュニティ活動に必要な援助を行っている。木材出荷による収入が減少した背景には、価格の下落だけでなく、所有する山林に保安林が設定されたことの影響もある。昭和40年代に伐採したあとにできた自然林が主な対象である。このような状況のため、補助金は林道整備に伴う伐採が主なものである。これに関連し、所有する山林の管理として林道の草刈り、側溝清掃を行っている。鈴張の20の地区からそれぞれに人を出してもらって作業する。この作業に当たる人には鈴林会から日当を出す。今後は林道をつけたところから順次間伐を行い、その補助金を収入としていく計画であるという。

支援対象のコミュニティ活動として半ば定例化しているのは敬老会である。このほかはハード面の整備補助があり、近年では保育所、集会所の冷暖房の整備に補助を行っている（**写真9-2**）。鈴張村時代に学校の校舎を村有林で賄ったのと同様の活動であるといえよう。敬老会のほかに定例化している支援がない背景には広島市への合併が影響している。合併の結果、公共のものには助成が出るようになったため、鈴林会に頼る場面が減ったのであるという。それ以前には、何か取り組むべきことがあれば、それに合わせて山の木を伐るという発想であったという。

鈴林会の運営は4年任期の役員・評議員が行う。1区から20区までの各地区から1～3人ずつで30人の評議員と10人の役員を選出する。注目すべきは鈴張地区に造成された星が丘、譲羽団地からも評議員が選出されることである。鈴張に限らず、共有林を所有することが第一の目的である財団法人であれば、会費が不要であるから、新たに造成された分譲地に入居するいわゆる新住民も取り込むことが容易である。鈴張では会員という考え方とも異なり、地域の住民になった時点で、鈴林会の活動の対象であるという考え方をとっている。そこで、評議員を選出してもらうが、敬老会や保育所、集会所への支援は当然新住民も恩恵を受けることにもなるのである。

一方、役員の選出には旧鈴張村の東、西、郷という地域のバランスに配慮

写真 9-2　鈴林会事務所の感謝状　手前右が保育所、左が集会所の冷暖房助成

される。こうしてみると、かつての地区意識が残存しつつ、新しい分譲地の新住民も取り込む鈴林会の形態は、鈴張の歴史をそのまま反映したものであるといえる。

4　寺家会（東広島市西条町寺家）

広島を出た山陽本線は、瀬野駅と八本松駅の間、セノハチの通称で知られる勾配区間を越えて西条盆地に入る。その八本松駅の次が寺家駅であり、寺家の主な範囲は盆地上にあり、その周辺に山林がある。この寺家の共有林管理団体は寺家会と称する。

寺家会の場合、市町村合併に伴い発足したことに変わりはないが、その経緯が少し変わっている。寺家は西条東と共に寺西町を構成していた。昭和34（1959）年にこの寺西町が西条町に合併される際に、旧寺西村で一つの財団を作るのではなく、寺家には寺家会が、西条東には東光会が設立され、それぞれの共有林を所有する形態としたのである。なお、かつての役場跡は現在は駐車場となっているが、このような経緯の名残で、寺家会、東光会の共有地となっている。

寺家会所有の山林は松林で、薪の採取を行うほか、マツタケ山もあった。入札でその権利を獲得した人が下草刈りなどの手入れから採取まで行う仕組みであった。ところが、マツクイムシの被害でこれができなくなる。寺家会での本格的な植林はこれ以降開始されることとなった。このため、戦後のスギ植林に取り組んだ共有林管理団体が、伐採の適期を目前に木材価格の低迷に悩むのとは対照的に、植林された樹木が出荷されるのはまだ先のことである。さらに、建材としてのスギ、ヒノキ、ケヤキを植林している一方で、マツクイムシへの耐性を高めたスーパーマツの植林が主な取組みであったことも特徴的である。スーパーマツを植林した山林は、マツタケ山として再生される可能性もある。この時期に植林した山林では、毎年補助金を受けて間伐を行っている。間伐は森林組合に委託する。マツタケの入札による収入がなくなった一方、企業を対象に賃貸を行っていることが収入面で貢献している。工場用地として使われているほか、ハウスメーカーが一括して借り上げ住宅用地としている。

支出面は間伐にかかる費用のほかは、コミュニティ活動の支援が主である。申請を受けて役員が可否を判断する。役員は寺家の 8 つの地区から各 1 名ずつの理事である。なお、監査役も理事とは別に 1 名ずつ出してもらう。会員は設立時に寺家に居住していた家の後継者としている。分家して地区内に居住した場合は新たな会員となる。一方、他出すると会員から外れる。このため、会員数には常に増減がある。この会員から理事を選出するわけであるが、選出方法は各地区に任せている。60 歳以上の人が多く、80 歳を理事の定年と定めている。

助成の申請は学校関係、老人会、女性会などからのものが多い。会費の要らない会のことだけに、寺家会の活動を知らない人もいるが、一方で何かあったら寺家会に相談するように、と親から引き継がれてきている人も根強くいる。

学校関係に着目すると、寺西小学校のプールに助成したことがある。校庭の木製アスレチック施設も寺家会の助成で昭和60年ごろつくられたものである。この種の施設は老朽化したものが安全上の理由で撤去されるケースが多く、今では珍しくなった。現存のものが維持できず撤去された場合は、やはり安全面への配慮という理由で市が新設することはほぼ望めない。しかし、寺西小学校では維持管理費も寺家会が助成しているため、残すことができているのである。このアスレチック施設は寺西小学校の「体力つくり推進計画」に「アスレチックなどの本校ならではの遊具がある」と明記され[11]、今や他の学校にない特徴となっている。このほか、PTA活動やクラブ活動でも申請が出ることがある。クラブ活動では楽器の購入などのケースがある。

老人会では毎年敬老の日に敬老会を開催しており、これへの助成が主である。このほか、寺家会の特徴としては各区への一定額の助成を毎年行っていることが挙げられる。使い道は各区に任される。このように受ける側の裁量を確保した形での助成は他の団体には見られない。

臨時的な支出として特筆すべきは災害対応である。2018年7月の豪雨は西日本一帯に大きな被害をもたらした。広島県も被害が大きかった地域である。この豪雨の被災を受け、用水路復旧のために水利組合から申請があり、助成が実施された。共有山林を保持し、そこから得られる収入を共有財産の現金として蓄えておくことが、このような災害への供えにもなり得る側面が端的に表れた事例である。

さらにもう一点、『寺家の歴史散歩』という冊子を発行していることも特に記しておきたい。その名の通り、寺家の歴史、史跡、文化財についてまとめた冊子である。発行時の寺家会理事長石井康隆氏は巻頭の「ご挨拶」に、次のようにその発行の意義を述べている。

> 寺家のある西条盆地は田舎まちから現代都市へ緩やかに発展して来ましたが、昭和四十八年二月に、広島大学の統合移転がこの地に決ってから、都市化が急速になってまいりました。
>
> 寺家は、東広島市の中心市街地の西条地区に隣接して副都心的な位置にあり、平成の大合併による新生東広島市となり、都市開発のテン

ポは今まで以上に早くなるものと思われます。そのために、これらの歴史的にも文化的にも貴重なものが、破壊されたり寺家に住む人々の頭や心から消えていくのではないかと心配しております。

寺家村の財産管理を引き継いでいる財団法人寺家会としては、計画的なまちづくりに協力することは勿論ですが広い意味での寺家の財産である史跡や文化財を守り、それを後世に伝える義務があると思い、この「寺家の歴史散歩」の小冊子を発刊することに致しました。[12]

大学の統合移転やそれに伴う都市化の進展、さらには自治体の合併といった周囲から寺家地区に及んでくる変化を背景とし、共有財産を管理する団体としては地域の歴史、文化の伝承も使命とすべきであるという観念があることが、この文に看取できる。共有財産を持つことには多様な意味合いがあることに留意すべきであろう。

5　共有林活用のグローカル状況

ここまで見てきたように、共有林管理団体の活動の趣旨が、山林の管理とコミュニティ活動にあることはいずれの事例にも共通している。ただし、そのコミュニティの範囲が、昭和の大合併以前の行政村であるところに、共有林管理団体の存在意義がある。「大合併」と通称されるような市町村の廃置分合は、大きく見て三次にわたり行われた。すなわち、明治の大合併、昭和の大合併、平成の大合併である。明治の大合併は、江戸時代の幕藩体制、すなわち地方の統治には各領主による藩政が大きな役割を果たした体制から、中央集権的な統治機構への転換をにらみ行われたものである。

昭和の大合併は昭和 28 (1953) 年の町村合併促進法以降推進されたものである。昭和 31 年には新市町村建設促進法も制定され、昭和 36 年にかけてさらに強力に合併を促進した。合併は強制ではないが、国は閣議決定により市町村数を 3 分の 1 にする目標を掲げており、合併に動かない市町村に対しては県が働きかけを行う[13]など、実質においては住民の意思を尊重したものとは言い難い。そして、本章に取り上げた４つの共有林管理団体のうち、3つまでが昭和の大合併に合わせ設立されている。つまり、ここで共有財産までもが新市町村の範囲に合併されることを拒否した側面がある。その背景には旧行政村が自分たちの共有財産が活用されるべきコミュニティの範囲であるという境界意識を看取することができよう。したがって、共有山林をめぐるローカルの範囲は、昭和の大合併以前の行政村の範囲を限界とするのである。狩留家や寺家のように、藩政期の村の範囲まで戻る形となったところもある。

ここで考えるべきは、昭和の大合併とその後の産業構造の変化による地域社会の変容を、小島孝夫が以下のように捉えていることである。

> こうした過程（筆者註：村落における都市化の進展）を経ることで、村落の共同事務の多くは自治体に移行し、行政と村落との関係は強いものになっていった。区や自治会は行政末端組織としての役割を担うと共に、自らも村落の自治的公共性を維持しようとしてきた[14]。

共有山林管理団体の活動は小島のいう「村落の自治的公共性を維持」する取組みと位置付けることが可能である。その活動に際し、財源としての税は合併後の自治体に移されているため、通常なら自治会費を徴収して運営するところである。しかし、共有山林管理団体が自治的公共性維持のための取組みをするならば、自治会費による部分を代替するか、あるいはより規模の大きな活動も可能になる。

ここで見た例でいえば、寺家における用水路復旧への助成など、自治会費での活動では不可能なケースといえるであろう。通常なら国や、県、市町村で災害復旧の予算が付くのを待つところである。しかし、国、県はいうに及ばず、大合併で誕生した広域に及ぶ自治体では、管理する範囲内に同時に多くの被害を抱え込むことになり、はたしてどれだけ予算が付くか、見通しを立てるだけでも時間がかかることになろう。それに対し、身近な範囲で「何かあったら寺家会へ相談」という対処法がある安心感は大きい。合併と都市化に伴い自治体に移行するような機能の一部を、共有山林の管理と収益の活用を通してローカルの領域に留め置いているという評価が可能である。

市町村合併はナショナルなレベルでの動きではあるが、前提には地方の衰退に対し、自治体の財政基盤を強化させるということがあった。その背景には、グローバル経済の進展が、都市への人口集中、さらには東京への一極集中という形で表れている日本の状況がある。したがって、市町村合併もグローバルな状況が国に及ぼした変化ということが可能であり、それに対してローカルなコミュニティ活動は山林を共有することによって維持できるというのが、共有林管理団体に見られるグローカルな状況ということができる。

また、山林そのものに注目するならば、林業による大きな収益は期待できないまでも、共有林管理団体が所有する山林であれば、間伐や境界の画定、林道をつけるなどの山林管理が行き届いていることは大きなメリットとなる。現在、「山が荒れている」と表現される事象が各地で問題になっている。林業で収益を上げることがきわめて困難になり、その結果、山林が放置される状態のことである。特に、間伐を行わずに放置された人工林は、下草も生えずに土壌がむき出しになり、一方で樹木はしっかりと根を張らないため、土砂災害の原因になる。また、個人持ちの山では境界がわからない、所有者がわからないといった問題も起きている。

共有林も個人の連名での登記にしている場合は、土石流に見舞われた河内の地区持ちの山林のように、所有者探しに苦労することが起き得る。場合によっては災害後の復興に支障をきたしかねない。したがって、環境維持、災害への備えといった面で、共有林管理団体の役割は大きいのである。

この状況の背景には、日本の林業を取り巻く環境の変化がある。端的に言えば、戦後復興、高度経済成長にあわせた造林の奨励から、外材自由化、オイルショック以降の林業の低迷、現在残った樹齢の偏った人工林、という流れである。多くの共有林管理団体が設立された昭和の大合併期は、林業に関してみるならば、復興需要による木材価格の高騰を受け、人工林の拡大のため盛んに造林が行われた時期であった。寺家を除く共有林管理団体は、当然造林による収入確保を行った。しかし、同時期に段階的に行われた木材輸入の自由化が昭和36年に完了、翌37年からは木材価格の下落が始まる。そして、造林による木材が収穫期に達するまでに外材のシェアが高まり、一方でオイルショックにより需要は頭打ちになったため、現在では人工林の樹木が収穫期に達しても、収益は期待できない状況となった。

また、本章で取り上げた事例の特徴として、狩留家、鈴張、寺家にはいずれもマツタケ山があり、かつてはその入札金が共有林管理団体の収入になっていた点がある。この収入源を絶つ原因となったのはマツクイムシの被害であった。正確に表現すると、マツノザイセンチュウによって引き起こされるマツの立ち枯れである。マツノザイセンチュウは北米原産の寄生性線虫で、造船用の木材に付着して日本に入ったのではないかといわれている。日本での初確認は明治38（1905）年で、昭和57（1982）年までに全国に拡大した[15]。1970年代以降に被害が拡大したことには日本独自の理由があるであろうが、その原点はグローバルな経済活動による外来生物の侵入だったのである。

このように、戦争、輸入自由化、オイルショック（言うまでもなくこれも戦争の影響である）、外来生物の侵入というグローバルな状況のなかで、本来ローカルなコミュニティ活動の原資となるべき共有山林は、その木材資源による収入を期待できない状態となった。一方で、荒廃する山林が多いなかにあって、ローカルの領域での山林管理には十分役割を果たすこととなっているとも評価できる。この点では、グローバルな変化に対して、ローカルな資源共有が山林の環境を維持していくというグローカルな状況が生まれていると見ることが可能である。

その一方で、貸地料や太陽光発電が新たな収入源となっている。林業による収益が期待できずとも、共有地を活用することで得られる現金をコミュニティ活動の原資とすることが可能な場合もあるわけである。さらに、この共有地の利用法には2種あったことに注意したい。寺家における工場や住宅への貸し出し、河内の太陽光発電は有効な収入の手段として採用されたものと見ることができる。一方で、狩留家の農協、消防署、河内の駐在所など公共性の高い用途に貸し出される事例が多いことも注目される。ローカルな社会が共有すべきものに使う、という発想がそこにあることを看取できるからである。

むすびにかえて

本章では広島県内の共有林管理団体の活動を取り上げ、そこに見られるグローカルな状況を分析した。グローバルな状況の変化は、地域の都市化、林業の経営環境の変化、市町村の合併といった要因をローカルな社会に持ち込んでくる。それに対し、ローカルな社会は、共有する財産を活用することで、ローカルな範囲のなかでの自治活動、コミュニティ活動の維持を図る、というのがここで起きていることであった。それが共有される山林資源をめぐる、グローカルな状況であることを提示した。

ここで考えるべきは、そのローカルの範囲が、昭和の大合併以前の行政村を最大限とするコミュニティに設定されていたことであろう。おもに財政面から来る国家的要請が、平成の大合併に至って巨大な「自治」体を成立させたのであるが、果たして、地域社会が「自治」を持ちえる範囲、コミュニティ活動が成立し得る範囲とはどこまでなのか。昭和の大合併に伴って旧村の範囲で共有林管理団体が設立されたこと、またそれ以前から存在した河内村浄心会が、五日市町への合併でも、広島市への合併でも変わらず「河内村」浄心会を名乗り、旧河内村の共有林を管理していたこと、ここに人が山林という具体的なモノを共有できる範囲として想定できる限界があるということはできないであろうか。そして、この範囲で共有山林の収益によるコミュニティ活動の助成が行われていることは、「自治」が成立する範囲がそれと一致することを示しているようでもある。モノの共有とその活用によって結び付くローカルな社会、そういう地域社会の紐帯のあり方を示し、その範囲の限界が、日本においては昭和の大合併以前の行政村であると想定できるという仮説を以て、本章の成果としたい。

筆者は先に山形県内の共有林管理団体について論考を公にし、また途中言及したように和歌山県での同種団体の調査も進めている。いずれこれらの事例を比較して、モノの共有とその活用によって結び付く地域社会という観点を深めることができるだろうと考えているが、これは今後の課題とする。

注

1　髙木大祐　2019
2　近世狩留家の水運については広島市編［1979：268-279］を参照。
3　広島市編　1979：232-235
4　広島市編　1979：236
5　「環・太田川」編集委員会　2006
6　前掲註5。
7　広島市編　1979：608-609］
8　2018年2月の調査時点。
9　髙木大祐　2019
10　五日市町　1979：184
11　東広島市立寺西小学校「平成29年度体力つくり推進計画＜全体計画＞」http://www.city.higashihiroshima.lg.jp/material/files/group/97/H29tairyokusuisin.pdf　2019年11月25日閲覧。
12　寺家会編　2005：14-15
13　筆者が成城大学民俗学研究所の共同研究「町村合併による社会・文化の再編に関する民俗学的研究—「平成大合併」を視野に—」で調査した静岡県の旧周智郡気多村の場合、昭和31（1956）年の春野町発足に加わらなかったため、静岡県が勧告を行って翌年に合併の結論を導かせている。なお、このときの調査の成果は髙木大祐［2015］にまとめた。
14　小島孝夫　2015：26
15　国立環境研究所侵入生物データベース　https://www.nies.go.jp/biodiversity/invasive/DB/detail/70040.html　2019年11月25日閲覧。

参考文献

五日市町誌編集委員会編（1979）『五日市町誌　中巻』五日市町誌編集委員会事務局
「環・太田川」編集委員会（2006）「写真・絵画で蘇る太田川　その六十六　明治・大正時代の狩留家のこと」『環・太田川』66号　p.15
小島孝夫（2015）「日本における町村合併の展開」小島孝夫編『平成の大合併と地域社会のくらし　—関係性の民俗学』明石書店
寺家会編（2005）『寺家の歴史散歩』　寺家会
大日本山林会編（2000）『戦後林政史』大日本山林会
髙木大祐（2015）「市町村合併・学校統廃合と民俗変化　—浜松市天竜区気田と鳥羽市離島部を中心に」　小島孝夫編『平成の大合併と地域社会のくらし　—関係性の民俗学』明石書店
髙木大祐（2019）「共有山林の利益と地域の暮らし—山形県内の自彊会を事例に—」『グ

ローカル研究』6号　pp.71-88　成城大学グローカル研究センター
広島市編（1977）『安佐町史』広島市
広島市編（1979）『高陽町史』広島市

第10章　金融研究でグローカル研究をどう進めるか

福光寛

はじめに――金融研究ではグローカル研究をどう進めるか

今回の共同研究においてはグローカルという概念や研究内容の共通化が求められた。私自身の考え方は、グローカル化現象を分析することがグローカル研究だという単純なものだが、本書の最初の章で上杉先生が紹介されているルドメトフのグローカル研究の説明には違和感がある。経済社会の現実は対立や矛盾に満ちているのに、ルドメトフは融和的で調和的な現象に、グローカル研究の対象を限定しているように思えるからだ。明確に述べられていないが、上杉先生自身もルドメトフ説を実は採用していて、グローカルを対立が解消した調和的な状態と捉え、その事例研究をグローカル研究といっているようにも感じる。しかしそのような状態は物事の一面ではあるが、経済社会の現実には程遠い。現実のグローカル現象は、矛盾や対立をはらんでいて、安定あるいは調和した状態ではないと私は考える。グローバルとローカルが相互に影響しあう、作用しあうグローカル現象が起きているのはその通りだが、その結果は対立をはらんだままで安定には至らないと考える。グローカル研究には、こうした対立や矛盾についての考察が当然入るべきである。

さらに金融領域では多くの概念が国家レベルの市場で形成される。金利、為替、株価のように。また多くの問題が国家レベルで論争を経て決定される政策に関係している。そうした研究分野にある我々からすると、ローカルコミュニティ（地域社会）レベルだけで視点を構成し、議論することはかなりむつかしい。ローカルといってもナショナルな問題が入ってくる。つまり金融に限らず経済経営問題は、市場を通してナショナルな広がりをもっているように思える。以上が言い訳だが、今回の研究で、私たちの研究グループでは、各国間の比較研究で、例えば、中国、ベトナム、メキシコというように国（ナショナル）単位で比較研究をしたものをグローカル研究の成果として提出している。それは比較対象が基本として日本という国であり、私たちの研究が国単位の比較研究にとどまっていることが大きい。正直に言えばそれぞれの国の地域社会の特徴を浮き彫りにするレベルの研究も本当は必要であって、今後時間をかけてそうしたレベルを目指す必要がある。

ところでグローバルとは言葉の意味としては、地球全体という地理的概念であり、グローバル化といったときには、国際的に開かれたといった意味が入っている。それを国際的に通用する、とさらに言い換えると、様々な面での交流が可能になった状態を意味する。これに対してローカルは、ある地域のという意味だから、その地域に限定された、その地域に独特のといった意味があり、ローカル化はその地域に根付く、その地域固有のものになる、といった意味がある。グローカル化はこの二つの単語の合成だから、国際化が地域に根付くという意味に解釈できる。具体的には外国人の国内居住がふえる、内外で人やモノ、情報の交流が相互に増える、といった様相をグローカル化として捉えることができる。このような字義的な意味、没価値的な意味でのグローカル化については、私たちも事実認識として異論はない。問題はそのつぎのレベルで起きる。以上述べたようなグローカル化を背景にあるいはそれを前提にしながら、金融領域で現実に起きている問題。これを議論分析する。私の考えでは、それがまさに金融領域におけるグローカル研究である。

本章では、グローバルとローカルの２つの原理の対立に注目して、金融領域でこの対立が表面化している問題３つを取り上げた（なお本書の二番目の章で西原先生は、グローバル化とローカル化が同時に達成されるように書かれて、それを同時性と両面性と表現されている。西原先生が書かれている例だと、マクドナルドが成城学園前駅に店舗を設ければ、グローバルとローカルは同時に達成されていると。確かに。確かにそういうことなら、グローバル化とローカル化の間に対立も矛盾もないことになる。しかしなお私は二つの原理が、対立あるいは緊張があるケースが存在しそうしたケースが研究対象としては意味があると考える)。

最初に述べるのは地域金融機関の経営統合問題である。これは公正取引委員会の掲げる自由競争というグローバルな原理と、地域の金融機関の維持というローカルな原理とが対立し、統合を許容する判断に至った事例である。そして統合は当面の妥協であって、誰もが納得する安定した状態ではない。ネットバンキングが普及するなか地域金融機関の存続がそもそも不要ではないか、という、以上の対立を根底から覆す議論も頭をもたげている。

二番目に述べた金融排除問題は、利益主義という資本主義のグローバルな原理に従った金融機関の経営が、人種差別―地域社会ローカルコミュニティの荒廃を招いたと批判された問題が発端で、その意味で資本主義的な利益主義のグローバル原理と、地域社会のローカル原理が対立した、これも大変分かりやすい例である。現在この問題は、低所得層に対する過剰融資という逆転した問題をさらに経て、顧客に適合した資産を供給する金融包摂というより大きな枠組みのなかで議論されている。ところで個人の属性には、地域のほか、性別・年齢・所得・習得された知識・認知能力など多くの要素がある。金融商品の適合性の問題はそうした様々な要素との組み合わせで決まるとされている。この適合性問題はグローカルかローカルかという二元論が、過度に単純なモデルであることを示す事例だと私は理解している。

ところでこの金融排除問題が、欧米で議論が盛んである理由の一つは、欧米では社会給付の受け取りなどで小切手が使われることにある。欧米では銀行に口座を持たないあるいは持てない低所得層が、社会給付の受け取りで不利、さらに公共料金支払いで不利などの問題があったことにある(日本では銀行口座開設維持に手数料は不要であり、コンビニ決済など銀行口座間決済に代わる代替手段も発達している)。この銀行から排除される社会階層(unbanked)の問題は、社会的に排除される social exclusion(貧困問題)の一つとして欧米で議論されてきた。ところが実際に調査をしてみると、低所得層が自身の意思で口座を開設していないケースが多かった。過剰融資問題に加えて、このような「発見」からも、低所得層に適合した口座を開発して提供することを金融機関の義務とするように、地域社会の問題から個々人の属性へと議論の流れは変わったのである。

三番目に述べる地域通貨のお話は、地域で購買手段としてしか機能しない通貨を発行することが、その地域の新興につながるという取組みを指している。歴史をさかのぼると、民間銀行に銀行券発行することを認める議論（自由銀行論）にさかのぼるこの話が、金融技術の新たな展開のなかで改めて注目されている。なお新興国では、中央銀行の通貨への信頼が低い中、デジタル通貨の導入が、金融制度が未発達のところで金融サービスを一挙に普及させる＝金融包摂につながることが期待されている。

これら 3 つの問題は、金融経済の領域でグローカル化を背景に起きている問題と私が判断したものである。ポイントはグローカルなものとローカルなものが交わったら、相互作用の結果、何か調和的で安定した状態が生まれるということは、いずれの場合も見られないということ。問題の原因として地域経済の衰退、所得や知識による適合資産の違いなどがあるがこれらは今後も解消するわけではない。当面の対策があれこれ議論されるが、原因がなくならない以上、いずれも決定的な解決策ではない。つまり、矛盾や対立が、解消するということは今後もない。それがまさに私たちが直面している現実である。

1　地域金融機関の経営問題――グローバルとローカルの原理の対立

地域金融機関（local financial institutions）の経営問題を最初に考える。地域金融機関は今厳しい立場に置かれている。経営環境の悪化が急速に進行している。地方では人口減少による低成長の影響が資金需要の低迷として、首都圏より大きくでている。固定費の削減が急務だが、急速な人口減少に店舗の閉鎖が追い付かない、との指摘もみられる。金融庁はこうした情況に対して、地域金融機関の合併・統合を進める方針だ。2018 年 4 月に発表された「金融仲介の改善に向けた検討会議」（金融庁）の報告書『地域金融の課題と競争のあり方』は、地域金融機関の経営統合という金融庁の方針を肯定する内容になっている。このような地域金融機関の合併＝経営統合問題では、まさにグローバルな経済の論理とローカルな地域の論理とが交錯している。

この報告書は、公正取引委員会の対応が問題になっていた長崎県の地域金融機関の経営統合問題について、長崎県では、全国を上回るペースで事業所、生産年齢人口、それぞれの減少が進んでいる。そうしたなかで親和銀行（本店：佐世保市　2007 年 10 月にふくおかフィナンシャルグループの傘下入り）については 2012 年度以降赤字が続いており、十八銀行（本店：長崎市）についても 2012 年をピークに利益額の減少が続いており、事業の存続のためには経営統合が不可避であるとしている。統合による競争の減少については、県外銀行の貸出が伸びていることを上げて、例え両行が統合しても、県外銀行（どこを指すかは曖昧）からの競争圧力は維持されるとしている。しかし報告書は、県外銀行のうちどこが貸し出しを伸ばしているかなど細かな数値は開示していない。ちなみに長崎県所在の銀行は、**表 10-1** の通りである。

地域金融機関を取り巻く環境とそのなかで進む経営統合は近年の話題である。資金需要が縮小するなかで過剰競争になっており、経営統合が必要だと。ただ統合の理由とされる、現在過剰競争だといえる根拠はなにだろうか。一

表 10-1　長崎県に店舗のある銀行一覧　貸出額金額単位は億円

名称	種別	店舗数	貸出額	名称	種別	店舗数	貸出額
十八	地銀	100(85)	16,703	長崎	第二	23(19)	2,425
親和	地銀	86(73)	15,507	佐賀共栄	第二	25(2)	1,841
北九州	地銀	37(1)	11,322	トマト	第二	61(1)	9,790
福岡	地銀	170(2)	95,120	西日本シティ	第二	183(1)	68,362
佐賀	地銀	103(5)	15,152	三菱東京	都市	(1)	
肥後	地銀	122(1)	32,464	みずほ	都市	(1)	
ゆうちょ		(437)		三菱 UFJ 信託	信託	(1)	

資料：種別の地銀は地方銀行、第二は第二地方銀行、都市は都市銀行、信託は信託銀行。括弧内が県内店舗数で「長崎県の銀行」（nagasaki.100ginkou.jp/bank）から採録（採録日 2019 年 8 月 15 日）。県内店舗数以外の数値は金融庁HP上の「地域金融機関情報」から採録（数値は 2018 年 3 月末現在　採録日 2019 年 8 月 15 日）。県内に本店がある銀行は、十八、親和、長崎の 3 行。親和銀行は 2007 年 10 月、福岡銀行を母胎とする「ふくおかフィナンシャルグループ」の傘下に入っている。

つの疑問は逆にどこまでの統合が合理的で、どこからが行き過ぎだろうか？ハーフィンダール指数 HFI という市場の寡占度を示す数値の分析では、金融機関の HFI が小さいほど貸出金利が低くなること、また金融機関の HFI が小さくなるほど地域経済水準が高いことがすでに分かっている。これは金融機関間の競争が活発であるとプラスの経済効果があると解釈される。逆に寡占度を上げるとマイナスの効果があると分析でき、その可能性は否定されていない。つまり合併統合を進めるにあたっては、寡占度が上がることによるマイナスの影響にできるだけ配慮する必要がある。つまり公正取引委員会が今回の経営統合に慎重だったことには十分な理由がある。

なおこの経営統合問題は、公正取引委員会が折れる形で 1000 億円弱の債権を他行に譲渡することを条件に、両行の経営統合（具体的には十八銀行が「ふくおかフィナンシャルグループ」に入り、その後、十八と親和が統合すること）が認められた（2018 年 8 月 24 日）。だがおそらく関係者間で詰められたであろう、譲渡される債権の内容、具体的な譲渡先など細かな情報は開示されていない。興味深いのは、公正取引委員会が掲げたのは、独占禁止法といういわばグローバルな論理、競争を維持するというお話。これに対して、地域において銀行が行き詰まってサービスを提供できなくなれば地域住民が困るであろうというローカルな論理が対抗する形でなったことである。その意味でここで経営統合が実現することはグローカル現象といえるかもしれない。しかし統合する側は、統合による固定経費節減として、店舗の統合・人員削減などの合理化を進めることを想定しているはず。統合後、現状のサービス水準が維持されるのだろうかに疑問がなくはない。グローカル現象というのは、ベストの安定した状態を示すものではない、と私はこの件について思う。

ところで周知のように世界的に進展する業務のデジタル化の動きのなかで、店舗や ATM を軸にした既存の銀行のビジネスモデルの見直しが急がれている。その意味ではサービスの在り方は今後変わってゆく。ただこの議論を詰めてゆくと、地域とかコミュニティにこだわる地域密着型の議論までもが根拠を失うようにも思える。あからさまに言えば、ネットを通じて金融サービスを供給できるのであれば、地域金融機関が物理的に地域に存在する必要は

表 10-2　人口減少率（2015-2017）の都道府県ランキング

減少率上位	2015 ～ 2017	2017 人口	2017 人口密度	65 歳以上	100 当外国人
1) 秋田県	Δ 2.71%	996	85.6 人 /㎢	35.6%	0.38
2) 青森県	Δ 2.35%	1,278	132.5	31.8%	0.38
3) 和歌山県	Δ 2.01%	945	200.0	32.2%	0.67
4) 山形県	Δ 2.00%	1,102	118.2	32.2%	0.60
5) 岩手県	Δ 1.99%	1,255	82.2	31.9%	0.51
減少率下位	2015 ～ 2017	2017 人口	2017 人口密度	65 歳以上	100 当外国人
43) 神奈川県	0.36%	9,159	3,790.7	24.8%	2.17
44) 千葉県	0.37%	6,246	1,211.0	27.1%	2.24
45) 愛知県	0.56%	7,525	1,454.7	24.6%	3.12
46) 埼玉県	0.59%	7,310	1,924.8	26.0%	2.20
47) 東京都	1.52%	13,724	6,255.4	23.0%	3.84
全国	Δ 0.31%	126,706	335.2	27.7%	1.95

資料：「統計でみる日本 2019」日本統計協会 pp,29,31 人口統計単位は 1000 人。最後の行は都道県別統計とランキング（todo-ran.com）から取った 2016 年の 100 人当たり外国人数。

すでにないのかもしれない。デジタル化の問題は地域金融機関の存在理由を厳しく問い、業態を超えた競争の激化を示唆するものかもしれないのである。

最後に地域経済の簡単な分析を試みたい。人口減少率の都道府県ランキング（**表 10-2**）を見ると、人口減少県ほど高齢化が進んでいることが分かる。このような人口減少県では、経済活動が低調になり、資金需要も高くない。ここで（グローカル現象の一つである）外国人の居住が人口の減少を補う形になっているかを確認すると、一般的には結果は逆で、人口が増加している都道府県の方の外国人居住密度は高い。つまり外国人の居住は、一般的には、人口の増減をむしろ加速する要因になっている可能性が高い。

ただしこの表のなかでも、人口減少県のなかでは和歌山県の外国人の多さが相対的に目立つ。人口増加県のなかで愛知県の外国人の多さが目立つ。愛知県に関しては、愛知県における工場の集積が関係していると思われるので、都道府県別の事業所数のランキング（**表 10-3**）を見てみよう。表 10-3 で、愛知県の事業所の集積を確認できる。外国人の居住密度で愛知県は突出してい

表 10-3　事業所数の都道府県ランキング（2016）

	事業所数	従業員数	付加価値額	100 当外国人
1) 東京都	685,615　12.3%	9,005,511　15.8%	61,751　21,3%	3.84
2) 大阪府	422,568　7.6%	4,393,139　7.7%	23,915　8.3%	2.52
3) 愛知県	322,820　5.8%	3,749,904　6.6%	21,728　7.5%	3.12
4) 神奈川県	307,269　5.5%	3,464,316　6.1%	17,914　6.2%	2.17
5) 埼玉県	250,834　4.5%	2,575,544　4.5%	11,722　4.0%	2.20
43) 佐賀県	38,131　0.6%	357,733　0.6%	1,447　0.5%	0.67
44) 徳島県	37,021　0.5%	301,688　0.5%	1,327　0.5%	0.73
45) 高知県	36,239　0.5%	279,688　0.5%	1,082　0.4%	0.57
46) 島根県	35,476　0.5%	290,557　0.5%	1,162　0.4%	1.07
47) 鳥取県	26,446　0.4%	230,700　0.4%	886　0.3%	0.73

資料：平成 28 年経済活動調査。付加価値額の単位は 10 億円。最後の行は「都道県別統計とランキング」（todo-ran.com）から取った 2016 年の 100 人当たりの外国人数。

るが、愛知における事業所の集積、またそれら事業所が他地域より外国人雇用に熱心であることが推定できる。なお事業所数ランキング 2 位の大阪府の 2015 ～ 2017 年人口増加率はマイナス 0.58%、2017 年人口は 8,823(000) 人、2017 年人口密度は 4631.2 人 /㎢、65 歳以上の比率は 27.2% である。

この事業所数ランキングでは、事業所数が少ない島根県の外国人居住密度の突出が目立つ。先ほどの和歌山とこの島根の場合、国際的な観光資源をもっているという共通性がある。またインターネットで調べると両県とも、外国人の雇用定住に向けた取組みに熱心であることも分かる。なお島根県の 2015 ～ 2017 年人口増加率はマイナス 1.31%、2017 年人口は 685(000) 人、2017 年人口密度は 102.1 人 /㎢、65 歳以上の比率は 33.6% である。

つまり経済活動が活発なところに集住する傾向は外国人についてもあり、人口が減少し高齢化が進む地域よりは、経済活動が活発な地域に居住する傾向は外国人にもみられる。しかし地域によっては、経済活動や人口に比べて相対的に明らかに高い集中がみられる。こうした特異現象の原因を探ることは、地域活性化を進める手がかりの一つになる可能性がある。

地域金融機関経営統合に関する文献（降順）

村本孜「地域金融の現状と課題」『金融構造研究』41 号 , 2019 年 6 月 , 58-71
古江晋也「地方銀行経営の現状と課題」『金融市場』（農林中金総合研）2019 年 5 月 , 32-37
日本銀行金融機構局「銀行・信用金庫におけるデジタライゼーションへの対応」『金融システムレポート別冊シリーズ』2019 年 5 月 , 1-36
「地銀再編　未来投資会議議論始動　罰則付きで独禁法の例外に」『日本経済新聞』2019 年 4 月 3 日（nikkei.com）
杉山智行『さらば銀行　「第 3 の金融」が変えるお金の未来』講談社 , 2019 年 4 月
新田町尚人「長崎県の地方銀行合併に関する論点整理」『商経論叢』（九州産業大学）59 巻 4 号 , 2019 年 , 29-42
日本銀行長崎支店「長崎県の経済・産業の変遷と今後の課題」2019 年 2 月 7 日（www3.boj.or.jp/Nagasaki/img/nagasakiken1902.pdf）
内野逸勢・長野智「顕在化する地域銀行の " 再編の芽 "」『大和総研調査季報』201 年新春号（2019 年 1 月）Vol.33, 14-25
金本悠希「独占禁止法の企業結合規制等の議論」（大和総研）2018 年 12 月 26 日 , 1-8
平山賢太郎「長崎県地銀統合―ふくおか FG（親和銀）・十八銀　公正取引委員会の承認に至る経緯と地銀統合の今後」Business Lawer 2018 年 8 月 30 日（business.bengo4.co/articles/2424）
公正取引委員会『株式会社ふくおかフィナンシャルグループによる株式会社十八銀行の株式取得に関する審査結果について』2018 年 8 月 24 日
古江晋也「マイナス金利政策下における地域金融機関の経営戦略ー生き残りをかけた広域化戦略と深堀り戦略」『農林金融』2018 年 5 月 , 2-14
公正取引委員会事務総長定例記者会見記録 2018 年 4 月 18 日
金融仲介の改善に向けた検討会議（座長村本孜）『地域金融の課題と競争のあり方』金融庁 2018 年 4 月 11 日
金融庁『地域金融の現状と課題について』2018 年 1 月
中野悠理「Digital Bank がもたらす金融サービスデジタル化～国内金融機関に求められる Digital Bank 活用～」Mizuho Industry Focus, Vol.204, 2018 年 1 月 16 日 , 1-23
金融庁金融研究センター「地域金融市場では寡占度が高まると貸出金利は上がるか」DP2016-5, 2017 年 1 月 , 1-22
日本銀行金融機構局「人口減少に立ち向かう地域金融―地域金融機関の経営環境と課題―」『金融システムレポート別冊シリーズ』2015 年 5 月 , 1-20

2　金融排除──コミュニティ再生論から適合性問題への転換

(1)金融排除論の適合性問題への転換:地域社会視点からの脱却

次に金融排除 (financial exclusion) の問題を取り上げてみよう。この言葉は金融のサービスから、人種・性別・年齢・所得・資産などの要因によって、人々が排除される問題をもともとは指している。直観的に理解されるように、この問題の発端はアメリカでの (red lining と呼ばれている) 黒人層への融資差別であり、この問題に対して、アメリカでは様々な差別が禁止する法律が制定された。これはまさに地域社会 (community) の再生の問題でもあった。というのは融資差別の結果、地域の荒廃、スラム化が進むからである。また、差別禁止法制定に至る歴史は、いわゆる公民権運動の歴史でもある。ここで指摘したいのは、差別を乗り越えるような模範的な組織が白人側から自然に生み出されたわけではないことである。公民権運動のなかで黒人の側から先進的な地域銀行の取組みがでてきたのが実態である。

こうした差別の背景にあったのは、貧しい黒人に融資をしないことを正当化する経済のロジック (所得水準が低く不安定、担保資産の価値が低いなど) である。それはグローバルな論理といってもよい。ただそれは差別の固定、黒人層居住地域のスラム化につながる。ただし今述べた経済のロジックは、表面的な話である。実際にあったのは人種差別である。銀行員が白人である場合、万一黒人が融資受付にきても無視して相手にしない。白人がくれば手取り足取り大歓迎。そのような数値に現れないソフトの面が問題なのであり、だから法律が必要だったのである。

このアメリカで展開された融資差別の問題を念頭におきながら、1990年代にイギリスで発達したのが、金融排除論である。イギリスでも当初はアメリカの議論と同様に地理的なエリアによる排除を問題にしていたが、やがてエリアの問題を離れ、顧客の側が自ら選択してサービスを利用しない場合も金融排除と定義するようになる (エリアの問題は差別問題の一つであり、そのほか、条件による排除、マーケティングの対象からの排除、価格が高すぎることによる排除などが議論された)。金融排除の問題は大量の実証研究を経て、地理的な排除論から卒業したのである。例えば提供する商品の条件のなかにも、低所得層を排除する要因が潜んでいることが明らかにされ、この金融排除問題は低所得層に適合する基礎勘定の提供を金融機関に求める動き（金融包摂 financial inclusion）へと展開していった。

なお私は、こうした英米の経験に学びつつ、金融排除問題を低所得層の問題に限定せず、日本では金融機関と顧客に適合した金融商品が提供されないために、利用者が損失を被むったり、金融機関へのアクセスの意欲を失っている情況と定義することを、かつて提言したことがある。この詳細は、福光寛『金融排除論』同文舘出版、2001年（第1章・第3章）を参照されたい。

つまりここで最初はグローバルな論理とローカル地域社会の論理の対抗、矛盾として把握された金融排除問題は、その後、議論が精緻化されるなかで、エリア以外の様々な差別要因が摘出され、より一般的に該当する顧客に適合した商品を提供する金融機関の義務の問題に切り替わっていったのである。つまりエリアの問題から適合性の問題に議論が切り替わったのである。地理的な排除論は早い段階で、研究者の議論から消えさっている。実際にはある地域が問題なのではなく、そこに対象とする人たちの属性が問題だということになり、あるいは金融機関の具体的な対応が問題にされた。

なお、アメリカの金融排除問題は、その後、貸付債権の証券化の技術が発達することで、1990年代半ばころ、低所得層に過度な貸付をする略奪的貸付という真逆の問題に形を変えるようになった。過剰に貸し付けること（住宅購入ローンのほか住宅を担保とする消費者貸付も盛んに行われた）も、結果として住宅の喪失という悲劇を生み出した。この詳細は福光寛「アメリカの住宅金融をめぐる新たな視点：証券化の進展のなかでのサブプライム層に対する略奪的貸付」『成城大学経済研究』170号、2005年9月、57-88を参照されたい。

この過剰貸付問題は、その後、2007年のアメリカの金融恐慌の原因になるわけであるが、ここで述べておきたいのは、こうした過剰貸付の問題も、低所得層に適切な金融商品が供給されていないという点で、金融排除の形態として理解できるということである。私の考えでは、金融機関は金融商品について、顧客より深く理解しているわけであるから、顧客が低所得であれ高所得であれ、あるいは顧客の金融知識の程度がどうであれ、それぞれの顧客に適合した金融商品を提供する義務がある。その代わりに顧客は金融機関が必要とする情報を開示する義務を負っていると問題を整理すべきである。

(2)地域金融のあり方——金融庁、日本型金融排除を提起

2016年10月のことだが、金融庁は同年度の金融行政方針において、日本型金融排除の実態把握を政策課題に上げた。ここで日本型金融排除とは「十分な担保・保証のある先や高い信用力のある先以外に対する金融機関の取組みが十分でないため、企業価値の向上等が実現できていない状況」のことである（なおこの金融庁の考え方も、地理的排除論ではないことを注意してほしい。地理的排除論は理屈で考えれば、そもそもおかしい。例えば黒人居住地域が差別されるとすれば、差別の原因は人種の問題であって地域ではない。したがって地理的排除論を議論する人はいなくなったのである。）。日本型金融排除と金融排除のもとの意味との違いは多いが、まず企業に対する事業融資を問題にしていること、また、担保や保証にばかりに気を取られて肝心の事業性審査は不十分だと批判されていること、などがある。

金融庁のキーワードは担保・保証重視から「事業性評価」への転換である。そしてそれを可能ならしめるものとして地域密着型金融、リレーションシップバンキングという懐かしい言葉がでてくる。この言葉は、中小企業金融機関、地域金融機関再生のキーワードとして2003年の金融庁の文書に出てくる。言葉の用法は少し変わったが20年近く前の議論が装いを変えて繰り返されているように思える。「事業性評価」の考え方も既視感がある。

日本型金融排除の議論は、事業融資を語っているが、金融排除について英米で議論されていた中身が、対個人の差別問題であったことと比較して、金融排除という言葉を事業融資に使うのは違和感が否めない。問題にされている中身も金融サービスからの排除ではなく、企業価値の向上等が実現ができていないという問題である。これは問題の把握そのものが間違っていないか？　またその対策は、「事業性評価」への転換という新たなキーワードはあ

るものの、その内容は地域密着型金融という20年近く前のリレバンの議論である。20年近くリレバンを指導して駄目だったのに、もう一度それを言えば良くなるのだろうか？

(3)事業性評価論への三つの反証

①カードローンへの傾斜　2012-2015

この「事業性評価」への転換という地域金融機関の「新たな」ビジネスモデル論については、地域金融機関は、実際には対個人ビジネスを拡張しようとした。背景には事業融資拡大の困難があった。

つまり実際に地域金融機関がやったことは、企業向けの事業融資が難しいことから、主として個人向けの貸付で金利・手数料がとれるものに重点をシフトしたことである。その一つはカードローンであり、もう一つが様々な不動産事業資金融資である。そして様々な手数料ビジネスである。手数料では個人向けの投信、保険の販売を増やそうとした。

特徴は、いずれも対個人が中心だということ。また不適切な金融商品を売り込む面があったこと、経営におけるリスク管理上問題があったこと、この三点である。ただしカードローンはどちらかといえば、低所得層がターゲット。不動産事業融資、投信・保険の販売は、中高所得層がターゲット。私は日本型金融排除の内容として、この3つの対個人ビジネスの拡大を問題にする方が現実に即した分析になると感じている。

最初にカードローン融資の急増である（**表10-4、表10-5**）。この問題は2010年6月18日に貸金業法が完全施行となり、貸金業登録業者は顧客の年収の3分の1を超える貸付ができなくなった（総量規制）。これを逆手に取る形で、一部の銀行が、銀行は貸金業法の規制対象外である、とか、所得証明書の提出がなくても500万までなら貸せます、などの広告宣伝を打ち、積極的にカードローンを推進したとされる問題である。

日本弁護士連合会では、2016年9月16日に金融庁などに「銀行等による過剰貸付の防止を求める意見書」を提出した。統計をみると、消費者金融が残高を減らす中、銀行カードローンが急伸している。日弁連の指摘などを受

表 10-4　銀行カードローンと消費者金融の残高推移（単位：兆円）

年度	消費者金融	銀行カードローン
2009	9.4	3.3
2010	6.6	3.3
2011	5.4	3.3
2012	4.7	3.5
2013	4.2	4.1
2014	4.0	4.6
2015	4.0	5.1
2016	4.1	5.6

資料：右崎大輔・福田隆行「銀行カードが危ない」（thefinance.ne.jp/law/17115）

表 10-5　銀行カードローン融資残高―急増と減速

年度	残高 億円	対前年度増加率
2012	35,442	+ 7.0%
2013	41,097	+16.0%
2014	46,177	+12.4%
2015	51,294	+11.1%
2016	56,092	+ 9.4%
2017	58,186	+ 3.7%

資料：金融庁『銀行カードローンの実態調査結果』2018 年 8 月 22 日

けて、金融庁及び全国銀行協会では、自主規制の方向に動き、2017 年 3 月に、銀行による消費者向け貸付に係る申し合わせが実現した。

その後、2018 年 3 月に金融庁が行った実態調査結果（2018 年 8 月発表）によると、融資全体が伸びないなかで、銀行のカードローン融資は 2012 年以降 2016 年度まで急速に伸び、2017 年度に一挙に減速している。調査回答 106 行中、17 年 3 月の申し合わせ前に、融資上限枠を設定していないものが 48 行と多数に上る（申し合わせ後は上限枠を設定しないものは 13 行に減少）など、調査結果は、銀行のカードローンに係る審査そしてリスク管理が甘かった面をいくつか指摘している。

なお日本銀行の『金融システムレポート 2019』掲載資料によれば、カードローン融資残高は特に地域銀行で 2014 年から 2015 年にかけて急増した。しかし（17 年 3 月の申し合わせの効果であろうか）、広告宣伝の見直し、審査体制の強化が行われた結果、2018 年 9 月以降は前年比でマイナスになっている（同 pp.16-17 参照）。

②不動産事業融資への依存　2012-2015

もう一つは、様々な不動産事業融資である。地域銀行においては融資増加の多くを不動産向けが占めている実態が知られている（日本銀行『金融システムレポート 2019』p.18、p.41 など）。この点を金融庁『平成 28 事務年度金融レポート』でも確認すると**表 10-6** の通りである。2012 年度から 2016 年度までをとると、地域銀行の法人向け貸し出し増加額のうち 4 割から 7 割が不動産業向け融資向け（さらにその半分から 3 分の 1 は個人貸家業向け）で、その比率は 2013 年度から 2016 年度にかけて急速に拡大している。言い換えると、地域銀行の事業貸出は近年不動産業向け貸し出しにほぼ完全に依存していたということである。

金融庁の金融レポートは次のように述べる。有価証券運用で外債運用が増えていることについて金利リスクの増加を指摘したあと、地域銀行の貸出しは増加傾向にあるとする。「その内訳をみると、多くの地域銀行で、アパート・マンション向けや不動産業向け融資が拡大している。また、人口減少が著しい地域の地域銀行では、人口減少が比較的緩やかな三大都市や地方の中核都市に進出して住宅ローンに注力する動きも見られる。」「このように人口が減少し、全ての金融機関が融資量の拡大を続けることが現実的ではないなかで、依然として長短の金利差による収益を期待し、担保・保証に依存した融資の拡大に頼っている金融機関については、そのビジネスモデルの持続可能性が懸念される。」（pp.18-19）

実態から考えると、法人向け増加分の過半を占める不動産業向けを停止す

表 10-6　地域銀行の法人向け貸出増加分とその構成（単位：兆円）

	個人貸家業 a	a 除く不動産業	合計 b	法人向け計 c	b/c
2013/03	0.6	0.5	1.1	2.2	50%
2014/03	0.6	0.5	1.1	2.6	42%
2015/03	0.6	1.4	2.0	4.5	44%
2016/03	0.7	1.6	2.3	4.6	50%
2017/03	0.9	2.1	3.0	4.3	70%

資料：金融庁『平成 28 事務年度金融レポート』2017 年 10 月

表 10-7　投資用不動産向け融資に対する取組み姿勢の変化

	積極的	自然体	消極的	実行せず他
2016/03	15	79	4	2
2017/03	13	79	6	2
2018/03	7	80	10	3
2019/03	3	78	17	3

資料：金融庁『投資用不動産向け融資に関するアンケート調査結果』2019 年 3 月
調査対象 121 行、有効回答 115 行とのこと。

る判断は現実的でない。先ほど「事業性審査」と言う言葉が出てきたが、不動産向け融資において「事業性」審査を重視するというのが結論になるのではないか。2019 年 3 月に金融庁が発表した「アンケート調査結果」は、不動産事業融資に関して次のような注意点を記している。融資審査にあたっては、耐用年数が合理的であるかを見る、修繕費用など維持管理費用が適切かを見る、賃料の下落・空き室の発生などのストレスを考慮する、融資後も賃料・空き室率の実績を適宜確認する、など。そして同じくアンケート調査結果（**表 10-7**）によれば、投資用不動産向け融資について、2017 年度あたりで、金融機関の取組み姿勢は慎重姿勢に転換したと思える。

そのなかに 2018 年秋に表面化したスルガ銀行によるシェアハウスローンの破綻がある。このローンが行き詰まった一つの要因に、借り手がより低利のほかの金融機関に乗り換えてゆくために、融資規模を維持しようと条件的に悪いものにも融資するなどの無理が始まったという指摘がある。金利が極端に低く、金融機関が互いに貸出競争をしているという外部条件のもとで、リスクをとった融資を続けることがむつかしいことをこの破綻は示している。このほか、審査で書類上の不正があったことや手続きが厳格に守られなかったことがすでに指摘されている。

この不動産事業向け融資拡大のうち、個人貸家業向けをどう考えるべきだろうか。相手は低所得層ではないので、欧米的金融排除・過剰貸付のいずれでもない。ここでの問題は十分な事業性審査をせずに貸し出すことで、金融機関自身を危険にさらしたことにある。金融庁は事業性審査が不十分だったので事業価値等が実現していない、ことが問題だとするが、これは事業性審査が不十分だったために、金融機関が過度にリスクをとり自らを危険にさらした、金融機関のリスク管理の問題として整理する方が素直だろう。審査を厳正にやれば、貸出は縮小に転じたはずで、事業価値等も縮小したはず。事業性審査で実現するのは金融機関のリスク管理であって事業価値ではない。

③手数料ビジネスへの傾斜

銀行による手数料ビジネスとしては、投信や保険の販売での荒稼ぎがある。この点に関して話題になったものに日本郵政子会社 2 社の営業マンによる不適切な金融商品販売がある。

まず 2019 年 4 月、かんぽ生命が日本郵便 G に業務を委託して行っている保険セールスでの問題が明らかになった。彼らが何をしたかといえば、手数料を稼ぐために、貯蓄性の保険商品から保障性の保険商品への乗り換えを顧客に強引に勧め、あるいは手数料を二重取りするために保険期間の重複をさせ、さらに保険の乗り換えがうまくゆかないときには顧客を無保険状態に落とすなどの行為をしたという。ここで大事なことは、顧客のことよりは、自分や会社の利益を露骨に図ったということ。他方、厳しい営業ノルマが営業マンを追い詰め、そうした行為をさせたのだという指摘もある。対策はどうなるのか。かんぽ生命に対しては、顧客目線に立った営業が不在であったという指摘がなされ、顧客目線に立った営業の再構築が求められている。

2019年6月には、ゆうちょ銀行における投資信託販売において、70歳以上の高齢者に投資信託を販売する際、社内で定められている勧誘前の健康状態などの手続きが直営店舗の9割以上で守られていなかったことが判明したとの報告がなされた。この投資信託販売で懸念されるのは、販売手数料を得ることだけに注意が行き、商品のリスクなどの説明がなされなかったのではないか、という問題である。

発覚したのは、日本郵政Gの金融商品の不適正販売の問題ではあるが、一般の銀行についても、保険や投資信託販売において、対企業融資で稼げない中、手数料を稼ごうと、不適切な販売に陥るリスクがある構造はまったく同じである。かんぽ生命の問題が表面化する前の2019年1月から2月に話題になったのは,銀行が高齢者に外貨建て保険を販売していることに対して、リスクの説明が不十分だという批判が起きているという問題である。かんぽ生命の場合と似ているのは、ノルマ営業が問題の一因という指摘、販売に実際にあたった銀行員が保険のプロではないので、不適切な説明をしたという批判などである（文献中の中村や柴田の記事を参照）。**表10-8**は生命保険各社に寄せられた外貨建て保険・年金に対する苦情件数である。この表については、ここではコンスタントに苦情発生件数（苦情発生率が0.1%前後のまま）が増えていることに注目したい。

また銀行で売られている金融商品が顧客にとって、利益のある商品なのかというそもそもの問題もある。**表10-9**は2018年6月に金融庁が発表した、銀行が販売している投資信託についての運用損益別の顧客の分布状況である。これによると顧客の46%、およそ半数は銀行の投資信託を購入して損失を出している。銀行はこのように顧客の半数が損失を抱える商品を、つまり顧客に利益にならない金融商品を顧客から手数料をとって販売している。そこには、リスクをきちんと説明したからよいとか、リスク説明を受けた上で購入したのだから顧客の自己責任であるといった議論では済まない罪深い状況が見える。こうした問題こそ、日本型金融排除と金融庁は名付けるべきではなかったろうか。

表 10-8　外貨建て保険・年金の苦情件数・発生率

年度	2014	2015	2016	2017	2018
苦情件数	922	1239	1665	1888	2543
発生率 %	0.12	0.10	0.10	0.09	0.09

資料：生命保険協会（seiho.or.jp/member/complaint/#ANCO1）
生命保険会社に対する苦情件数　発生率は期末保有件数比

表 10-9　運用損益別顧客比率

+50% 以上	6%
+30% 以上 50% 未満	9%
+10% 以上 30% 未満	19%
0% 以上 10% 未満	21%
-10% 以上 0% 未満	35%
-30% 以上 -10% 未満	9%
-50% 以上 -30% 未満	1.0%
-50% 未満	0.9%

資料 : 金融庁『投資信託の販売会社における比較可能な共通 KPI を用いた分析』2018 年 6 月 29 日。
調査対象主要行等 9 行、地域銀行 20 行。

地域金融及び金融排除に関する文献（降順）

山田雄一郎「かんぽ生命で放置されてきた営業現場の暴走」『東洋経済オンライン』2019 年 7 月 28 日（toyokeizai.net/article/-/294533）

高見和也「かんぽ生命が「不適切な保険販売」になったわけ」『東洋経済オンライン』2019 年 7 月 19 日（toyokeizai.net/article/-/292634）

「投信「不適切販売」ゆうちょ銀、上位に毎月分配型目立つ」Quick Money World 2019 年 6 月 17 日（quick.co.jp/3/article/14549）

「ゆうちょ銀、高齢者に投資信託を不適切に販売」『朝日新聞』2019 年 6 月 14 日

浪川攻『地銀衰退の真実』PHP 研究所 , 2019 年 5 月

日本銀行『金融システムレポート 2019』2019 年 4 月 17 日

日本経済新聞社編『地銀波乱』日本経済新聞出版社 , 2019 年 4 月

金融庁『投資用不動産向融資に関するアンケート調査結果』2019 年 3 月 28 日

村本孜・内田真人編著『アベノミクス下の地方経済と金融の役割』蒼天社出版 , 2019 年 3 月

中村正毅「銀行が高齢者に外貨建て保険販売」Diamond online, 2019 年 2 月 13 日 (diamond.jp/articles/-/193643)

柴田秀並「外貨建て保険「説明不十分の声」販売増で苦情も急増」朝日新聞 Digital, 2019 年 1 月 19 日 (asahi.co/articles/ASM1855PXM18ULFA01D.html)
金融庁『スルガ銀行株式会社に対する行政処分』2018 年 10 月 15 日
金融庁『投資信託等の販売会社における顧客本位の業務運営のモニタリング結果について』2018 年 9 月 26 日
スルガ銀行第三者委員会『調査報告書』2018 年 9 月 7 日
金融庁『銀行カードローンの実態調査結果』2018 年 8 月 22 日
金融庁『投資信託の販売会社における比較可能な共通 KPI を用いた分析』2018 年 6 月 29 日
内田真人「地方における金融リテラシー格差」『金融構造研究』40 号 , 2018 年 6 月 , 53-64
NHK クローズアップ現代「郵便局が保険を押し売り⁉ ～郵便局員たちの告白～」2018 年 4 月 24 日（nhk.or.jp/gendai/articles/4121/index.html）
橋本卓典『金融排除　地銀・信金信組が口を閉ざす不都合な真実』幻冬社 , 2018 年 1 月
金融庁『地域金融の現状と課題』2018 年 1 月
NHK クローズアップ現代「若者もシニアも破産急増⁉ 銀行カードローン」2017 年 4 月 12 日（nhk.or.jp/gendai/articles/3959/index.html）
全国銀行協会『銀行による消費者向け貸付に係る申し合わせ』2017 年 3 月
金融庁『平成 28 年度金融行政方針』2016 年 10 月
日本弁護士連合会『銀行等による過剰貸付の防止を求める意見書』2016 年 9 月 16 日
井上有弘「なぜ今、「事業性評価」に取り組むのか」SCB『金融調査情報』28-15, 2016 年 9 月 12 日 , 1-9
江澤雅彦「保険販売規制と高齢者保護―適合性原則をめぐって」『早稲田商学』431 号 , 2012 年 3 月 , 731-749
村上隆晃「生保銀行窓販の展開と課題」『生命保険経営』79 巻 5 号 , 2011 年 3 月 , 3-30
（私自身のかつての作業）
福光寛「アメリカの住宅金融をめぐる新たな視点：証券化の進展の中でのサブプライム層に対する略奪的貸付」『成城大学経済研究』170 号 , 2005 年 9 月 , 57-88
福光寛「英国の金融排除論」東京郵政局貯金部委託研究報告書『金融排除問題の研究』東京郵政局貯金部 , 2002 年 3 月 , 75-118
福光寛『金融排除論』同文舘出版 , 2001 年 11 月
福光寛「銀行による投資信託販売の波紋」『地銀協月報』1994 年 6 月 , 2-13
福光寛『銀行政策論』同文舘出版 ,1994 年 4 月

3　地域通貨・仮想通貨と金融包摂

(1) 地域通貨・地域社会論との高い親和性

ある特定の地域 community で購買手段としてしか流通しない地域通貨 community currency は、発行することによって消費が促され、その地域の振興策になると期待され、すでに内外で多くの発行例がある。相互の信頼によって流通するのであり、地域社会の自立性を志向するものが含まれている。これは地域社会の在り方を考える議論とまさにつながっている。しかし時間が経ってみると、その多くの寿命は短く、結局、消え去っているのが現実である。地域通貨は失敗したようにも見える。それにもかかわらず、最近地域通貨の議論が再び盛んである。

この議論は前世紀から繰り返し再燃している。ハイエク (F.A.Hayek 1899-1992)『貨幣発行自由化論』(原書 1976　翻訳 1988) や自由銀行学派の議論の紹介として議論されることもあったし、児童文学者エンデ (Michael Ende 1929-1995) との関係でも、多くの人に議論された。したがって完全な文献リストはかなり長いものになる。

もともと地域の経済振興の議論なので、地域の経済活性化が求められるときに議論が再燃している面がある。また近年の議論の再燃にはいくつかの理由が考えられる。一つは地域通貨を発行する方法としてスマホのアプリを使うなど最近の金融技術の応用が、利用者を拡大し低コスト化を進める両面で効果があると期待されること。そしてもう一つは地域通貨とは呼ばれていないものの、実質的に地域通貨ではないか、と思われるものがすでに、私たちの日常生活に入り込んでいることである。

例えば 1) 特定の地域、商店街でだけ流通する商品券がある。発行主体が自治体あるいは商店会。その狙いも地域振興であり、地域通貨だといえる。プレミアム付き商品券といって、購入金額よりも多額の商品券が人気だ。2) 特定の店舗が発行するポイントカードがある。これはその店舗に限定された地域通貨だともいえる。ポイントカードは時に全国レベルで使用できるものもある。賦与されるポイントによる買い物は、ポイントの流通範囲がそのカードと提携している事業者に限られるが、事業規模が全国展開であれば、使用できる範囲も地域に限定されない。いずれも法定通貨と異なり、流通範囲が限定され、特定の事業者の販売振興策だという性格は変わらない。そうした意味で地域通貨とこれらの疑似マネーは機能がよく似ている。このように見ると、地域通貨は、知らない間に私たちの日常生活に入り込んでいると言えるのかもしれない。

(2)仮想通貨(デジタル通貨)と金融排除問題

地域通貨と呼ばないものの実質的に地域通貨が日常生活に入り込んでいる現象を先に指摘したが、よく似た問題に仮想通貨の問題がある。仮想通貨は、デジタル通貨、暗号資産とも呼ばれるが、特徴は法定通貨とは異なり、民間ベースで金融技術を用いて創出される通貨のこと。一時、法定通貨が不安定な途上国では、法定通貨に置き換わることで途上国の金融活動を円滑にする、金融排除状態にある人々を救済するのではと議論された。また（資金フロー規制の抜け穴になる問題はあるものの）国際送金コストを劇的に引き下げることも期待された。他方で、先進国では事業資金の新たな調達方法になる可能性が熱心に議論された。

しかし一時の熱狂から冷めた現在の視点からみると、仮想通貨取引の相場の乱高下の激しさは、仮想通貨を決済通貨として使うという議論の危うさを示している。さらにその仮想通貨を事業資金に使うという考え方（ICO:initial currency offering）は、事業の資金集めに投機的要素を持ち込むものにも見える。

と同時に、仮想通貨の仕掛けが意図しているのは、地域社会における信頼を軸にした交換関係に依拠した地域通貨とは異なり、流通範囲の広い法定通貨に準じた通貨である。事業資金に使うという発想は、購買手段として以外に、蓄蔵手段としても使える本格的なマネーを目指しているように思える。仮想通貨の発掘で労力が必要という考え方や、取引所で相場が形成されるのもその点と絡んでいる。

仮想通貨の問題点を別にすると、通貨制度が今後進むべき方向性も出てきている。一つは現金を扱うことに伴う不効率をできるだけ取り除く必要での合意である。小売業を中心に現金取引をセルフレジ導入などで効率化する、支払いを電子マネー（デジタルマネー）に置き替えるといった動きが急速に進展している。仮想通貨を法定通貨に代用させるかどうかの議論は置いたまま、貨幣というものの電子化、デジタル化それ自体は、急速に進み始めている。ここでグローバル化を代弁するのは、デジタル化という情報技術革新の動きである。

すでに現代社会では、取引決済が事実上データの書き換えで進められている。こうした現象を通貨のデジタル通貨化、あるいは単純にデジタル化ということもできる。

今までのところ仮想通貨というのは民間で生み出される仮想通貨（デジタル通貨）のことである。民間が発行する仮想通貨には依然、慎重な議論も多い。それなら民間でなく中央銀行自身がデジタルマネーの発行者になってはどうかと議論され検討も進んでいる。

途上国では金融排除問題は、銀行のシステム自体の整備が遅れているため、金融システムへのアクセスがそもそも困難だという問題で、先進国とは状況が違っている。ところでこれも近年であるが、デジタルマネー、デジタル通貨を導入することで、途上国、先進国のいずれにおいても、携帯のアプリで低コストの金融サービスへのアクセスがこれまでより容易になったことが注目されている。この金融排除と金融のデジタル化との関係に関する論文は実はかなり多い。店舗やATMが普及していない途上国でも（あるいは同様の地域条件にある先進国の住民も）、スマホを使うことで送金・融資・決済の全国システムに加われる。銀行システム上の問題から金融サービスから排除されていた人々の金融包摂につながるとされている。

注意して欲しいのは、デジタル化の問題は、地域金融機関の存在を掘り崩すかもしれないというすでに述べた点（小稿の地域金融機関の経営統合問題末尾を参照）である。同じデジタル化が、金融排除の点については金融包摂というローカル原理に役立つかもしれないとされている。新たな技術には破壊と創造の二面性があるとすべきかもしれない。

地域通貨・仮想通貨に関する文献（降順）

金融調査研究会「キャッシュレス社会の進展と金融制度のあり方」（清水啓典主査）2019年3月

斎藤美彦「イングランド銀行による中央銀行デジタル通貨（CBDC）の検討」『証券経済研究』105号, 2019年3月, 1-16

柳川範之・山岡浩巳「情報技術革新・データ革命と中央銀行デジタル通貨」『日本銀行ワーキングペーパーシリーズ』No.19.J-1, 2019年2月

特許庁「平成30年度特許出願動向調査―仮想通貨・電子マネーシステムによる決済システム」2019年2月

浜矩子『「通貨」の正体』集英社, 2009年1月

石田良・服部孝洋「仮想通貨市場は効率的か」『ファイナンス』2018年10月, 58-65

川端一摩「地域通貨の現状とこれから――各地域の具体的取組事例を中心に――」『調査と情報』（国立国会図書館調査及び立法考査局）No.1014, 2018年9月、1-12

町井克至・矢作大祐「地域通貨は地域金融システムに何をもたらすか」『大和総研調査季報』2018年春季号, 2018年4月, 50-67

日本銀行決済局「決済システムレポート・フィンテック特集号 - 金融イノベーションとフィンテック」決済システムレポート別冊, 2018年2月, 1-36

伊藤薫里「東南アジアで台頭するフィンテックと金融課題解決への期待」『環太平洋ビジネス情報 RIM』Vo.18, No.68, 2018, 1-35

米山秀隆「地域における消費、投資活性化の方策ー地域通貨と新たなファンディング手法の活用」『研究レポート』, 富士通総研経済研究所, No.447, 2017年8月, 1-34（地域通貨のマイナス利子の側面が強調されている）

中田真佐男「我が国における小額決済手段のイノベーションの現状と課題」『社会イノベーション研究』12巻1号, 2017年2月, 323-352

河邑厚徳+グループ現代『エンデの遺言』講談社 + α文庫, 2011年3月

松岡和人「自由銀行制度の再評価について」人文社会科学編『愛知教育大学研究報告』5, 2010年3月, 101-107

小西英行「ポイント経済と電子マネー、地域通貨に関する考察」『富山国際大学地域学部紀要』7巻, 2007年3月, 103-107

フリードリッヒ・ハイエク　川口慎二訳『貨幣発行自由化論』東洋経済新報社, 1988年2月（Friedrich Hayek, The Denationalisation of Money :The Argument Refined, IEA, 1976）

（英文文献例 降順）

Eduard H Dimits, Erica S. Siqueria and Eric van Heck, “Taxonomy of digital community currency platforms”, *Information Technology for Development*, 25(3), June 2018, 1-23

Estelle Lahaye, Thomas E. Abelle, and Janes K. Hoover, *Vision of the Future: Financial Inclusion 2025*, CGAP Focus Note No.107, June 2017, 1-29

The Center for Social Justice, *The Use of Digital Technologies to tackle Financial Exclusion*, Roundtable Report, 7th July, 2016

Arnaud Michel and Marek Hudon, "Community currencies and sustainable development", *Ecological Economics* 116(2015), 160-171

Kate Lauer and Timothy Lyman, *Digital Financial Inclusion: Implications for Customers, Regulators, Supervisors, and Standard-Setting Bodies*, CGAP Brief, Feb.2015,1-4

おわりに——グローカル研究で何をどのように明らかにするのか

グローカル研究について次のようなことを考える。

まず人はいろいろなコミュニティに属している。地域社会はその一つである。グローカル研究というのは、その地域社会と国際社会との関わりを問題にしている。しかしこのように、地域社会の国際化、あるいは国際化された地域社会、というところだけで国際化を捉えるのは、そもそも視野が狭いように思える。例えば人が属しているコミュニティには地域社会のほか、職場、学校、友人、家族などいろいろなものがある。あるいは性別、年齢、所得、言語、宗教、思想、趣味などの属性でみてもよい。地域のほかに切り口はたくさんある。国際化は様々なコミュニティでも生じるはずだ。どのコミュニティ、あるいは属性が問題を解くカギになっているかは、分析してみないと分からない。

この問題では金融排除の議論で述べたことが参考になるはずだ。もともと金融排除は地理的な排除、特定の地域社会の金融からの排除を問題にしていた。しかしやがて、それぞれの消費者に適合した金融商品を金融機関が提供する義務の問題に置き換えられるようになった。問題を明らかにしたのは社会学者のよる実証研究であるが、地域社会という要因が、金融商品に関する消費者差別を引き起こしているわけではない、というのが結論である（詳細は前掲　福光寛「英国の金融排除論」2002）。調べてみると問題が起きる原因は、金融機関の側と消費者の側の双方にあった。消費者が金融商品を使わない場合の分析に話が進んだ時、地域社会とは別の切り口、例えば消費者の知識や能力、金融機関による商品の提供の仕方が問題されるようになった。地域社会というのはいわば外皮、外側を覆って本当の問題を隠している膜に過ぎない。私たちがするべき作業は、その膜の下にある問題を取り出し、分析する

表 10-10 外国人技能実習生実習実施者に対する監督指導状況

単位：件

年度	監督指導実施事業所数	労働基準法違反事業所数	違反率	実習生からの申告件数	送検数
2014	3,918	2,977	76.0%	138	26
2015	5,173	3,965	71.4%	89	46
2016	5,672	4,004	70.6%	88	40
2017	5,966	4,226	70.8%	89	34
2018	7,334	5,160	70.4%	103	19

資料：厚生労働省『外国人技能実習生実習実施者に対する監督指導状況』2019 年 8 月 8 日

ことである。ローカルコミュニティにばかりに目を奪われていることにも問題はありうる。突き詰めれば、地域社会のグローバル化は、個人にとってのグローバル化問題の一部に過ぎないのではないか？

また改めて強調するがグローカル現象というのは、私の考えではその多くは素晴らしいことではない。例えば国内で働く外国人のうち 5 分の 1 程度は外国人技能実習生制度を使って就労している。ところで労働基準監督署がこの制度を実施している事業所を調べると（**表 10-10**）、毎年コンスタントに 7 割以上の事業所で、労働基準法違反がみつかる。違反事例を読むと、毎日長時間の夜間残業をさせて法定賃金をはるかに下回る賃金しか払わなかった、安全策を講ぜずに資格がない外国人労働者に危険な作業をさせて重傷を負わせたなど、日本人として恥ずかしい事案が多い。ここで大事なファクトは監督署が調べるといつも 7 割以上の事業所で違反がみつかることだ。それが日本社会の現実だが、私見ではこの恥ずかしい状態もグローカル現象である。私たちの分析は 3 割の良い事例をならべるだけでなく 7 割の違反事例にも注目するものであるべきだ。

もちろん、うまくグローバルとローカルの対立を止揚している事例を取り上げ、そこから教訓をくみ取ろうとする研究を否定しているわけではない。それもあっていいが、しかしそれは医者が健康な人だけに限って診断するようなものではないか？それだけでいいのだろうか？グローカル化問題は

2019年というこの年、例えば、香港であるいはイランで、グローバルな原理とローカルな原理の対立が深刻な問題として現れた、と私は受け止めている。グローバル化とローカル化の同時達成という議論については、もちろん同時達成もあってよいが、常に必ずそうなるわけでなく対立がケースによってあることも認めて欲しい。私は上杉先生が本書冒頭で紹介された、ルドメトフによるグローカル研究の内容を対立解消的なものに限定する立論には反対だ。

なおこの原稿では最初に、地域の銀行の経営統合問題を取り上げたが、統合が実現する、しないにかかわらず、人口の減少・高齢化など地域経済の衰退は今後も続くことが予想される。経営統合が決まっても、そうした背景の問題が消えるわけではない。その意味では、当面、経営統合は実現してそれで問題が終わるわけではない。また統合のあとは支店の統廃合など経営合理化が待ち構えていることだろう。私がグローカル研究で行うべきだと思うのは、こうした矛盾と対立に満ちた現実との格闘である。多くの経済学者が経済経営問題で扱っているのは、そうした泥臭い現実だということも述べておきたい。

あとがき

本書は成城大学グローカル研究センターが推進する「グローカル研究」の基本的な考え方と研究実践をまとめたものである。

現代におけるグローバリゼーションは、交通手段の発達とインターネットなどの通信技術の劇的な発展により、地球規模での人やモノの移動、情報の交換が迅速かつ安価になったことでもたらされた。グローバリゼーションの進展は、人間の社会や文化のみならず、地球環境をも大きく変え続けており、幅広い分野の研究者たちから高い関心を呼んでいる。そのため、グローバリゼーションに焦点を当てたグローバル研究は、その歴史がまだ浅いにもかかわらず、多くの成果を生み出してきている。

成城大学にグローカル研究センターが設立されたのは、グローバル研究が日本でも学術領域として定着しつつあった2008年である。このセンターの名前を「グローカル研究」という耳慣れない名称にしたのは、多様な論点を持つグローバリゼーションの研究のなかでも、特にグローバルとローカルの関係に着目した研究を目指すためであった。そこで学術用語としては当時まだ一般的ではなかった「グローカル」という用語をあえてセンターの名称として採用したのである。

幸いにも、グローカル研究センターの取り組みは「文部科学省私立大学戦略的研究基盤形成支援事業」に二度にわたり選ばれることとなった（2008年度～2009年度　研究代表者：松崎憲三成城大学民俗学研究所所長、2010年度～2015年度　研究代表者：上杉富之成城大学グローカル研究センターセンター長）。これによりグローカル研究センターは研究組織としての基礎を定め、以後、多様な分野の研究者による研究が進められ、多くの成果がもたらされた。その成果への評価は、グローカル研究を成城大学の特色ある研究とする取り組みが「文部科学省私立大学研究ブランディング事業」(2016年度〜2019年度 事業代表者：戸部順一成城大学学長) に採択されたことにも表れている。このようにして、グローカル研究センターの発足から10年の間で、グローカル研究センターおよびグローカル研究は、成城大学の研究組織として、また成城大学発の研究分野として、定着をみることになったのである。

しかし、その間にもグローバリゼーションは拡大・加速を続け、それに伴ってグローカル研究の内容も複雑さを増してきており、その意味ではグローカル研究も新たな段階に入りつつあるといえる。そこで、グローカル研究センターとしてもこれまで取り組んできたグローカル研究の理論と実践を総括するとともに、今後の展望を提示することの必要性が痛感されるようになった。本書は、このような問題意識のもとで企画されたものである。

第Ⅰ部「理論編」では、グローカル研究の基本的な考え方が示されている。各執筆者は「グローバルとローカルの関係に留意する」といったことを共通の基盤として、各自が構想したグローカル研究の枠組みや事例の提示をおこなっている。具体的には、グローバルとローカルの関係を中央と周縁といった視点から検討した論文 (第1章)、グローバルとローカルの間の多様な位層の存在に着目した論文 (第2章)、グローバル化のなかでローカリティーが多文化化することに着目した論文 (第3章)、これまでの場所性とは異なるサイバー空間に着目した論文 (第4章)、現代を「グローバル情報社会」と規定した視点からの論文 (第5章)、などである。これら諸論文により、グローカル研究がもつ幅の広さと柔軟さ、さらに今後グローカル研究が発展しうる可能性などを提示することができたと考えている。

第Ⅱ部「実践編」は、「理論編」で示したグローカル研究を具体的な事例に即して実践してきたことによる成果が示されている。ここでは、グローバル化が進む中で生起したローカルにおける諸現象、すなわち、日常生活と構造変化 (第6章)、ローカルアイデンティティーの形成 (第7章)、バリ民族舞踊の変容 (第8章)、共有山林管理の変化 (第9章)、金融でのグローバルとローカルの対立 (第9章) などがグローカル研究の視点から論じられている。これら諸論文により、グローカル研究センターがこれまで積み重ねてきた、実証的なグローカル研究がどういうものであったかを理解していただけるのではないか、と考えている。

グローカル研究センターとしては、本書の刊行によりこれまで継続して取り組んできた「グローカル研究」の輪郭をかなり明確に提示しえたと考えている。同時に本書の刊行を一区切りとして、グローカル研究を次の段階に進めたいとも考えている。例えば、本書でもその一端が示されているように、技術の発展により存在感を増すサイバー空間をグローカル研究にどのように取り込んでいくかなどは、早急に取り組まなければならない重要な課題である。こうした新しい課題は、グローバル化が今後も進展するなかで絶えず生まれてくるものであり、グローカル研究センターとしてもそれに対応する形で研究を進めていきたいと考えている。そして、そのような新しいグローカル研究の成果は、本書の続編として刊行されるはずである。

本書の構想は2018年度に、グローカル研究を理論的に検討する「理論検討班」が組織されたことに始まる。その後議論を重ねる中で本書の方向性が定められ、2019年度に編集刊行委員会が組織された。委員会のメンバーは上杉富之（グローカル研究センターセンター長）、小澤正人、標葉隆馬、西原和久、矢澤修次郎、山本敦久（五十音順）である。

本書の刊行に当たっては、多くの方々から援助を賜っている。まず厳しい出版事情の中で本書の編集・刊行を引き受けてくださった東信堂の下田勝司社長に感謝申し上げたい。また日頃よりグルーカル研究センターの運営にご尽力をいただき、本書の刊行に当たっても多大な協力をいただいた成城大学研究機構事務室の柳沢裕之室長、飯塚宗生さん、和田めぐみさんにもこの場を借りて御礼を申し上げる。さらに編集校閲にあたっては、グローカル研究センターポストドクター研究員の大澤舞さん、鈴木重周さん、高江可奈子さんに助けられた。記して感謝の意を表したい。

（小澤正人）

本書は文部科学省私立大学研究ブランディング事業「持続可能な相互包

摂型社会の実現に向けた世界的グローカル研究拠点の確立と推進」（平成 28（2016）年度採択）による研究成果である。

執筆者一覧

上杉富之（成城大学文芸学部教授・グローカル研究センターセンター長）……………序・第1章
西原和久（成城大学社会イノベーション学部教授）……………………………………………第2章
有元　健（国際基督教大学教養学部上級准教授）……………………………………………第3章
標葉隆馬（成城大学文芸学部准教授）……………………………………………第4章・第6章
青山征彦（成城大学社会イノベーション学部教授）……………………………………………第4章
山本敦久（成城大学社会イノベーション学部教授）……………………………………………第4章
矢澤修次郎（成城大学名誉教授）……………………………………………………………第5章
新倉貴仁（成城大学文芸学部准教授）…………………………………………………………第6章
俵木　悟（成城大学文芸学部教授）……………………………………………………………第6章
東谷　護（愛知県立芸術大学音楽学部教授）…………………………………………………第7章
國寶真美（成城大学社会イノベーション学部専任講師）……………………………………第8章
髙木大祐（成城大学民俗学研究所研究員）……………………………………………………第9章
福光　寛（成城大学経済学部教授）……………………………………………………………第10章
小澤正人（成城大学文芸学部教授）……………………………………………………………あとがき

グローカル研究の理論と実践

〔検印省略〕

2020年3月25日　初　版　第1刷発行

＊定価はカバーに表示してあります。

編者©成城大学グローカル研究センター　発行者／下田勝司　印刷・製本／中央精版印刷株式会社

東京都文京区向丘1-20-6　郵便振替 00110-6-37828

〒113-0023　TEL 03-3818-5521（代）　FAX 03-3818-5514

発行所
株式会社 東信堂

Published by TOSHINDO PUBLISHING CO., LTD.
1-20-6, Mukougaoka, Bunkyo-ku, Tokyo, 113-0023 Japan
E-Mail：tk203444@fsinet.or.jp　http://www.toshindo-pub.com

ISBN978-4-7989-1632-3　C3030

東信堂

〔シリーズ 社会学のアクチュアリティ：批判と創造 全12巻〕

- クリティークとしての社会学—現代を批判的に見る眼　西原和久・宇都宮京子編　一八〇〇円
- 都市社会とリスク—豊かな生活をもとめて　藤田弘夫・浦野正樹編　二〇〇〇円
- 言説分析の可能性—社会学的方法の迷宮から　佐藤俊樹・友枝敏雄編　二〇〇〇円
- グローバル化とアジア社会—ポストコロニアルの地平　新津晃一・吉原直樹編　二三〇〇円
- 公共政策の社会学—社会的現実との格闘　武川正吾・三重野卓編　二〇〇〇円
- 社会学のアリーナへ—21世紀社会を読み解く　友枝敏雄・厚東洋輔編　二二〇〇円
- モダニティと空間の物語—社会学のフロンティア　吉原直樹・斉藤日出治編　二六〇〇円
- 戦後日本社会学のリアリティ—せめぎあうパラダイム　池岡義孝・西原和久編　二六〇〇円

〔地域社会学講座 全3巻〕

- 地域社会学の視座と方法　似田貝香門監修　二五〇〇円
- グローバリゼーション／ポスト・モダンと地域社会　古城利明監修　二五〇〇円
- 地域社会の政策とガバナンス　岩崎信彦・矢澤澄子監修　二七〇〇円

〔シリーズ世界の社会学・日本の社会学〕

- タルコット・パーソンズ—最後の近代主義者　中野秀一郎　一八〇〇円
- ゲオルグ・ジンメル—現代分化社会における個人と社会　居安正　一八〇〇円
- ジョージ・H・ミード—社会的自我論の展開　船津衛　一八〇〇円
- アラン・トゥーレーヌ—現代社会のゆくえと新しい社会運動　杉山光信　一八〇〇円
- アルフレッド・シュッツ—主観的時間と社会的空間　森元孝　一八〇〇円
- エミール・デュルケム—社会の道徳的再建と社会学　中島道男　一八〇〇円
- レイモン・アロン—危機の時代の透徹した警世家　岩城完之　一八〇〇円
- フェルディナンド・テンニエス—ゲマインシャフトとゲゼルシャフト　吉田浩　一八〇〇円
- カール・マンハイム—時代を診断する亡命者　澤井敦　一八〇〇円
- ロバート・リンド—アメリカ文化の内省的批判者　園部雅久　一八〇〇円
- アントニオ・グラムシ—『獄中ノート』と批判社会学の生成　鈴木富久　一八〇〇円
- 費孝通—民族自省の社会学　佐々木衞　一八〇〇円
- 奥井復太郎—都市社会学と生活論の創始者　藤田弘夫　一八〇〇円
- 新明正道—綜合社会学の探究　山本鎭雄　一八〇〇円
- 米田庄太郎—新総合社会学の先駆者　中久郎　一八〇〇円
- 高田保馬—理論と政策の無媒介的統一　北島滋　一八〇〇円
- 戸田貞三—家族研究・実証社会学の軌跡　川合隆男　一八〇〇円
- 福武直—民主化と社会学の現実化を推進　蓮見音彦　一八〇〇円

〒113-0023　東京都文京区向丘 1-20-6　TEL 03-3818-5521　FAX03-3818-5514　振替 00110-6-37828
Email tk203444@fsinet.or.jp　URL:http://www.toshindo-pub.com/

※定価：表示価格（本体）＋税

東信堂

「居住福祉資源」の思想――生活空間原論序説　早川和男　二九〇〇円

検証　公団居住60年――〈居住は権利〉公共住宅を守るたたかい　多和田栄治　二八〇〇円

〈居住福祉ブックレット〉

- 居住福祉資源発見の旅：新しい福祉空間、懐かしい癒しの場　早川和男　七〇〇円
- どこへ行く住宅政策：進む市場化、なくなる居住のセーフティネット　本間義人　七〇〇円
- 漢字の語源にみる居住福祉の思想　李　桓　七〇〇円
- 日本の居住政策と障害をもつ人　大本圭野　七〇〇円
- 障害者・高齢者と麦の郷のこころ：住民、そして地域とともに　伊藤静美・田中秀樹・加藤直人　七〇〇円
- 地場工務店とともに：健康住宅普及への途　山本里見　七〇〇円
- 子どもの道くさ　水月昭道　七〇〇円
- 居住福祉法学の構想　吉田邦彦　七〇〇円
- 奈良町の暮らしと福祉：市民主体のまちづくり　黒田睦子　七〇〇円
- 精神科医がめざす近隣力再建：進む「子育て」砂漠化、はびこる「付き合い拒否」症候群　中澤正夫　七〇〇円
- 住むことは生きること：鳥取県西部地震と住宅再建支援　片山善博　七〇〇円
- 最下流ホームレス村から日本を見れば　ありむら潜　七〇〇円
- 世界の借家人運動：あなたは住まいのセーフティネットを信じられますか？　髙島一夫　七〇〇円
- 「居住福祉学」の理論的構築　柳中権・張秀萍　七〇〇円
- 居住福祉資源発見の旅Ⅱ：地域の福祉力・教育力・防災力　早川和男　七〇〇円
- 居住福祉の世界：早川和男対談集　早川和男　七〇〇円
- 医療・福祉の沢内と地域演劇の湯田：岩手県西和賀町のまちづくり　高橋典成・金持伸子　七〇〇円
- 「居住福祉資源」の経済学　神野武美　七〇〇円
- 長生きマンション・長生き団地　千代崎一夫・山下千佳　八〇〇円
- 高齢社会の住まいづくり・まちづくり　蔵田　力　七〇〇円
- シックハウス病への挑戦：その予防・治療・撲滅のために　後藤三郎・迎田允武　七〇〇円
- 韓国・居住貧困とのたたかい：居住福祉の実践を歩く　全　泓奎　七〇〇円
- 精神障碍者の居住福祉：宇和島における実践（二〇〇六～二〇一一）　財団法人正光会編　七〇〇円

〒113-0023　東京都文京区向丘 1-20-6　TEL 03-3818-5521　FAX03-3818-5514　振替 00110-6-37828
Email tk203444@fsinet.or.jp　URL:http://www.toshindo-pub.com/

※定価：表示価格（本体）＋税

国際社会学ブックレット

① 国際社会学の射程

—社会学をめぐるグローバル・ダイアログ—

西原和久・芝真里 編訳

A５判・横組・128 ページ　本体 1200 円

ISBN978-4-7989-1336-0 C3336　2016 年２月刊

② 国際移動と移民政策

—日韓の事例と多文化主義再考—

有田伸・山本かほり・西原和久 編

A５判・横組・104 ページ　本体 1000 円

ISBN978-4-7989-1337-7 C3336　2016 年２月刊

③ トランスナショナリズムと社会のイノベーション

—越境する国際社会学とコスモポリタン的志向—

西原和久 著

A５判・縦組・144 ページ　本体 1300 円

ISBN978-4-7989-1338- 4 C3336　2016 年２月刊

❹ 現代国際社会学のフロンティア

—アジア太平洋の越境者をめぐるトランスナショナル社会学—

西原和久 著

A５判・横組・112 ページ　本体 1100 円

ISBN978-4-7989-1621-7 C3336　2020 年２月刊

以下続刊